中國學術思想 研究輯刊

八 編
林 慶 彰 主編

第33冊

法藏三性思想研究

陳 紹 聖 著

花木蘭文化出版社

國家圖書館出版品預行編目資料

法藏三性思想研究／陳紹聖 著—初版—台北縣永和市：花
木蘭文化出版社，2010〔民99〕

目 2+176 面；19×26 公分

（中國學術思想研究輯刊 八編：第33冊）

ISBN：978-986-254-080-0（精裝）

1.（唐）釋法藏 2.華嚴宗 3.佛教教理

226.31 98015325

ISBN - 978-986-2540-80-0

9 789862 540800

中國學術思想研究輯刊

八 編 第三三冊 ISBN：978-986-254-080-0

法藏三性思想研究

作　　者　陳紹聖
主　　編　林慶彰
總 編 輯　杜潔祥
出　　版　花木蘭文化出版社
發 行 所　花木蘭文化出版社
發 行 人　高小娟
聯絡地址　台北縣永和市中正路五九五號七樓之三
　　　　　電話：02-2923-1455／傳真：02-2923-1452
網　　址　http://www.huamulan.tw 信箱 sut81518@ms59.hinet.net
印　　刷　普羅文化出版廣告事業
封面設計　劉開工作室
初　　版　2010年3月
定　　價　八編35冊（精裝）新台幣58,000元

法藏三性思想研究

陳紹聖　著

作者簡介

陳紹聖，淡江大學中文所碩士、華梵大學東方人文思想研究所博士研究，現任教於耕莘健康管理專科學校宜蘭校區。主要研究領域為華嚴思想、中國佛教思想、儒家思想等，除發表多篇文學欣賞、中國語文能力表達等論文之外，近年則專著於華嚴宗心識思想操作的工夫理論等部分，亦於國內外會議發表相關研究成果。本書即以 2002 年 6 月定稿為依據。

提　　要

　　華嚴法藏的三性思想，位居華嚴核心理論之中，但歷來缺少關注與研究成果，本書則揭示出此理論的數個面相與深度之義蘊。作者指出法藏之三性思想在歷史上遠承唯識、般若二系，近則接續地論、攝論、《起信》諸說，也同時以《華嚴經》圓融無礙的思想為基礎。

　　故第一個層次上通過「一心二門」的理論進行創造性的詮釋，由此將依他或圓成為中心的諸多說法，轉為三性彼此平鋪互攝互融的理論。於此部分，一方面回應並解決華嚴思想僅是緣起性空之輾轉引伸的批評；另一方面，以此展開相即相入的論述，並奠定華嚴別教一乘圓教的理論基礎。

　　第二個層次則突破文獻使用的侷限，進一步開展深度之義蘊，指出以「性相融通」、「真妄互徹」等論題，方是法藏三性思想的關注問題。此部分將三性與二諦之關係結合論述，以展開三性此說背後源自印度空有之爭的背景，並陳述法藏如何此以歸於中道作為和會空有的解決方式且回應該論爭。

　　第三個層次則進一步深究其觀點。一方面，說明「性相融通」在法藏並非如既有觀點地，將性、相隔絕為二地分指圓成、依他，或是指向法性、法相，而是三性皆得以真妄交徹地融攝真俗二者。另一方面，則指出在意義的界定與判教的位階上，「性相融通」是站在終教此基礎為義理支撐點，而將空、有二系融攝於其中，從而達至真妄、空有等理論的和會與不二。

　　作者本文解決三性在理論上的地位與重要，亦揭顯其中涉及的界義、理論架構、理論層次，乃至背後的基源問題等，並且開展出三性思想的三個層次暨諸多面相，足以成為研究華嚴宗思想的奠基之作。

目次

第一章　導　論

第一節　研究動機

　　華嚴宗之三祖賢首法藏，在華嚴思想與理論發展、建構的過程中，向來被視爲集大成者。不但在天臺以及瑜伽行派之教判等思想提出之後，試圖進一步融會往昔諸般義理；更試圖順著初祖杜順、二祖智儼後，將華嚴思想進一步充實，並將其判於天臺諸宗之上。所以有五教十宗之教判、法界緣起之思想的發展。

　　但是法藏思想之形成卻非前無所承的獨立創發，其中充滿著對於既有觀念、說法的吸收以及重新詮釋。例如「五教十宗」的教判，便吸納了天臺宗智顗以及法相宗玄奘等既有教判，而加以重新改造；又如其「十重唯識觀」的提出，也是基於瑜伽行派之思想而來。至於「十玄」、「六相」等相關概念，更是承繼初祖杜順、二祖智儼乃至前賢而來。換句話說，華嚴思想的形成並不大量的創發於法藏大師，而是由其吸納杜順、智儼乃至天臺、唯識等諸般觀念，由此重新詮釋與加工而成的。

　　而法藏思想架構的大致完成，則早在《華嚴一乘教義分齊章》〔註1〕已經

〔註 1〕此書亦有《華嚴五教章》以及《華嚴一乘分齊章》等等諸多不同名稱。至於本文之所以使用《華嚴一乘教義分齊章》此名，理由如下：

　　　一則，「五教章」、「一乘分齊章」等等眾多名稱，或爲後世註疏書籍之慣稱，或爲日人所習慣採用者。此諸多異名，代表其或是著重「五教」之判，或是著重「一乘」之義，難以求其統一。

　　　二則，學界所通用之《大正新脩大藏經》，將其名之爲《華嚴一乘教義分

呈顯。在此書之中，法藏經由一乘、三乘之對比，以及五教之差別等論題進行討論，終於將「別教一乘圓教」的華嚴圓教的義理內容，明確的在〈義理分齊第十〉一章標舉出來。至於〈義理分齊第十〉此章節之內容，則為「三性同異義」、「緣起因門六義法」、「十玄緣起無礙法」，以及「六相圓融義」此四個部分構成。這四個部分所共同構築而成的，也就是法藏思想的核心部分：「法界緣起」。

但是往昔眾多佛教界大德，以及當今學者對於法藏「法界緣起」思想之研究，及至今日，卻尚未有一完整之共識。若我們順著此一問題而進行一溯源式的考察，將會發現此一問題實則牽連著法藏所謂「法界緣起」之切入角度，以及核心觀念為何等相關問題。也就是說，這涉及了當今學者諸多不同的研究角度。就既往的研究概觀之，有以「唯心」、「唯物」二分者，有以「如來藏」為主軸研究者，有以「一心」為中心思想者，有特別重視「上、下迴向」之精神者，亦有別之為「性空真如」與「性起真如」者。〔註2〕是以於此有諸多不同之說法存在，至今尚未有完備的解決。

若我們回歸法藏思想最初且最完整表現的《華嚴一乘教義分齊章》為探論的主軸，則會發現法藏用以論述其「法界緣起」等義理之核心文獻，主要在於〈義理分齊第十〉此一章。關於「法界緣起」意涵之呈顯及其內容，在於「十玄緣起無礙法」與「六相圓融義」；至於用以證成此概念之論述，則在於「三性同異義」與「緣起因門六義法」兩部分。

就今日研究觀之，「緣起因門六義法」所論述的是「現象間互為因果的緣起論」〔註3〕，而成為辯證上論述的基礎；但是，卻未直接論述或是觸及真如等概念，是以並未涉及「法界緣起」思想的詮釋系統及其角度等問題，而無重大之歧見存在。在「六相圓融義」以及「十玄緣起無礙法」兩方面，則是目前研究法藏思想的成果之中，最為豐碩的部分之一。

至於「三性同異義」之研究，相較於前三者，則顯得冷落了許多。不但

齊章》，而且亦為筆者本文論述之際，所根據使用之版本。於此，為求全文統一之故，乃不避繁瑣而採用《華嚴一乘教義分齊章》此名，作為通篇文章使用之名稱。至於「五教章」或是「一乘分齊章」等等名稱，則依據引用文獻之註釋者或是論者使用之名稱而使用之。下文皆然，不另說明。

〔註2〕 相關之說明以及完整論述，請參見本章第三節之相關說明。

〔註3〕 方立天：《法藏》（臺北：東大圖書股份有限公司，民國80年7月初版），頁109。

研究者甚少論及，即使論述到了此處，大多也僅是結合著眞如以及《大乘起信論》做出簡單的敘述以及解釋而已。

但是，這其中的問題在於，何以法藏需要在此初祖杜順、二祖智儼等已有所論述的「緣起因門六義法」、「六相圓融義」以及「十玄緣起無礙法」之外，特出的提出「三性同異義」來進行專章的解說，並且是置於論述華嚴圓教義理內容的《華嚴一乘教義分齊章・義理分齊第十》之中？此外，若此華嚴所謂之「法界緣起」思想大體源自於二祖智儼，則法藏將此三性思想置於「法界緣起」的思想架構之中，其意義是否僅僅如今人研究一般的單純？又如果此「三性」之說源自瑜伽行派，亦爲淨影寺慧遠以及南嶽慧思等人所發展，何以法藏需要接續於瑜伽行派等而做出進一步進行的論說？

再則，此法藏三性思想的部分，仍然存在著許多不同的觀點；這許多不同的見解，實際上牽連著許多相關的論題以及概念。這些不同的觀點，雖然以三性爲中心，卻觸及了瑜伽行派三性思想、《大乘起信論》「一心二門」、二諦、眞妄、理事、空有、性相等等眾多的論題。而環繞著這些問題而下的，則是學界眾多歧義的意見。究竟環繞著法藏三性思想的眾多論題，與三性之間的關係如何？又，法藏如何在初祖杜順、二祖智儼等，已然發展甚爲詳密的思想架構之後，卻特出的加入了源自瑜伽行派的三性思想於其中，其意義如何？再則，此所謂源自於瑜伽行派之三性思想，與二諦、眞妄、理事、空有、性相等諸多論題如何結合？何以可以結合？又結合之意義何在？如此諸多論題之深度義蘊，皆未爲當今學界所觸及研究並闡發之；即使有之，也僅僅以數語語譯帶過，於其深度義蘊之揭露，並未進行。

就此既有研究成果在見解上的紛歧，以及論述上的仍待開展而言，筆者以爲大致上是因爲四個原因，原因如下：

1. 文獻解讀的片面化，以及不充分：

例如：單一的解讀《華嚴一乘教義分齊章・義理分齊第十》之〈三性同異義〉一文，或是《華嚴經金師子章》，而未涉及如《華嚴經探玄記》、《華嚴經義海百門》、《入楞伽心玄義》、《大乘起信論義記》、《大乘起信論義記別記》乃至《十二門論宗致義記》等眾多之文獻。又或是在《華嚴一乘教義分齊章》、《華嚴經金師子章》等同一份文獻之中，僅僅檢取部分文獻進行解讀，卻試圖以偏蓋全的得出整體的意義；尤有過之者，更通過此部分文獻而給出嚴厲的批評。

2. 論述分析時帶入的既有觀念：

如：唯心、唯物的二分的架構與批評；又或是套套邏輯式的結合澄觀、瑜伽行派等等其他眾多觀念進行比附式的研究。是以於論述上之前理解以及既有之架構，並未仔細檢定；卻以相關概念的比附與帶入，作為詳細說明、論述或是批評的依據。

3. 真妄、理事、真俗、空有、性相等蘊含於法藏三性思想中的相關概念，並未進行結合而並行論述；此外，此眾多相關概念的對比研究，也並未展開而有相關之成果：

例如：與法藏三性思想結合的真妄、理事、真俗、空有、性相等論題，大多研究者在研究論述，以及相關概念的對比研究上，甚少著墨而進行申論，遑論其中深度義蘊的發掘以及拓展。

4. 義理層次的混淆，而並未釐清：

法藏的思想以及概念、論題等，會因為五教等論述層次的不同，而有著不同的意義，然論者每每混淆而並論之。如同一字詞的「真如」、「阿賴耶」、「一心」或是「三性」等等，在五教之中的不同階位，使用的意義便不相同。

正是因為上述這四個問題的存在，乃產生了眾多不同見解的紛爭出現。本文之所以試圖以法藏三性思想為議題進行相關之討論，就是希望以法藏三性思想為研究的範圍；通過此三性思想的研究，逐步釐清環繞三性此論題而產生的眾多紛雜的不同的意見。易言之，筆者此法藏三性思想之研究，即是以法藏三性思想為研究對象：一方面，處理環繞在法藏三性思想周圍的爭論；另一方面，則通過論爭的釐清，進而揭露其所涵蘊之深度義蘊。

第二節　既有研究成果之介紹及檢討

前人研究成果，即是在筆者之前已經存在的既有研究成果，這樣的研究成果大略的可以分為兩個部分：其一，古大德之註疏及相關見解；其二，當代學者之研究。就前者言，自宋代以來不論海內外之相關註釋者，其中具有代表性者頗多，大抵有道亭、希迪、師復、觀復、霭亭、鳳潭、凝然、喜海等等諸多的註疏以及相關論述。〔註4〕就後者言，不論海內外之相關研究者，

〔註 4〕相關說明，請參見〔日〕宇井伯壽等著、王進瑞等譯：《禪宗論集・華嚴學論集》（臺北：華宇出版社，民國 77 年 6 月初版），頁 292～328。

其具有代表性者，大抵有牟宗三、唐君毅、陳英善，以及日本、大陸之研究者。〔註5〕

　　本節所欲介紹以及檢討的對象，乃是針對後者，亦即當代對於法藏三性思想研究的既有成果進行討論。至於何以不觸及前者所謂古大德之註疏及相關見解，以做出周遍、詳密而全面的處理？這是因為本文若涉及並且處理唐、宋等歷代之華嚴學者，以及日本、韓國之華嚴研究成果；這無異於處理並且耙梳整部華嚴思想史的發展以及流變轉化等課題。若是依據這樣的要求而進行論述，雖然足以通過歷代註書的研究以及對比，而彰顯出法藏之思想，與歷代對於法藏思想的理解等等議題。但是，這樣的研究顯然在範圍上，已然背離本文以「法藏三性思想研究」為對象的研究主題，而做出了範圍上無限擴張以及蔓延的文獻報導。

　　所以，本文乃承續前文所述，以當代研究成果上第二序的爭論為處理範圍；並將此範圍設限在法藏三性思想於當代既有研究成果上，處理其中觀點有價值、見解或特殊之處，將其分別論述並且進行研究。今將其論述如下：

一、牟宗三先生對法藏三性思想的觀點

　　關於牟宗三的佛學相關論點的著作，主要呈現在《佛性與般若》上、下兩冊之中。牟宗三在此書討論華嚴思想之際，大致上順著瑜伽行派以及如來藏的系統而下，於中著重經由存有論的架構進行論述。〔註6〕認為佛家的存有

〔註5〕　此所謂大陸之研究者，包含馮友蘭以下，乃至方立天、楊維中、邱高興、徐紹強等人。

　　　　又日本之研究者，則包括鐮田茂雄、龜川教信、高峰了州、木村清孝、小林實玄、山田亮賢等人。至於之所以講如此眾多之研究者概括而觀之，乃是因為這些研究者雖然有相當多觀點上的歧異，但是在基本的論述觀點與架構方面，並沒有太大的不同。是以將其區分為大陸之研究者，與日本的研究者兩類，而並行討論。至於這兩類研究者，在細部觀點上的歧異處，則留待行文論述之際，再進行相關的探論。

〔註6〕　此點學界已經有甚多研究成果足供吾人參考，如顏炳罡先生便指出：「就哲學言，牟先生這是已完成了道德的形上學哲學體系的建構，開出了兩層存有論，即執的存有論（現象界的存有論）和無執的存有論（本體界的存有論）。在他看來，無執的存有論高於執的存有論，無執的存有論是價值之源乃至一切存在之源。……牟先生用兩層存有論的標準去判釋佛學，因而，徹底透出無執存有論的天台宗就成了佛學之最高境。在牟先生的判釋中，代表阿賴耶識系統的唯識宗高於龍樹學之空宗，而如來藏系統的《起信論》高於唯識宗，而法界緣起系統高於如來藏真心系統，天台宗之『性具三千』，詭譎相即為佛學

論有兩種形式，一種是詭譎的存有，另一種則是分解的存有。詭譎的存有這一系，就是指禪宗的理論。而分解的存有之中，又可以分為阿賴耶的系統以及如來藏的系統。將依地論為論的地論師，與依攝為論的攝論師歸於阿賴耶一系；將《楞伽經》、《起信論》以及華嚴宗等視為分解式的如來藏系。至於對於華嚴的理解，也是基於存有論的思想架構而進行相關的理解與處理。

　　牟宗三於《佛性與般若（上）》之第五章，論述《楞伽經》中「如來藏藏識」與《大乘起信論》「一心開二門」之後，緊接著探論的就是〈起信論與華嚴宗〉此章節，明確將華嚴宗之義理與《大乘起信論》並行討論。順著這樣並行與結合的討論架構下來，作者論述華嚴思想之際，於章節之首便開宗明義的表明：

> 華嚴宗是以《華嚴經》為標的、以《起信論》為義理支持點、而開成者。由「對於一切法須作一根源的解釋」這一問題起，經過前後期唯識學底發展，發展至此乃是一最後的型態。阿賴耶緣起是經驗的分解或心理學意義的分解，如來藏緣起是超越的分解。順分解之路前進，至華嚴宗而極，無可再進者。猶如來藏緣起悟入佛法身，就此法身而言法界緣起，一乘無盡緣起，所謂「大緣起陀羅尼法」者，便是華嚴宗。〔註7〕

牟宗三在這裡便很明確的表明對於華嚴思想的理解，認為華嚴是根源於「對於一切法須作一根源的解釋」此一存有論的立場，而這個法界緣起的解釋則是建立在如來藏。順此而下，進一步的〈真如心之「不變隨緣隨緣不變」〉一節，則用以探論法藏之真如心思想。而牟宗三在此雖提其標目曰「真如心」，實則全由法藏《華嚴一乘教義分齊章・義理分齊第十》之中的「三性同異義」一文，進行逐文疏通的工作。也正因如此，我們在討論牟宗三對於法藏三性思想的研究之時，實際上可以通過對真如心的論述而得知。而牟宗三之所以直接將《勝鬘經》之「如來藏自性清淨心」，與《大乘起信論》之「真如心」，直接等同於華嚴法藏所言之「圓成實性」，此點其實在於牟宗三順華嚴法藏於《華嚴一乘教義分齊章・諸教所詮差別　第九》所言：「不染而染者，明隨緣

之最高境。牟先生認為……終別教和華嚴宗雖能證成無執的存有論，但這無執的存有論不是終極的、圓實的。」（《整合與重鑄——當代大儒牟宗三先生思想研究》，臺北：臺灣學生書局，民國84年2月初版，頁147～148）

〔註7〕牟宗三：《佛性與般若（上）》（臺北：臺灣學生書局，民國86年5月修訂版六刷），頁483。

作諸法也。染而不染者，明隨緣時不失自性。由初義故，俗諦得成。由後義故，眞諦復立。如是眞俗但有二義，而無二體。」是以，作者就此眞心所含具「不變」與「隨緣」二義，而將「圓成實性」直接等同於「眞如心」。

其次，順其對華嚴思想此一存有論的觀點，而指出「賢首所謂『性相融通』則是存有論的」〔註8〕。是即其通過法藏〈三性同異義〉一文，針對法藏對「性相融通」此一「存有論」的問題做出進一步的討論。並且在討論法藏對依他起性的「似有」與「無性」之後指出，法藏經由三性之論述而達至「性相融通」此一目的，並未成功。實際上：

> 只是在觀法上的圓融，亦只是「緣起性空」一義之輾轉引申，故此圓融乃只是分析的，不能視爲對于空有兩宗之消融也。而空有兩宗之判，亦不能由于似有無性上之或重空或重有而判也。其分判唯在對一切法是否有一根源的說明。〔註9〕

甚至直接在結論時，指出華嚴法藏之相關思想與論說：

> 不過只是「緣起性空」一義之輾轉引伸。然不得謂此是融通空兩宗，好像是賢首之大發明。此只示其于「緣起性空」能如實瞭解而已。
> 〔註10〕

顯然，牟宗三認爲法藏通過對三性的解釋，雖然直接將「圓成實性」等同於《大乘起信論》所言之眞如，等同於如來藏系之「如來藏自性清淨心」。但是，卻認爲法藏所言眞如「不變」、「隨緣」二義，與三性同異的理論，最多只是對於「緣起性空」這一概念的「輾轉引伸」。也就是說，牟宗三並不接受以往的觀點，而認爲法藏通過三性並不能夠達到「融通空有兩宗」，也就是學者們所特別著重的「融通性相」的問題。

這樣以存有論爲基礎、以如來藏爲中心，進而將華嚴思想建立在如來藏的觀點，是有別於既有的看法的。而且牟宗三直接通過三性，認爲其僅限於「緣起性空」一義、不足以融通空有，並進而指涉到了對法藏「法界緣起」一義的批評，這也正是其對華嚴法藏三性思想的特殊見解。

〔註8〕 牟宗三：《佛性與般若（上）》（臺北：臺灣學生書局，民國86年5月修訂版六刷），頁508。

〔註9〕 牟宗三：《佛性與般若（上）》（臺北：臺灣學生書局，民國86年5月修訂版六刷），頁514。

〔註10〕 牟宗三：《佛性與般若（上）》（臺北：臺灣學生書局，民國86年5月修訂版六刷），頁516。

二、唐君毅對法藏三性思想的觀點

相較於牟宗三對於天台義理直言不諱的大加尊崇，以及對於華嚴思想的諸多批評；唐君毅在華嚴義理方面，雖然措辭溫婉而並不鋪張，但相對於牟宗三，顯然透露出了更多而更高的評價。

首先，就著法藏通過三性思想以達至「性相通融」此一課題而論。牟宗三順其存有論之架構，認為法藏只是「觀法上之圓融」，而未能對一切法作一根源式的說明。但唐君毅則在其《中國哲學原論・原道篇（卷三）》，以及《中國哲學原論・原性篇》等書之中，提出肯定的看法。不但在數個章節之中討論法藏的三性思想，並且將關注的焦點放在法藏通過三性與二諦的融通，而達至空（般若中觀）、有（瑜伽行派）二宗之融通。在這論述上的著力點與價值判斷上，兩位先生顯然已經存在著相當大的不同。

其次，牟宗三認為「華嚴宗是以《華嚴經》為標的、以《起信論》為義理支持點、而開成者。」〔註11〕唐君毅在這個觀點，也予以同意並順承此說而進行論述。

一方面，《中國哲學原論・原道篇（卷三）》一書，於討論之先後順序上，並未依照歷史上時間之發生義為論；相反的，其依照的標準則是空有此一義理上傳承發展之系統，為其敘述之順序。如於般若三論宗之後討論天台智顗，卻將時間上先於天台之法相唯識以及《大乘起信論》等，置之於天台智顗之後、華嚴宗之前。這在論述的順序上，也同於牟宗三的先論《大乘起信論》，接著針對華嚴思想進行論說。

另一方面，唐君毅也將《大乘起信論》「一心二門」的架構，視為法藏三性思想的義理支持點。如其有言曰：

> 至華嚴宗之會通三性義，則是就唯識宗所謂三性義而會通之者。其所根據者，則是大乘起信論之真如不變而隨緣，隨緣而不變之義。如法藏華嚴一乘教義分齊章論三性同異。〔註12〕

又曰：

> 對此大乘起信論之言心識，法藏于其義記卷三以四句辨之：如來藏

〔註11〕牟宗三：《佛性與般若（上）》（臺北：臺灣學生書局，民國86年5月修訂版六刷），頁483。

〔註12〕唐君毅：《中國哲學原論・原性篇》（臺北：臺灣學生書局，民國80年6月，全集校訂版），頁272。

唯不生滅，如水濕性。……以如來藏爲本以説，則如來藏恆不變，
如水不失濕性。而水之動靜不一，水與濕性恆相隨；不可不謂水不
在浪中，亦非離水有浪。由此而如來藏即隨動靜而不變，如來藏即
眞如。此即法藏之眞如隨緣不變之論所由生也。此法藏之依大乘起
信論，而言眞如之隨緣不變。〔註13〕

是則，唐君毅於此通過法藏針對《大乘起信論》，所作的《義記》、《別記》此
二註釋書籍，以及「三性同異義」一文爲本，探論法藏如何依據《大乘起信
論》「一心二門」之架構，論述其眞心「不變隨緣，隨緣不變」的觀點。在法
藏思想的支撐點上，牟宗三以及唐君毅，其實都認爲是順著《大乘起信論》
的義理間架而來。

再次，關於牟宗三在華嚴眞如此論題的解釋部分，乃是通過對「三性同
異義」一文的疏通，並以此進行討論以及相關的論述。〔註14〕唐君毅也在此
法藏所論三性思想的問題方面，指出：

是華嚴宗特重三性相即之義，依此三性相即之義，而有眞如之隨緣
不變之義。……然謂此眞如心能隨緣不變，乃重在謂：能證眞如，
而具圓成實性之心，能隨緣以成染淨而不變。〔註15〕

所以，在眞如以及圓成實性的解釋，都是將眞如與圓成實性二者直接等同而
無異。

最末，牟宗三認爲法藏三性思想，實際上只是對「緣起性空」一義的輾
轉引伸，並不認爲這是賢首法藏的「大發明」。但唐君毅並不特別著重於一存
有論式的說明，而著重在華嚴法藏思想上的融通性，並認爲「法藏之融攝般
若之二諦與唯識宗之三性的根本旨趣。此實乃法藏之所以能進而言華嚴圓教
的義理基礎之所在者。」〔註16〕至於其何以如此認爲，乃是接受法藏的論述
方式，有言曰：

法藏于般若宗之清辯之充空之量，以至言依他、圓成，皆爲幻如空

〔註13〕唐君毅：《中國哲學原論‧原道篇（卷三）》（臺北：臺灣學生書局，民國 75
　　　　年 10 月，全集校訂版），頁 294。

〔註14〕唐君毅：《中國哲學原論‧原性篇》（臺北：臺灣學生書局，民國 80 年 6 月，
　　　　全集校訂版），頁 272。

〔註15〕唐君毅：《中國哲學原論‧原性篇》（臺北：臺灣學生書局，民國 80 年 6 月，
　　　　全集校訂版），頁 273。

〔註16〕唐君毅：《中國哲學原論‧原道篇（卷三）》（臺北：臺灣學生書局，民國 75
　　　　年 10 月，全集校訂版），頁 291。

華，及護法之言圓成、依他皆實有之二說，在印度原視爲無可融通者，在法藏則以爲其相破而相奪以成極相違，正所以成其相順，而皆可加以圓融會通。此如以新名辭釋之，可稱爲依絕對矛盾而形成之絕對一致。〔註17〕

所以，唐君毅對印度以來空有二分此一課題，顯然異於牟宗三之觀點，而認爲法藏已予以解決之。這些，都是唐君毅在華嚴法藏思想上，異於牟宗三而所特別著重並提出者。

三、大陸學者對法藏三性思想的觀點

大陸方面對於華嚴法藏的研究，及至今日，大體上仍然順遂著長久以來慣用的架構進行論述，此架構即是「唯心」與「唯物」二分的觀點。如馮友蘭於其代表著作《中國哲學史（下）》便已經明確的說道：

法藏立一常恆不變之眞心，爲一切現象之根本；其說爲一客觀的唯心主義。比於主觀的唯心論，客觀的唯心論爲近於實在論。因依此說，客觀的世界，可離主觀而存在也。且客觀的世界中，每一事物，皆是眞心全體之所現。則其爲眞，較常識所以爲眞者，似又過之。

〔註18〕

又於晚年力作之《新編中國哲學史（四）》一書之中指出：

華嚴宗佛學是宣揚客觀唯心主義的，法藏用「體」、「用」這一對範疇說明宇宙的心和宇宙間一切事物的關係。宇宙的心是「體」，宇宙間一切事物是「用」。〔註19〕

而且進一步認爲：

《成唯識論》所說的是個體之心的「圓成實性」，《金師子章》所說的是宇宙之心的「圓成實論」。〔註20〕

又曰：

〔註17〕 唐君毅：《中國哲學原論·原道篇（卷三）》（臺北：臺灣學生書局，民國 75 年 10 月，全集校訂版），頁 291～292。

〔註18〕 馮友蘭：《中國哲學史（下）》（臺北：臺灣商務印書館，民國 83 年 5 月，增訂臺一版第二次印刷），頁 749～750。

〔註19〕 馮友蘭：《新編中國哲學史（四）》（臺北：藍燈文化事業股份有限公司，民國 80 年 12 月初版），頁 274。

〔註20〕 馮友蘭：《新編中國哲學史（四）》（臺北：藍燈文化事業股份有限公司，民國 80 年 12 月初版），頁 275。

　　法藏的這個說法，大概是打算說明這個個體的心和宇宙心的關係。

　　宇宙的心包括宇宙間一切事物，當然也包括個體的心。像《成唯識論》所說的阿賴耶識就是個體的心。〔註21〕

經由上述引文之後，吾人可知馮友蘭對於華嚴法藏思想之理解，有幾點特點值得注意：

1. 馮友蘭對於華嚴之思想之理解，不論其所著舊編或是新編之《中國哲學史》，觀點上大致相同，而並未有所改變。

2. 對於華嚴之研究，在人物方面乃以法藏爲代表，其他人物甚少論及，甚至完全沒有提到。〔註22〕

3. 在文獻的使用方面：

　(1)《中國哲學史》舊編方面：在此對於法藏思想的研究方面，於舊編之《中國哲學史》中，雖然在文獻解讀的依據部分，大致上順著《華嚴金師子章》之篇目與內容進行隨文註疏的論述，但仍然有參考《華嚴義海百門》與《華嚴還原觀》〔註23〕等論著之處。

　(2)《中國哲學史》新編方面：在討論華嚴思想的時候，文獻的依據以及分析，就只剩下篇幅最爲簡短的《華嚴金師子章》一書了。而在舊編《中國哲學史》中，仍然被參考到的《華嚴義海百門》與《華嚴還原觀》二書，不但不再被馮友蘭重視，甚至根本不進行徵引。當然，法藏思想之中，具有代表性的《華嚴一乘教義分齊章》、《華嚴經探玄記》、《十二門論宗致義記》、《入楞伽心玄義》、《修華嚴奧旨妄盡還源觀》、《大乘法界無差別論疏》、《大乘起信

〔註21〕馮友蘭：《新編中國哲學史（四）》（臺北：藍燈文化事業股份有限公司，民國80年12月初版），頁275～276。

〔註22〕馮友蘭在華嚴思想的論述方面，甚少徵引法藏以外人物的觀點或是著作。對於初祖杜順、二祖智儼，可說全然沒有進行論述。四祖澄觀則只有簡單的說明，例如「澄觀（華嚴宗四祖，世稱清涼大師。姓《夏侯氏，越州山陰人。以元和年卒。』——《宋高僧傳》卷第五，《大藏經》卷五十，頁737）謂華嚴有四法界：一事法界，二理法界，三理事無礙法界，四事事無礙法界。觀以上所述，可以知之。」（馮友蘭：《中國哲學史》，臺北：商務印書館，民國83年5月，增訂臺一版，第二次印刷，頁749）倒是在五祖宗密方面，針對宗密《原人論》之中所判的五教，做出了部分探論與說明。（馮友蘭：《新編中國哲學史（四）》，臺北：藍燈文化事業股份有限公司，民國80年12月初版，頁276～279）

〔註23〕此處馮友蘭所謂之《華嚴義海百門》，即是《華嚴經義海百門》一書；而所謂的《華嚴還原觀》一書，即是指《修華嚴奧旨妄盡還源觀》。

論義記》、《大乘起信論義記別記》以及《大乘密嚴經疏》等等眾
多著作，也就不在馮友蘭文獻上討論以及論述的範圍之內了。

4. 理解之架構：此部分正如其標目所言的「主觀的唯心論與客觀的唯心論」〔註24〕，明確的提出「唯心」、「唯物」二分的觀點，並且將華嚴思想定位在「客觀唯心主義」。

5. 明確以體用之範疇進行法藏思想的解讀，並由此認爲此爲一「本體論」或「宇宙論」式的理論架構。

6. 於「圓成實性」此點，直接以「宇宙之心」進行解讀以及意義的給出。

顯然馮友蘭在其新、舊兩編《中國哲學史》之中，對於華嚴法藏思想的理解，只是在文獻上通過《華嚴經金師子章》一文，以其中的幾組概念與範疇進行隨文註解式的說明。由此可見，法藏三性思想或是整個華嚴宗的思想，都不是馮友蘭新、舊兩編《中國哲學史》關注而進行討論的焦點。

另如侯外廬主編之《中國思想通史（第四卷　上冊）》，也同於馮友蘭的觀點，以理、事等範疇爲主進行解讀。〔註25〕又如郭朋於《中國佛教思想史（中卷）》之中，也一樣接續著相同的觀點，而認爲「華嚴宗的觀點是客觀唯心論」〔註26〕。這些觀點，顯然大致上都是相同的。

而上述大陸方面的諸多研究觀點，卻在方立天手中進行了進一步的研究，並且集其大成；其研究成果的代表著作，就是《法藏》一書了。方立天在其所著《法藏》一書，當中的〈法藏的宇宙本體論——法界緣起論的本質〉一章，便於開頭明確的說明：

> 我們論述了三性同異、因門六義、緣起十義和六相圓融、十玄無礙的學說，分析了法界緣起的源由和內容，是著重介紹法藏的宇宙生成論和宇宙現象論學說。在法藏的著作裏，他還把宇宙萬有和圓融境界的生成歸結於一心——最高主體性，強調萬有互爲緣起、重重無盡的最終根源是一心，一切現象都是一心的展現。法藏在後期曾經意識到唯心說法過於寬泛，而在《華嚴經探玄記》中改唯心迴轉

〔註24〕 馮友蘭：《中國哲學史（下）》（臺北：臺灣商務印書館，民國83年5月，增訂臺一版第二次印刷），頁749。

〔註25〕 相關論述，請參見侯外廬：《中國思想通史（第四卷　上冊）》（北京：人民出版社，民國81年9月，北京第四次印刷），頁231～256。

〔註26〕 郭朋：《中國佛教思想史（中卷）》（福州：福建人民出版社，民國83年12月初版），頁350。

善成門爲主伴圓明具德門，但是，法藏因深受《大乘起信論》和《華
嚴經》的影響，最終仍然是從「心」上立論成佛的根據和宇宙的本
質，從而涉及了宇宙本體論的問題。〔註27〕

就此文而觀之，若吾人將方立天對法藏思想的理解，對比於馮友蘭、侯外廬
以及郭朋等人之理解，顯然方立天也是順著「唯心」、「唯物」二分的思想架
構，而直接以「眞心」、「一心」爲法藏思想的主軸；也是經由本體論、宇宙
論等來進行解讀，甚至在篇章的標目，直接了當的以「宇宙生成論」、「宇宙
本體論」來標明其篇目。所以，我們可以將方立天所著《法藏》一書，視爲
大陸方面對華嚴法藏思想研究集大成的代表性作品；而在其後的既有研究成
果的分析與討論之中，以方立天此書爲中心進行論述。

此外，近年來除方立天之外，另有徐紹強、邱高興、葛兆光等數位學者，
對此問題有所討論。可是這些接續於方立天之後的討論，大抵上仍然未脫離
方立天的研究成果，以及大陸學者的研究架構。正如以方立天爲指導教授的
徐紹強，便同於方立天的說法，而指出：

法藏在世界本原問題上搖擺於客觀唯心主義與主觀唯心主義之
間。……在哲學的基本路線上，法藏就不能算作一個徹底的客觀唯
心主義者或是徹底的主觀唯心主義者，而是兼有二者的唯心主義
者。〔註28〕

顯然可見的，徐紹強仍然接續著方立天的既有研究成果與研究間架進行討
論，並以此爲依據給出其見解。這樣承接著上述馮友蘭、侯外廬、郭朋以及
方立天等大陸學者，以「唯心」、「唯物」二分，而特別著重「一心」的觀點，
仍然是大陸學者研究法藏思想的基調。

四、日本學者對法藏三性思想的觀點

日本學者於華嚴思想等方面之探論與研究，相較於我們，顯然有著久遠
的研究傳統。不論鳳潭、凝然等諸位大德，或是及至今日的鎌田茂雄、川田
熊太郎、長尾雅人、田中順照、小林實玄、龜川教信、高峰了州、木村清孝、
坂本幸男，以及玉城康四郎等等眾多之學者，都對華嚴之文獻或是義理等方

〔註27〕方立天：《法藏》（臺北：東大圖書股份有限公司，民國80年7月初版），頁
　　　　157。
〔註28〕徐紹強：《《華嚴五教章》哲學思想述評》（高雄：佛光山文教基金會，民國90
　　　　年3月初版一刷），頁218。

面，投入了相當多心力的研究，足以提供我們參考以及借鏡。

就此日本學者研究之成果言，高峰了州於《華嚴思想史》之中，順著地論、攝論而下，將華嚴「法界緣起」之思想核心視爲「一心」。木村清孝於《中國華嚴思想史・第五章 華嚴教學之大成》部分，最末以唯心爲主軸探論法藏大師之「法界緣起觀」。〔註29〕龜川教信也明確的指出：「然法藏專以心爲主，一切迷、悟、染、淨悉以心爲中心，由一心所轉成。」〔註30〕鐮田茂雄也認爲「華嚴是基於『絕對的一心』之哲學」〔註31〕。至於玉城康四郎〈唯心的追究〉一文，更是明確的以「唯心」、「一心」作爲整篇文章的中心課題，而一路由《十地經》貫穿至澄觀大師了，並且明確的指出法藏三性乃是「基於《起信論》的眞如思想，將三性說改造爲證明一元論緣起世界的無礙之理論。」〔註32〕

上述學者所進行的研究，以及相關的解讀與詮釋，代表了當今日本學者的主要觀點。而順著這些論點研究法藏之三性思想，並無重大的歧義存在。如田中順照〈賢首大師法藏的三性說〉、小林實玄〈法藏的三性說──華嚴如來藏解釋的問題〉、長尾雅人〈對法藏三性說的若干疑問〉、山田亮賢〈華嚴三性說的立場〉與〈關於華嚴法藏的三性說〉等論文。〔註33〕這些學者的觀點，

〔註29〕〔日〕木村清孝 著、李惠英 譯：《中國華嚴思想史》（臺北：東大圖書股份有限公司，民國85年2月初版），頁134～146。

〔註30〕〔日〕龜川教信：《華嚴學》（高雄：佛光山文化事業有限公司，民國86年9月初版），頁195。

〔註31〕〔日〕鐮田茂雄：〈華嚴哲學的根本立場〉。本文收錄於〔日〕川田熊太郎、中村元等著、李世傑 譯：《華嚴思想》（臺北：法爾出版社，民國78年6月1日，第一版第一刷），頁453。

〔註32〕此所言之「迷、悟、染、淨」，實則眞妄之別，亦即法藏於〈三性同異義〉文末所言之「眞該妄末，妄徹眞源。性相通融，無障無礙。」（T45，No. 1866，頁499a）以及「眞該妄末，無不稱眞，妄徹眞源，體無不寂。眞妄交徹，二分雙融，無礙全攝，思之可見。」（T45，No. 1866，頁501）

至於「一元論」之所指，即是「一心」此一元了。請參見〔日〕木村清孝 著、李惠英 譯：《中國華嚴思想史》（臺北：東大圖書股份有限公司，民國85年2月初版），頁133。

當然，木村清孝此所言「將三性說改造爲證明一元論緣起世界的無礙之理論」一語，所言「證明」之義，實際上是就著法藏的觀點而言。實際上，也可以説是法藏所給出的一種新的解釋。

〔註33〕此處所言田中順照、小林實玄與山田亮賢等諸位國外學者之論文，其實多半並無中文譯本。本文此處所以直接以漢文標明，一方面是爲求徵引使用上的

大致上也是就著鐮田茂雄以及玉城康四郎等學著的研究架構而下；也同樣著重於法藏三性思想與瑜伽行派三性思想之殊異、圓成實性之義蘊、圓成實性與《佛性論》等經論所言如來藏義涵之差別、法藏三性思想之於性相通融等課題。

　　然日本學者於華嚴學之研究，大抵著重在《華嚴經》的研究。這些研究，不論是通過梵漢二文的對比研究，或是通過瑜伽行派等來進行論述，皆有甚多貢獻。至於在法藏三性思想的部分，於論述架構上並無如牟宗三與唐君毅一般特殊而龐大的分歧意見存在。但是，這其中值得注意的，則是各學者於文獻之徵引、論述之重心、關懷之焦點等方面各有所重、各有見解，而尚有未能通一之處。是以面對這樣細微的差異，本文亦將於行文論述之際逐一探究。

五、陳英善對法藏三性思想的觀點

　　陳英善對於華嚴法藏思想的理解，主要呈現於《華嚴清淨心之研究》與《華嚴無盡法界緣起論》二書。〔註34〕如《華嚴無盡法界緣起論》一，以「法界緣起」為中心，貫穿以智儼、法藏為主的華嚴歷代祖師書，是陳氏用力之處。

　　陳氏於《華嚴無盡法界緣起論》之〈第二章　無盡法界緣起理論之詮釋‧第二節　法藏之詮釋‧一　就緣起思想而論〉部份集中論法藏的三性思想。而此章節實際上就是討論法藏《華嚴一乘教義分齊章》之中的〈義理分齊第十〉一節；在架構上就是順著此段文獻，逐文進行疏解與說明。

　　但是，相對於牟宗三、唐君毅、方立天，以及日本等研究學者，陳英善有著許多不同的觀點提出。就此書之撰寫而言，雖然以「華嚴無盡法界緣起論」為題，卻不以如來藏、一心或是性起等觀念為詮釋之基礎與進路。相反的，陳英善認為，上述牟宗三等諸多學者所謂核心的觀念，乃是：

　　　方便，另一方面也考量到閱讀上之便捷，再一方面則是對解讀的負責，所以直接將論文篇目以及徵引之引文譯為漢文。

　　　　當然，為求讀者得以真確之複查原文之故，於徵引引文之出處，將於註文之中註明；而此論文篇目之出處資料，亦於參考書目之中直接以原文標示，並未做出翻譯。本文此部分外文資料之徵引與註明之格式，以下行文皆然，不另行說明。

〔註34〕《華嚴清淨心之研究》此書即為作者之碩士論文，而其後之《華嚴無盡法界緣起論》一書，即是承續前書發展的著作。

在華嚴教義中，爲顯法的普遍及相互含攝、以及隨舉一法即一切法的情況下，涉及了唯心（一心）、法界、如來藏等概念，而此等觀念，無非皆不離緣起，皆是緣起法之一，只不過用以之闡明緣起道理而已。〔註35〕

由此可見，陳英善乃是就著諸法相及相入的無盡緣起，而將如來藏、一心、法界等觀念融攝於內。這是在對「法界緣起」的詮釋上，不同於以往系統進路明確的觀念以及說法。

其次，就三性之說爲論。相關討論之部分，乃是在法藏對法界緣起的詮釋部分。在此，陳氏認爲法藏之所以建立三性思想，乃是「藉由對三性（遍計、依他、圓成）的論述而建立起吾人對緣起觀念正確的了解。」〔註36〕而之所以於〈義理分齊第十〉此章之初，首先論及三性之說，乃是因爲「吾人若想了解華嚴一乘之義理，其基本前題，須了解三性同異之關係，了解眞妄交徹相融無礙。」〔註37〕

換句話說，陳英善指出三性思想爲華嚴一乘義理之「基本前題」，亦即爲「華嚴無盡法界緣起」所以成立之原由以及基礎。而此三性之說之目的，乃在於建立「眞妄交徹相融無礙」的相即相入、主伴具足的「華嚴無盡法界緣起」一義。

可是，陳英善所論述「法界緣起」的建構、原由，及其理論基礎的部分，討論的對象是智儼、法藏等對於「緣起因門六義法」，以及「十玄門」等義理之論述，卻並未涉及法藏三性同異之說。而將三性之說，置之於法藏對無盡法界緣起之詮釋部分討論。這在「三性同異」之所以爲「法界緣起」理論基礎的論述上，對於法藏三性思想之何以得以成爲法界緣起的理論基礎？其何以結合此相即相入等論述？以及此法藏三性思想於其判教架構之下的定位如何？此諸多問題，大抵以陳英善此文專力於論述此「無盡法界緣起」，並不著重於此諸多論題的論述之故，是以並未做出相關的處理以及說明。

再則就其論述之過程言，陳氏於此只是順著〈三性同異義〉一文，做出

〔註35〕陳英善：《華嚴無盡法界緣起論》（臺北：財團法人華嚴蓮社，民國85年9月26日初版），頁431～432。

〔註36〕陳英善：《華嚴無盡法界緣起論》（臺北：財團法人華嚴蓮社，民國85年9月26日初版），頁235。

〔註37〕陳英善：《華嚴無盡法界緣起論》（臺北：財團法人華嚴蓮社，民國85年9月26日初版），頁249。

逐文的註解，並未進一步的討論以及發展；例如三性一說義理間架與《大乘起信論》「一心二門」之關係、圓成實性與眞如關係等論題。又如陳氏所謂「吾人若想了解華嚴一乘之義理，其基本前題，須了解三性同異之關係，了解眞妄交徹相融無礙。」〔註38〕一語，其揭示之「眞妄交徹」「相融無礙」等論題其與法藏三性思想之間的關係若何等等諸多問題，作者皆爲進行探論。是以此法藏三性思想之研究，雖然並非陳英善研究之主旨以及重心所在；但吾人若就此法藏三性思想之討論與研究而觀之，不免有所遺憾，而尚有補充說明與深度義蘊研究的空間。

　　筆者於上文，敘述了華嚴法藏三性思想的不同觀點，及具代表性的數家說法。雖然，這些只較具代表性，並非全面且兼及細部研究的觀點；可是，通過這些論述，顯然可知的是，此眾多的研究成果，實際上呈現出來的卻是基本架構的歧異。由此論述上基本架構的歧異，進一步結合如來藏與圓成實性之後，導致的問題就是法藏三性思想論述上的眾多紛雜的觀點。

　　於此，吾人認爲華嚴法藏的三性思想，在第二序的學術研究成果上，尚有進一步研究的必要以及空間。而這些研究，可以釐清既往研究的歧義；歧義的逐步釐清，也正足以提供進一步研究的開展。

第三節　研究方法與進路

　　在本文研究動機上，既有前人研究成果歧異的敘說之後，接續的問題就是如何對應此爭議的分析與釐清，而提出相應的解決方法。筆者前文已然指出，目前既有研究紛雜而不一的原因有四點。而此四點原因，總括而言主要是兩個層次：

1. 文獻使用的不當：此部分包含文獻使用的片面化與不足，以及相關概念的未予涉及以及揭露。
2. 義理論述的不當：此包含暨有觀念的帶入，以及義理上不同層次的混淆未分。

　　所以，本文所應當對應的困境即是在於文獻使用以及義理論述兩方面。就此二方面而觀之，對應之研究方法，採用以文獻解讀的文本分析爲基調的

〔註38〕陳英善：《華嚴無盡法界緣起論》（臺北：財團法人華嚴蓮社，民國85年9月26日初版），頁249。

方法，並且結合歷史溯源法（historical retroduction），以給出本論文研究的方法與進路。

今將此方法，敘述如下：

第一，關於文獻的使用方面。

華嚴歷代祖師的著作，雖因唐武宗滅佛等因素，導致文獻的大量亡佚而不存於世；然法藏著作之得以流傳至今者，其數量仍然相當龐大。例如：《華嚴一乘教義分齊章》、《修華嚴奧旨妄盡還源觀》、《華嚴經問答》、《華嚴遊心法界記》、《華嚴發菩提心章》、《華嚴金師子章》、《華嚴經義海百門》、《華嚴策林》、《華嚴經旨歸》、《大乘起信論義記》、《大乘起信論義記別記》、《大乘法界無差別論疏》、《入楞伽經玄義》以及《十二門論宗致義記》等等。

雖然法藏曾經在眾多的著作之中，多次論及瑜伽行派之三性思想，或是法藏所重新詮釋的三性思想；而其中論述最爲完整、最爲主要也最爲集中的文獻，則是《華嚴一乘教義分齊章‧義理分齊第十》之中的〈三性同異義〉一節。換句話說，法藏的三性思想，在其思想形成之初期，就已經有了充分的論述。也正因如此，筆者於文獻之使用上，就以〈三性同異義〉此文爲主，而以其他文獻之相關論述爲輔。〔註39〕

承上所述，本文觀點之論述及其根據，主要是基於法藏《華嚴一乘教義分齊章‧義理分齊第十》之中的〈三性同異義〉一段文獻。可是，法藏此書之撰述乃其初期之作品，許多的觀點皆於其他著作之中進行修訂，而且對於相關經論之探討與批評，多未明確註明出處。是以筆者認爲，歷來對於此書之註疏，亦當有所參考，而爲本文論述之際所採行的輔助性文獻。對於法藏《華嚴一乘教義分齊章》一書有相關註解的書籍，正如華嚴學之復興一般，也是在宋代有了註釋此書的四位高僧。如師會《五教章復古記》、《華嚴一乘教義分齊章科》、《五教章焚薪》；希迪《評復古記》、《華嚴一乘教義分齊章集

〔註39〕蓋法藏著作在經過唐武宗滅佛運動之後，亡佚甚多，年代考證甚爲困難。有關法藏相關著述撰作年代之考證，請參見〔日〕高峰了州：《華嚴思想史》（臺北：中華佛教文獻編撰社，民國68年12月8日初版，頁149～155）而日人高峰了州，在法藏《華嚴一乘教義分齊章》的著述年代方面，認爲是「三十八歲以前的作品，便可擬定的了。」（同上，頁154）此説大抵是依據《華嚴經探玄記》所提及「地婆訶羅」等事，作爲判斷之標準。

此外，在法藏三性思想的文獻方面，雖然以此〈三性同異義〉一文爲其代表，但在《華嚴經探玄記》以及《十二門論宗致義記》之中，仍然有眾多的論述，而應補充於行文論述之際。

成記》；觀復《華嚴一乘教義分齊章折薪》；道亭《華嚴一乘教義分齊章義苑疏》。清代，有霭亭《華嚴一乘教義章集解》；當代，亦有徐紹強《華嚴五教章》等相關註釋書籍。

　　雖然華嚴學在宋代有復興的跡象，且近代亦有人加以重視。但相較於朝鮮、日本，卻顯然落寞的多了。如經由朝鮮之傳播，而明晰華嚴學的日本，在關注以及傳承的努力上，顯然有著相當的成就。這之中的元曉、凝然、鳳譚等等，都是代表性的人物；及至近年，亦有韓國均如大師之著作為世人所發現，並且給出相當的重視而予以研究。

　　當然，法藏《華嚴一乘教義分齊章》一書，也必然的受到了海內外歷代華嚴學研究者的重視。其相關之重要註疏有壽靈《華嚴五教章指事》、凝然《五教章通路記》、審乘《華嚴五教章問答抄》、鳳潭《華嚴五教章匡眞鈔》，以及普寂《華嚴五教章衍秘鈔》。及至當代，亦有鎌田茂雄、湯次了榮、細川幹嚴、齋藤唯信等人為之註疏。〔註40〕

　　在《華嚴一乘教義分齊章》此主要文獻，既然存在著如此眾多的註釋書籍，可以提供相關的輔助。當然，所有的註釋在某個意義，都可以說是一種再詮釋；所以，這些註釋之中，顯然也蘊含著一些註家的觀點。若吾人涉及法藏三性思想的意義的把握的過程之中，參照此相關之註釋而未留意此點，極有可能造成法藏思想與註釋者思想的混淆。

　　於此文獻解讀的方法方面，筆者採用「結構分析」、「脈絡性分析」以及「語意分析」。通過文獻內容的推論以及評估，探論其論述之前提以及結論等，並且評估其有效性與合理性，以完成結構分析。通過文獻上語意脈絡本身之是否適切，及其內部知識與外部知識之一致性，以展開脈絡性分析。又在法藏三性等相關概念語意的部分，通過文獻上所呈顯之意義決定的部分，以分析其語意。由此種研究方法，以對應法藏三性思想之相關文獻，而給出適切的解讀。

　　第二，接續著前文所論文獻的使用方面以外，對於整篇論文的討論，也應該使用一與之相應的方法。筆者於此，針對華嚴法藏所論述之三性思想，進行「歷史溯源法」（historical retroductionz）〔註41〕。而此歷史溯源之研究，

〔註40〕相關之詳細解說與資料，請參見〔日〕宇井伯壽等著、王進瑞　譯：《禪宗論集‧華嚴學論集》（臺北：華宇出版社，民國77年6月初版），頁295～305。
〔註41〕「歷史溯源法」（historical retroduction），是針對某一理念、理論或學說，作

則是就著法藏三性思想的來源的瑜伽行派三性思想，以及轉換其義理性格的
《大乘起信論》「一心二門」等處而展開。

易言之，筆者於此將就著法藏之所以融攝瑜伽行派三性之說、吸納《大
乘起信論》之義理，並予以重新詮釋等方面，進行其思想概念形成上之溯源
及考察。

除此之外，就著主要文獻《華嚴一乘教義分齊章》有著眾多註疏，以及
對於華嚴「法界緣起」有諸多觀點的情況之下。筆者於縱向思想發展的瑜伽
行派三性思想，以及智儼、澄觀等華嚴祖師之外，亦將針對橫向的當代學者
的不同見解，進行思想上的比對。換句話說，筆者本文之撰述，亦將順遂通
篇文章論述之進行，而逐一比對當代學者之諸多詮釋。

第三，關於本文之探論步驟。由於本文所欲探求之論題為法藏三性思想，
而此觀念始自瑜伽行派諸論師，是以本文之論述步驟如下：

第一步，直接以瑜伽行派三性思想為對象。於此，經過法藏對瑜伽行派
及其三性思想之不滿與批評，進而導引出法藏接納與收攝瑜伽行派之三性思
想，並且進一步進行重新詮釋與改造之動機。至於其中關於法藏對瑜伽行派
之相關見解，大抵通過法藏「五教十宗」的判教架構，以及關於心識等論題
之討論，進而呈顯其中之異同。

第二步，則進一步探論法藏對瑜伽行派及其三性思想表示其不滿之後，
進而進行義理性格改造之動作；而此重新詮釋之發展，則是通過《大乘起信
論》「一心二門」之架構。由此架構之援引，進而將瑜伽行派之三性思想轉換
而為華嚴之三性思想。是此部分，主要以法藏《華嚴一乘教義分齊章》、《華
嚴經探玄記》、《大乘起信論義記》以及《大乘起信論義記別記》等文獻為主
要使用範圍，探論法藏如何將《大乘起信論》「一心二門」之架構，引入瑜伽
行派三性的重新詮釋而成其三性之說。

並且在這之中，亦通過《華嚴一乘教義分齊章·義理分齊第十·三性同
異義》一文，以及《十二門論宗致義記》等等文獻，揭露依他起性與遍計所
執性二者，於法藏三性思想之中的意義以及定位。一方面通過真諦譯《攝大
乘論釋》的追索，釐定法藏在三性思想的義理性格轉換之際，在論述依他起

溯源性的考察，以便尋索出基源概念或基本預設。也就是說，這樣的研究方
法，基本上是以推論結構分析為基調的逆推考察；而且，它也是一種質性
（quality）的考察。

性之時，展現出受到的影響爲何。另一方面，觸及法藏在其三性思想之中，何以偏重圓成實性與依他起性，卻忽略遍計執性的問題。再一方面，則就上述二問題，而揭露法藏三性思想於理論的論述中應該爲何等論題。

第三步，在法藏融攝瑜伽行派三性之動機與方法得出，並且得以進行三性思想的義理性格的重新詮釋之後。再提出法藏如何在印度清辨、護法，以及那爛陀寺戒賢、智光等空有之諍的脈絡之下，通過其三性思想，而對般若二諦義的融攝動作。由此三性與二諦的融攝，產生法藏三性思想涵攝二諦之後所產生的義理性格上的和會與融攝。並且進一步揭露此融會與收攝，所具有的意義、內容以及價值等論題。

第四步，則順乘上文而下。檢討法藏三性思想，在經過了空有之諍的和會之後，進而達至的「眞妄交徹」、「眞俗不二」以及「性相融通」等意義。其中著重討論此「性相融通」等之界義如何？以及此說得以證成之辯證方式爲何？此融通於五教判架構之中的層次若何？又其是否得以證成等等相關問題。

第五步，即是本文最後之一部份，則對全文做出總結，而爲本文之說明與論述做出結論。

第四節　預期研究成果及其限制

就筆者之所以撰寫本文之目的而論之，當然有其預測的目的，及其希望達至之研究成果。

首先，就其學術上之價值而論之，有二點：

其一，就「三性」思想言：

> 當今學界之研究各有所重、各有所偏。有側重其思想源流者，如論其與如來藏系經論等關係者，如論其與空、有二系關係者；有側重其思想價值者，如提供一融通空有之系統；有側重論述中心者，如論其之核心主旨爲「一心」、「眞如」等；亦有論其義理間架者，如論其以《大乘起信論》爲義理支撐點者。

於此這有所重之情況，筆者此研究，當足以提供一整全之研究，爲法藏所言性相通融之三性作一全面之探論。並且在此三性思想的字面與訓詁意義之外，進一步在其中所蘊含的眞俗二諦、「眞妄交徹」，以及「性相融通」等諸多論題，進行深度義蘊的揭露與展示。

其二，就法藏「法界緣起」之思想言：

> 承上文之所論，可知當今學界存在詮釋系統上之不同；而此諸多論
> 述成果，於最初解讀法藏三性思想之時，便已存在觀點之歧義。筆
> 者於此，試圖通過法藏三性思想此一面相做出研究，以解決當今研
> 究法藏三性思想之殊異處。通過此論述，進一步提供對法藏「法界
> 緣起」思想研究歧義之輔助。

其次，本文之撰寫，雖有其預期之成果，然亦有其相對之侷限與不足存在。
今論述如下：

其一，就論述上之侷限與不足而論

雖筆者本文是經由法藏三性思想既有研究之殊異處出發，進而揭露其含
蘊之深度義蘊，並且觸及義理核心之「法界緣起」。換句話說，本文試圖通過
其義理支撐點之中，存在不同研究觀點的三性思想為出發點。經由範圍設限
上的「法藏三性思想研究」，以提供解讀的一個面相。這樣的研究進路以及方
法，顯然並非就著法藏思想而作一全面之研究。這一方面，是本文在觀點、
文獻以及進路等方面，所採取範圍上的設限；另一方面，就法藏之整體思想
而言，卻也是研究論述中的侷限所在。

其二，就文獻上之侷限與不足而論

主要的侷限在於歷來相關註疏以及日本、韓國等華嚴學的無法全面處
理。蓋就筆者全文所論之核心文獻——《華嚴一乘教義分齊章》——而言，
古大德所進行全面的註釋書籍，觀點上存在歧義者，便有十多部。〔註 42〕此
一龐大的數量，實非一本範圍、觀點均已設限的學術論文所足以負荷。再則
日本與韓國的華嚴學，歷經元曉、均如、鳳潭、凝然諸人，早已發展成一完
備而嚴密之系統。是以，一方面就既有研究成果的處理而言，將其設限於法
藏三性思想的部分，而免於整部文獻解讀式的報導；另一方面，在全文論述
的進行上，也只能擇其要者而論之。這些侷限與不足顯然難以避免，有待將
來研究者進行研究。

〔註42〕請參見〔日〕宇井伯壽等著、李世傑 譯：《禪宗論集・華嚴學論集》（臺北：
華宇出版社，民國 77 年 6 月初版），頁 295～305。

第二章　法藏對瑜伽行派及其三性思想的詮釋與批評

第一節　法藏判教架構中對瑜伽行派的詮釋與定位

「三性」也作「三自性」、「三相」、「三性相」、「三種自相」等名，﹝註1﹞
大抵上法藏所使用的名詞，是「遍計所執性」（梵 parikalpita-svabhāva）、「依
他起性」（梵 para-tantra-svabhāva），以及「圓成實性」（梵 pariniṣpanna-
svabhāva）。﹝註2﹞至於這組概念的提出，《解深密經》即已指出：「謂諸法相略
有三種，何等為三？一者，遍計所執相；二者，依他起相；三者，圓成實相。」
﹝註3﹞又《瑜伽師地論・本地分》亦曰：「復有五種有性、五種無性。何等名

﹝註1﹞ 如《解深密經》：「是故說彼誹撥三相。」（T14，No. 676，頁 695c）又如《瑜
　　　　伽師地論》：「三種自性三種無自性性。」（T30，No. 1579，頁 705a）
﹝註2﹞ 蓋三性之譯名於諸經諸論之中多有殊異，如《解深密經》、《瑜伽師地論》、《攝
　　　　大乘論》作「遍計所執相」、「依他起相」、「圓成實相」；《深密解脫經》作「虛
　　　　妄分別相」、「因緣相」、「第一義相」；《梁譯攝大乘論》作「依他性相」、「分
　　　　別性相」、「真實性相」；《魏譯攝大乘論》作「他性」、「妄分別性」、「成就性」；
　　　　《攝大乘論釋》作「依他相」、「分別相」、「成就相」；《大乘莊嚴經論》與《佛
　　　　性論》作「分別性」、「依他性」、「真實性」；《成唯識論》則作「遍計所執性」、
　　　　「依他起性」、「圓成實性」。
　　　　　　是此譯名眾多而不一，至於本文所討論者，乃法藏三性之思想，是以為
　　　　求全文之統一，全文譯名之使用，大抵順法藏之說而採用「圓成實性」、「依
　　　　他起性」、「遍計所執性」以及略微簡略的「遍計執性」。
﹝註3﹞ 《解深密經》（T14，No. 676，頁 693a）

爲五種有性？一、圓成實有相性；二、依他起相有性；三、遍計所執相有性；四、差別相有性；五、不可說相有性。」〔註4〕於此，〈本分地〉關於三性的部分並無詳細論述，而說明甚爲簡略；然《解深密經》等之論述，則已經甚爲詳密。而這些關於三性的論說，也就是最早可見的論述了。〔註5〕緊接著《解深密經》以及《瑜伽師地論》之後，瑜伽行派之論師便進行詳密的討論，而成爲重要的核心思想。

三性這組概念，在歷史上經過瑜伽行派諸論師的闡發以及詳細討論後，大致上記載在《解深密經》、《攝大乘論》、《中邊分別論》、《唯識三十頌》乃至於《成唯識論》等等經論。在經過玄奘大師等人的翻譯以及傳佈之下，在中土也早已成爲淨影寺慧遠、慧思等人吸收而予以採納的的觀念之一。〔註6〕

至於法藏，雖然至今對其是否曾經參加玄奘的譯場此點，仍然有眾多爭論。〔註7〕但是，法藏與玄奘、窺基以及圓測等人，同時身處於瑜伽行派學說

〔註4〕 《瑜伽師地論·本分地》（T30，No. 1579，頁362c）

〔註5〕 關於《解深密經》以及《瑜伽師地論·本地分》的時代先後問題，雖然至今尚有爭議存在，然此爭議與本文所欲論述之法藏三性思想之間，並未存在重大的影響，是以於最早提出三性的問題上，並無進行論述之必要而暫且將此二者並論。

〔註6〕 早在法藏之前的淨影寺慧遠，也在《大乘義章·八識義》等處提出了有關三性思想的見解，如：「次第二門，眞妄離合以說三種……名字如何？一、分別性；二、依他性；三、眞實性。」（T44，No. 1851，頁525）。

又如提名爲慧思的《大乘止觀法門》之中，便說明到：「次明止觀境界者，謂三自性法。就中復作兩番分別：一、總明三性；二、別明三性。」（T46，No. 1924，頁655c）

〔註7〕 《宋高僧傳·義解篇第二之二·周洛京佛授紀寺法藏傳》一文，即是主張法藏參與玄奘譯場的主要文獻依據。文曰：「釋法藏，字賢首，姓康，康居人也。風度奇正，利智絕倫。薄遊長安，彌露鋒穎，尋應名僧義學之選，屬奘師譯經，始預其間。後因筆授、證義、潤文、見識不同，而出譯場。」（T50，No. 2061，頁732a）此外，《釋氏稽古略》之中，也與《宋高僧傳》大同而小異的記載到「釋法藏，字賢首，姓康，康居國人。風度奇正，利智絕倫。來長安，尋應名僧義學之選，屬玄奘法師譯經，始預其間。後因筆受、證義、潤文、見識不同，而出譯場。」（T49，No. 2037，頁821a）此即是主張法藏曾經參與玄奘譯場的論據之所在。

然學界至今對於法藏是否曾經參與玄奘之譯場，存在著許多不同的見解，或是主張法藏當時年紀甚輕，或是主張文獻上確有記載，乃有諸多不同的觀點存在。至於因爲這些見解的不同而產生的眾多爭議，至今尚無定論。雖此公案至今尚無公認而統一的觀點，然並不礙於本文之論述，是以筆者於此不進行相關史實的考證工作。相關論述，請參見方立天：《法藏》（臺北：東大圖書股份有限公司，民國80年7月初版），頁6～10。

至為盛行的時代與環境，是以其對於瑜伽行派諸多思想與觀念，進行大量的吸收與融攝，顯然是不爭的事實。〔註8〕當然，三性這組源自瑜伽行派的概念，也是法藏汲取的對象之一。

　　既然三性思想根源於瑜伽行派，而法藏的三性思想也是自此吸收融攝而來，自當溯源而上，針對瑜伽行派三性思想及其相關概念進行查考。而本文則是通過研究法藏對瑜伽行派及其三性思想的認知、詮解以及相關批評，進而明晰法藏何以理解並且援引瑜伽行派的三性思想；又其對於瑜伽行派三性思想的批評等觀點，用以說明法藏三性思想與瑜伽行派三性思想之間的交涉及其關係。

　　在法藏對於瑜伽行派及其三性思想的認知此點，首先面對的便是法藏判教之中，對於瑜伽行派進行的判攝所產生的定位問題。

　　蓋判教之行並非創始自法藏，在面對中國歷史發展上，佛法傳入過程中並不以時間上在印度的發展先後為標準，作為傳入中土的依據，而是割裂思想發展史的脈絡後同時傳入中土。歷代的高僧面對這樣難以看出思想發展脈絡的時代課題之時，早已提出甚多的教相判釋。不論南北朝時期的「南三北七」之判教說、隋代天臺智顗大師的「五時八教」、唐朝法相唯識窺基大師的「三教八宗」等等，都是歷來眾多判教思想之中的佼佼者。法藏面對這諸多的論點，也在進行理解之後予以吸收而融攝之；是以在眾多的文獻之中，都可以看到法藏對於歷來判教的詮解以及相關的批評。至於相關的觀點，在法藏的著作之中比比皆是，如《華嚴一乘教義分齊章》之中的〈敘古今立教第三〉以及〈分教開宗第四〉兩個部分，又如《華嚴經探玄記・世間淨眼品・三　顯立教差別・九　就義分教》之中的說明，都是可以提供吾人參照的相關文獻。今以《華嚴一乘教義分齊章・敘古今立教第三》一文為例，法藏曰：

　　第三、「敘古今立教」者，謂古今諸賢所立教門，差別非一。且略敘
　　十家，以為龜鏡：
　　一、依菩提流支，依《維摩經》等，立一音教。……
　　二、依護法師等，依《楞伽》等經，立漸、頓二教。……

〔註8〕　相關論述請參見方立天：《法藏》（臺北：東大圖書股份有限公司，民國80年7月初版），頁41～43；以及石橋眞誠：〈法藏對唯識說的對應〉（《國際佛學譯粹》（第二輯），臺北：靈鷲山出版社，民國81年5月初版）等文之相關說明。

三、依光統律師，立三種教。……

四、依大衍法師等一時諸德，立四宗教。……

五、依護身法師，立五種教。……

六、依耆闍法師，立六宗教。……

七、依南岳思禪師，及天台智者禪師，立四種教，統攝東流一代聖教。……

八、依江南愍法師，立二教。……

九、依梁朝光宅寺雲法師，立四乘教。……

十、依大唐三藏玄奘法師，依《解深密經》、《金光明經》及《瑜伽論》，立三種教，即三法輪是也。〔註9〕

在這當中，法藏依華嚴多用「十」此一數目的傳統，而「略敘十家以爲龜鏡」，其中代表性的提到了菩提流支、天台慧思與智顗，乃至瑜伽行派之玄奘等等諸多論師所立的判教系統。是以吾人可知，法藏在建立自己的判教學說之前，對歷來諸多之判教系統，已然進行充分的理解以及整理，並且以此諸多既有之判教架構爲其立論之龜鏡，進而整理出屬於其自身之判教。

然法藏的判教之說，並非在歸納諸家論述之後，單單提出一個說法，或是一個自始至終皆未曾改變、更動的定論，而是在其眾多的著作之中，展現出各種不同層面以及意義的判教。簡單的說，吾人可以將其判教的觀念區分成爲兩個系統，一個是以「教」的觀念爲標準，另一個則是以「宗」的觀念爲標準。「教」有著依據如來說法的時間與地點區判的「本末二教」〔註10〕，有依據《華嚴經》之中海印三昧教義爲直顯或是寄顯區別的「同別二教」，也有依據斷惑的階位而做出的「五教」之判。而「宗」則是以思想上的義理內

〔註9〕 法藏：《華嚴一乘教義分齊章‧敘古今立教第三》（T45，No. 1866，頁480b ～481a）。此外，法藏於《華嚴經探玄記‧第三 明立教差別‧一 敘古說》之中，也有類似的論述。此兩段文獻，即可作爲法藏理解既有判教思想的代表性文獻。

〔註10〕 此所謂「本末二教」，即是「稱法本教」與「逐機末教」。法藏於此明確指出：「初、明稱法本教，二、明逐機末教。初者，謂別教一乘，即佛初成道第二七日，在菩提樹下，猶如日出先照高山，於海印定中同時演說十十法門，主伴具足圓通自在，該於九世十世盡因陀羅微細境界。即於此時一切因果理事等一切前後法門，乃至末代流通舍利見聞等事，並同時顯現。」《華嚴一乘教義分齊章》（T45，No. 1866，頁482b）是以此「本末二教」之區分，即是依據此佛成道後，說法的時間與地點等等爲標準，而進行的判攝。

容，作爲區判收攝的標準。如「五教十宗」之中「十宗」的論述，又如「四宗」（「隨相法執宗」、「眞空無相宗」、「唯識法相宗」、「如來藏緣起宗」）〔註11〕的區判等等。

是以吾人可知，法藏之判教思想實際上並非單一的架構，而是有著多種的說法。這之中，「四宗」之說乃是「隨他意門判教」並非「隨自意門判教」，而是接受他人的見解而採取的標準。雖然此「四宗」之判仍然是法藏接受認可，並且照著講的架構；但是，在其特別標明華嚴爲別教一乘圓教的判教系統之中，此「四宗」之判攝並不具有獨特性以及代表性。〔註12〕至於「本末二教」與「同別二教」之判，又在實際上爲「五教十宗」的判釋所收攝，而成爲法藏判教學說代表之一部份。是以本文於此之所論，大抵上即是依據此足以代表法藏思想的「五教十宗」之判攝爲主，而旁攝其他相關之說明以爲輔。

至於這「五教十宗」方面的相關論述，法藏於《華嚴一乘教義分齊章‧分教開宗　第四》，以及《華嚴經探玄記‧世間淨眼品　第一‧以義分教　第九》兩份文獻，皆爲其「五教十宗」判教論的代表性文獻。今暫以《華嚴一乘教義分齊章》爲代表而論之。蓋法藏所謂「五教十宗」之區判，乃是：

> 第四、分教開宗者，於中有二：初就法分教，教類有五；後以理開宗，宗乃有十。
>
> 初門者。聖教萬差，要唯有五：一、小乘教；二、大乘始教；三、終教；四、頓教；五、圓教。
>
> 初一，即愚法二乘教；後一，即別教一乘。……中間三者，有其三義：

〔註11〕 法藏於《大乘起信論義記》指出：「宗途有四：一、隨相法執宗，即小乘諸部是也。二、眞空無相宗，即《般若》等經、《中觀》等論所說是也。三、唯識法相宗，即《解深密》等經、《瑜伽》等論所說是也。四、如來藏緣起宗，即《楞伽》、《密嚴》等經，《起信》、《寶性》等論所說是也。此四之中，初則隨事執相說，二則會事顯理說，三則依理起事差別說，四則理事融通無礙說。」（T44，No. 1846，頁243b～243c）

又法藏於《大乘法界無差別論疏》亦指出：「一、隨相法執宗，謂《阿含》等經、《婆沙》等論。二、眞空無相宗，謂《般若》等經、《中》、《百》等論。三、唯識法相宗，謂《深密》等經、《瑜伽》等論。四、如來藏緣起宗，謂《楞伽》、《密嚴》等經，《起信》、《寶性》等論釋此四宗。」（T44，No. 1846，頁61c）

〔註12〕 請參見李世傑：《華嚴哲學要義‧第四章　判教論》（臺北：佛教出版社，出版年不詳），頁53。

一、或總爲一，謂一三乘教也。……

二、或分爲二，所謂漸頓。……

三、或開爲三，謂於漸中開出始、終二教。即如上說《深密經》等
三法輪中後二是也。〔註13〕

又「十宗」則爲：

二、以理開宗，宗乃有十：

一、「我法俱有宗」。此有二：一、人天乘；二、小乘。小乘中犢子
部等。……

二、「法有我無宗」。謂薩婆多等。彼說諸法二種所攝。……

三、「法無去來宗」。謂大眾部等。說有現在及無爲法，以過未體用
無故。

四、「現通假實宗」。謂法假部等。彼說無去來，現在世中諸法，在
蘊可實在界處假，隨應諸法假實不定。成實論等經部別師亦即
此類。

五、「俗妄眞實宗」。謂說出世部等。世俗皆假，以虛妄故；出世法
皆實，非虛妄故。

六、「諸法但名宗」。謂說一部等。一切我法唯有假名，都無體故，
此通初教之始準知。

七、「一切法皆空宗」。謂大乘始教。說一切諸法皆悉眞空，然出情
外無分別故，如般若等。

八、「眞德不空宗」。謂如終教。諸經說一切法唯是眞如，如來藏實
德故，有自體故、具性德故。

九、「相想俱絕宗」。如頓教中顯絕言之理等，如淨名默顯等。準知。

十、「圓明具德宗」。如別教一乘主伴具足無盡自在所顯法門是也。

〔註14〕

是以法藏所謂「五教十宗」之判，在「五教」方面即是指：小乘教、大乘始
教、大乘終教、頓教，以及圓教。在「十宗」方面，則是指：「我法俱有宗」、
「法有我無宗」、「法無去來宗」、「現通假實宗」、「俗妄眞實宗」、「諸法但名
宗」、「諸法皆空宗」、「眞德不空宗」、「相想俱絕宗」，以及「圓明俱德宗」。

〔註13〕法藏：《華嚴一乘教義分齊章》（T45，No. 1866，頁 481b）

〔註14〕法藏：《華嚴一乘教義分齊章》（T45，No. 1866，頁 481c～482a）

是此即法藏對其之簡略說明也。然此「五教」與「十宗」之關係若何？吾人可透過一簡表以明晰其間之關係。蓋此表〔註15〕如下：

五　　　　教			十　　　　宗		
教名		依據經典	宗　名		部　　派
小乘	一　小乘教（愚法二教）	《四阿含》等經《僧祇》、《四分》、《十誦》等律，《發智》、《六足》、《婆沙》、《毘曇》、《雜心》、《俱舍》、《顯宗》、《正理》、《成實》等論	一	我法俱有宗	人天部、小乘犢子部
			二	法有我無宗	說一切有部、雪山部、多聞部
			三	法無去來宗	大眾部、鳩胤部、制多山部、西山住部、法藏部、飲光部
			四	現通假實宗	說假部、《成實論》師
			五	俗妄真實宗	說出世部
			六	諸法但名宗	一說部
大乘	漸教	二　始教（分教）　空始教	《般若》等經，《中論》、《百論》、《十二門論》等論	七	諸法皆空宗〔註16〕	
		相始教	《解深密》等經，《瑜伽》、《唯識》等論			
		三　終教（實教）	《諸法無行》、《密嚴》、《涅槃》、《勝鬘》等經，起信》、《寶性》、《法界無差別》、《佛性》等論	八	真德不空宗	
	圓頓教	四　頓教（一乘頓教）	《維摩》、《思益》、《楞伽》、《圓覺》等經	九	相想俱絕宗	
		五　圓教（別教）	《華嚴經》	十	圓明俱德宗	

〔註15〕王仲堯：《隋唐佛教判教思想研究》（成都：巴蜀出版社，民國89年9月初版初刷），頁97。
〔註16〕此即引文所言第七宗之「一切皆空宗」。

　　由上之圖表及相關文獻，可知法藏所言五教判之中的「大乘始教」，分為「相始教」以及「空始教」兩個部分，而相應於「大乘始教」的則是十宗判之中的「諸法皆空宗」。

　　但是，實際上法藏在第七宗的「一切皆空宗」，提到的是：「謂大乘始教，說一切諸法皆悉眞空，然出情外無分別故，如《般若》等。」〔註17〕此所謂「一切諸法皆悉眞空」、「出情外無分別」之義，與經論上之以《般若》之代表二點，可知此所言「一切皆空宗」或是「諸法皆空宗」，實際上只是針對以《般若經》、《中論》、《百論》等爲代表的「空始教」，而並未涉及以《解深密經》、《瑜伽師地論》等等經論爲代表的「相始教」。所以我們可以總結的說，如果我們要在法藏判教的思想之中，明晰其對於瑜伽行派及其經論的判攝以及定位，最主要需要通過的就是五教判之中，定位在始教的相始教了。

　　而何以法藏將瑜伽行派定位在始教之中的「相始教」，而次於其餘三者的「終教」、「頓教」，以及「圓教」（含「同教一乘圓教」與「別教一乘圓教」二者）？這牽涉到了法藏對於瑜伽行派思想的認知以及詮釋，而這其中又顯然帶著法藏認爲瑜伽行派及其三性思想的不足之處了！亦以此之故，乃將其置之於始教之位，而次於圓教等三者了。

　　蓋法藏於《華嚴一乘教義分齊章‧所詮差別第九》一文之中，即依據「所依心識」、「明佛種性」、「行位分齊」、「修行時分」、「修行依身」、「斷惑分齊」、「二乘迴心」、「佛果義相」、「攝化境界」，以及「佛身開合」十項標準，分別論述五教之間的差別。〔註18〕

　　是以吾人於理解法藏判教架構之下的瑜伽行派思想時，可將其簡要而約略的歸納爲以下數個要點：

　　第一，「種性差別」〔註19〕的部分。

　　在此方面法藏針對大乘始教的種性觀，乃在討論三乘差別的時候，先說明小乘之人認爲眾生皆無佛性，唯有佛具有佛性；是以一切之眾生，「皆不說有大菩提性」、皆不足以成佛。〔註20〕接著指出始教乃是從現象界之「無常法」

〔註17〕法藏：《華嚴一乘教義分齊章》（T45，No. 1866，頁482a）
〔註18〕法藏：《華嚴一乘教義分齊章》（T45，No. 1866，頁484c）
〔註19〕法藏：《華嚴一乘教義分齊章》（T45，No. 1866，頁485b）
〔註20〕法藏於《華嚴一乘教義分齊章‧第九 所詮差別‧第二 明種性差別》之中，明確針對小乘教指出：「當知於此教中，除佛一人，餘一切眾生，皆不說有大菩提性。」（T45，No. 1866，頁485c）此即是批評小乘教之中，一切眾生皆

處安立種性的意義，所以「不能遍一切有情」，也正因此之故，乃有「無性眾生」此畢竟不能成佛者之出現。並且以《顯揚聖教論》與《瑜伽師地論》之所論者爲據，說明始教種性觀及其所導生之限制。〔註21〕

第二，「修行所依身」〔註22〕與「修行時分」〔註23〕部分。

既然依據始教的種性觀導生出如此之限制，其修行時的所依靠的形軀究竟爲何？法藏以爲在小乘的時候是依據分段生死之身，到了始教的時候，則有兩種說法：

1. 不從正面直接論述其義蘊，而是間接的通過階位而從「寄顯門」來顯示其中的義涵，認爲七地菩薩以前所依據的仍然是分段身；到了八地以後，則是依據變易身。

2. 則是由菩薩所實際受到的果報來說，甚爲在十地之前的菩薩，都是依造「分段身」來修行。〔註24〕

又於修行上所需的時間，法藏以小乘之中，依據眾生根器不同，而有三生、六十小劫、一百劫，以及三阿僧祇劫等不同。及至始教，則固定要經過三阿僧祇劫。〔註25〕

第三，「行位差別」〔註26〕部分。

關於修行的實踐以及階段的部分，法藏以小乘教通過方便位、見道位、修道位以及究竟位此四位，而達到第六忍法位後不再退轉，最終以十二住爲

不具有大菩提性，無法覺斷世間煩惱而成就涅槃之智慧。

〔註21〕 法藏：《華嚴一乘教義分齊章》（T45，No. 1866，頁485c）

〔註22〕 法藏：《華嚴一乘教義分齊章》（T45，No. 1866，頁491a）

〔註23〕 法藏：《華嚴一乘教義分齊章》（T45，No. 1866，頁490b）

〔註24〕 法藏於《華嚴經探玄記》認爲：「定分齊者，若三乘中菩薩，地前必是分段之身，地上方有變易身。」（T35，No. 1733，頁229b）

　　　　而於《華嚴一乘教義分齊章》更明確的說明：「若始教中。爲迴心聲聞。亦說分段至究竟位。佛身亦爾。然此是化非實也。若依直進中有二說：一謂寄位，顯十地之中，功用無功用、麤細二位差別相故。即說七地已還有分段，八地已上有變易。二就實報，即說分段至金剛已還。以十地中煩惱障種未永斷，故留至金剛故。既有惑障，何得不受分段之身。故《十地經》云：『第十地已還有中陰者。』是此義也。」（T45，No. 1866，頁491a）

〔註25〕 法藏於始教的部分，明確的說到：「若依始教。修行成佛定經三僧祇。但此劫數不同小乘。何者。此取水火等大劫。數至百千。數此復至百千爲一俱胝。名第一數。數此俱胝復至俱胝爲第二數。如是次第以所數等數。至第一百名一阿僧祇。」（T45，No. 1866，頁490b）

〔註26〕 法藏：《華嚴一乘教義分齊章》（T45，No. 1866，頁488a）

其究竟。至於始教，法藏以其一方面爲導引愚法二乘之人得以迴心以轉向始教，是以大抵同於小乘教而亦曰四位、十地等說；另一方面，則直接顯示說明位相爲何，乃有菩薩五十一位等說。並且依據《佛性論》之說，指出菩薩「至時迴向，方皆不退也。」〔註27〕而此始教之人修行之中其特點與相狀如何？法藏則引用《瑜伽師地論》之所述爲論，指出修行者會產生「或於一時成於妄類」、「未能了之調伏方便」、「爲他說法……不能如實知」、「或於一時聞說甚深廣大法教，而生驚怖猶預疑惑」〔註28〕等等的情況，此即是始教中人於十二住中第二住的修行相狀。此與圓教所達到的「因果無二，始終無礙；於一一位上，即是菩薩，即是佛者」〔註29〕之間，頗有差距。

第四，「斷惑分齊」〔註30〕部分。

關於始教所斷除之煩惱、惑障的部分，法藏將三乘教作了集中的論述。其中，法藏以小乘教之聲聞行者，能斷三界之見惑、修惑等。而始教則可斷除以我執爲基礎而妨礙得證涅槃的煩惱障，以及以法執爲基礎而妨礙菩提的所知障。〔註31〕於此經由種性、所依身、修行時間、階位、相狀，以及所斷之惑等等，而達至的則是成佛之後所呈顯之意義與相貌。是以法藏進一步認爲，小乘教所達至的佛果，雖然「有三十二相、八十種好，是實法也。」〔註32〕；可是，因爲依據種性之說，而不主張「本性功德」此衆生皆有佛性之說，是以於佛果之果位「唯是無常」。〔註33〕及至始教，法藏則以其亦具足小乘所言之「三十二相」與「八十種好」，然則始教之言此，實則此諸多「化身之相，乃即空是相義。」〔註34〕目的在於接引小乘以迴心大乘也；但是，也未如終教一般，以八萬四千相來說明。可是，法藏仍然認爲始教乃是：

〔註27〕 法藏：《華嚴一乘教義分齊章》（T45，No. 1866，頁 488c～489a）

〔註28〕 法藏：《華嚴一乘教義分齊章》（T45，No. 1866，頁 489a）此文實爲法藏轉引之文，原文出自《瑜伽師地論》（T30，No. 1579，頁 554b）

〔註29〕 法藏：《華嚴一乘教義分齊章》（T45，No. 1866，頁 489c）蓋「三十二相」乃是指轉輪聖王及佛之應化身，所擁有的三十二種特殊的相貌；「八十種好」則爲佛菩薩所具有的八十種相。此二者又合稱爲「相好」。蓋法藏所言之諸般佛果義相，於《華嚴經探玄記‧如來現相品第二十九》，亦有相關之說明。

〔註30〕 法藏：《華嚴一乘教義分齊章》（T45，No. 1866，頁 492b～493b）

〔註31〕 法藏：《華嚴一乘教義分齊章》（T45，No. 1866，頁 492b）

〔註32〕 法藏：《華嚴一乘教義分齊章》（T45，No. 1866，頁 497b）

〔註33〕 法藏《華嚴一乘教義分齊章》：「前中若小乘佛果唯是無常。以不說本性功德故。」（T45，No. 1866，頁 496c）

〔註34〕 法藏：《華嚴一乘教義分齊章》（T45，No. 1866，頁 497b）

　　若三乘始教，法身是常，以自性故；亦無常，以離不離故。修生功德

　　是無常，以從因緣生故：是有爲無漏故，亦得是常，以無間斷故、相

　　續起故。《莊嚴論》云：「自性無間相續，三佛俱常住。」等。〔註35〕

蓋法藏即以始教之佛法身：一方面，因爲具有眞實不變的自體之本性，而且
此佛之報身無間斷，且化身相續而起、生生不滅，是以恆常而非無常；另一
方面，又因爲對於一切因緣和合、生滅變化的有爲法，以及非生滅變化而恆
存之無爲法二著，既相離又不相離，是以其無常而非恆常。〔註36〕然此始教
與圓教之常、無常「二義無礙」又「隨緣起際」，且「有時蓮華藏世界海微塵
數相，彼一一相皆遍法界，業用亦爾」的用以「顯無盡」的華嚴圓教相較，
仍是次於圓、頓、終三教的始教的定位。

　　是此即爲法藏判教思想之中，通過修行時所依之身、時間、位階、相狀，
乃至修行者之種性若何，以及所斷除之惑障、所得證之佛果等層面，而對始教
給出了其所意欲給予而安置的定位。是此，即法藏在經過「以義分教，教類有
五」的過程之後，而將瑜伽行派置之於五教之中的始教的定位。這樣的定位，
不僅意味著瑜伽行派思想在法藏思想架構中的定位，實際上也意味著法藏對瑜
伽行派思想有著批判性的理解，並且在上述的諸多方面給出批評。〔註37〕

〔註35〕法藏：《華嚴一乘教義分齊章》（T45，No. 1866，頁 496c）

　　　　蓋法藏此處《華嚴一乘教義分齊章》所引《大乘莊嚴經論》文，大正新脩大
藏經之句讀作：「自性無間相續三，佛俱常住等。」實則此文實爲偈語，覆案
《大乘莊嚴經論》原文，其句讀應作「自性無間續，三佛俱常住等。」（T31，
No. 1604，頁 606c）本引文據此而修正其句讀。

〔註36〕此文之解釋，靄亭註之曰：「法身是常者，法身眞理，乃有爲諸法自體性故。
言亦無常，以離不離故者，有爲無爲不相離故，名爲不離。有爲無爲個別故，
名離。不離無爲有無常故，名爲無常。又非一故離，非異故不離。」（《華嚴
一乘教義章集解》，臺北：財團法人華嚴蓮社，民國85年11月5日，頁348）。

　　　　此外，道亭於此亦註之曰：「法身是凝然常，故云：『以自性故』。『亦無
常，以離不離故者』，謂顯隱不定，隱故言離、顯故言不離。有斯不定，故説
無常。『修身功德是無常』者，此通報、化二身。何以故？轉識修成故。故釋
義云：『以無間斷故、相續起故』。『無間』即不斷常，釋報身。『相續起』是
相續常，即化身。故知三常明三身也。」（《華嚴一乘分齊章義苑疏》，臺北：
新文豐出版股份有限公司，民國62年12月初版，卷七，頁8）

　　　　蓋法藏下之所引乃《大乘莊嚴經論》所言「自性無間續，三佛俱常住。」
此文乃承前所言偈語：「應知佛三身，是佛身皆攝。」是此之所言乃依據三身
爲論，乃旁參道亭等之註語爲論。

〔註37〕關於法藏對瑜伽行派思想的評論，學界大致有兩種態度。第一種是經過生平、
外在環境以及判教等思想之考察，而指向於法藏對瑜伽行派思想的批判，或

經過了上文的論說之後，在法藏給出瑜伽行派的評論之後，緊接著的就是在其思想架構之中，何以採用了瑜伽行派的三性思想，而用以建立其一即一切、一切即一的華嚴圓融無礙的法界緣起論。易言之，若瑜伽行派之思想為其批判之對象，則瑜伽行派的三性思想在其理解之中意義若何？是因為法

是認為其有所不足之處；第二種則是認為法藏並非認為瑜伽行派有所不足，或是進行相應的批判，而是予以「融攝」之、吸收之。

後者，基本上只有日人山田亮賢所著〈關於華嚴法藏の三性説につい て〉，以及〈華嚴三性説の立場〉二文，為堅持此論之代表。作者並且針對法藏而指出其「並未對唯識法相教學加以非難」，「只是在強調眞如不變之義」，而且對於瑜伽行派的理解乃是「正確的理解」。然山田亮賢對於此特殊而異於既有論點的新論述，僅以此數語帶過並且給出斷言，實際上並未給出詳密而相關之論述。

其基本論點在動機方面，乃是指出「始教與終教的關係，法藏在佛教全體了無矛盾而統一的思維下表示的，此一思維，亦表現在『三性同異義』的論述中。」（〔日〕山田亮賢：〈華嚴三性説の立場〉，《大谷學報》，日本京都：大谷大學大谷學會，第 35 卷，第 4 期，西元 1956 年 3 月 20 日，頁 28）

至於山田亮賢所給出的相關論述以及說明，大致上有兩點理由：

第一、認為法藏「主張性相融即、性相融會。又其論述了無排斥唯識法相教學，而只竪立如來藏緣起（性宗）的所在。」

第二、則是以法藏論述依他起性之際，乃是「極適切地批判印度中觀與瑜伽二派的論爭；則法藏的立場及其心意故可明白清楚。」（山田亮賢：〈華嚴三性説の立場〉，《大谷學報》，日本京都：大谷大學大谷學會，第 35 卷，第 4 期，西元 1956 年 3 月 20 日，頁 29）

山田亮賢此説，乃是由法藏所建立圓融無礙的精神而往下進行論述，認為在此情況之下，由圓融的佛果來說眞俗之後的中道，或是再超越上去的最勝義諦；此時一切的分別說，甚至連佛學，都將抿除而了無痕跡，是以終將無所謂對瑜伽行派之批判，而是將其融攝於法藏的學說之內。

是山田亮賢此説，有數點問題存在，今將其歸納如下三點：

第一，是混淆了歷史發生義上法藏思想的如何形成，以及理論意義上由佛果言的圓融境界。

第二，則是在論述法藏「判教」之際，漠視了「判教」本身所帶有的分析性、區別性的義理性格。

第三，法藏五教判對於始教所意圖的「初教……為引愚法二乘令迴心故，施設迴心教。」（《華嚴一乘教義分齊章》，T45，No. 1866，頁 488b）與「會歸眞也」（《華嚴一乘教義分齊章》，T45，No. 1866，頁 484c）此一引領小乘與外道「迴心」轉向終教，並且層層向上超越，最終達至華嚴圓教的意義完全尚失。再則，法藏若對瑜伽行派三性等思想並無不滿，何需於重新進行詮釋。

基於上述三點論點，筆者於此不採用山田亮賢的説法；而採取學界所通用的第一種説法，以法藏在其判教架構之中對於瑜伽行派及其思想，實際上是有著不滿，以及批判性的理解。

藏對瑜伽行派三性思想存在著錯誤的理解，而導生其直接將瑜伽行派三性思想置入其思想架構之中，並進而以此為據推出其法界緣起之思想？抑或是經過批判性的理解，進行思想性格上的改造或是重新詮釋，方將此說賦予一全新之意義？此當為本文所不得不明者。是以，本節既已然明晰法藏對於瑜伽行派的理解，以及其中的不滿與批評，下文則當進一步就著瑜伽行派的三性思想進行探論，以解析法藏對瑜伽行派的三性思想之理解等問題。

第二節　法藏對瑜伽行派及其三性思想的批評

　　筆者於上文已然通過法藏判教之思想，以考察瑜伽行派思想在其中之定位；並且通過法藏對此始教之定位問題，以導生出法藏對瑜伽行派思想之不滿等問題。是以此節則順此脈絡而下，進而討論法藏對於淵源於瑜伽行派之三性思想態度若何？本節即針對此方面之課題進行討論。而本節之論述，則以法藏無專文討論且文獻並不甚多之故，是以僅以法藏所論判教中之瑜伽行派及相關論述為主要文獻。由於法藏所重者在圓成實性之問題，是以大抵依據圓成實性、依他起性，以及遍計執性三者依序為論。通過法藏以及瑜伽行派對此三者之詮釋，以解明上述之問題。

　　首先，就圓成實性為論。

　　在關於圓成實性的理解方面，實際上牽連著真妄、真如以及阿賴耶識等問題，而成為三性之中最為重要的關鍵。蓋法藏在敘述「諸教所詮差別」的「所依心識」此段落之時，在文章的開頭之處，便明確的針對始教三性的問題，做出了集中的論述，其言曰：

> 若依始教，於阿賴耶識，但得一分生滅之義；以於真理未能融通，但說凝然不作諸法。故就緣起生滅事中，建立賴耶；從業等種，辨體而生，異熟報識〔註38〕為諸法依。〔註39〕

〔註38〕　「異熟識」即是阿賴耶識的別稱，其梵語作「vipaka-vijbana」。異熟報識，「唯識學者認為阿賴耶識是由善惡業所薰習，以業種子為間接原因所產生的果報，所以又稱為異熟報識。」（徐紹強：《華嚴五教章》，高雄：佛光山文教基金會，民國90年3月初版一刷，頁134）、《瑜伽師地論》：「所生一切種子異熟識。」（T30，No. 1579，頁279b）

又如《成唯識論》：「有義種子各有二類：一者、本有，謂無始來異熟識中法爾而有生蘊處界功能差。」（T31，No. 1585，頁8b）、《攝大乘論釋》「若離一切種子異熟識，染污善心應無種子。」（T31，No. 1595，頁332c），此皆

又曰：

解云：「此則約空理有餘，名爲始教；約如來藏常住妙典，名爲終教。」
又《起信論》中，約頓教門顯絕言真如，約漸教門說依言真如；就
依言中，約始、終二教，說空、不空二真如也。〔註40〕

又曰：

問：「諸聖教中，並說真如爲凝然常，既不隨緣豈是過耶？」
答：「聖說真如爲凝然者，此是隨緣成染淨時，恒作染淨而不失自體，
是即不異無常之常，名不思議常，非謂不作諸法如情所謂之凝然也。
若謂不作諸法而凝然者，是情所計故即失真常。以彼真常不異無常
之常，不異無常之常，出於情外故名真常。」〔註41〕

此對於瑜伽行派真如（真理）「凝然不作諸法」的批評，此「凝然」之說前無
所據，大抵始於法藏。而法藏此批評之相關文獻根據，於諸多經論之中並無
明文論述「凝然」此概念，大抵可以以「凝寂湛然故無生滅」〔註42〕此語，
或是「一本來自性清淨涅槃，謂一切法相真如理，雖有客染而本性淨，具無
數量微妙功德，無生無滅湛若虛空。」〔註43〕等相關論述，爲法藏論述瑜伽
行派真如「凝然」的根據。

蓋法藏在對於始教的解釋，顯然可見的其明確以「凝然不作諸法」、「不
作諸法而凝然」、「但得一分生滅義」等等，作爲批評「聖教」（瑜伽行派）真
如「不隨緣」的重要論點。此論之要義，在於批評瑜伽行派的說法，使得一
切現象產生的原因無法得到根本的解答，是以必須進一步依據因緣和合的生
滅法，乃建立賴耶等說法；而且必須要進一步配合後天的正聞薰習工夫，方
能達至「轉識成智」等目的。此即法藏批駁瑜伽行派圓成實之不具活動義，
而但爲一「凝然」之空如理。

且法藏於此不具活動義之真如，又以一「空理有餘」之義解之。是此始
教所言真如，法藏以「空真如」與「不空真如」解之，並且明確指明此說乃
是依照提出此論點的《大乘起信論》之解說爲論。

唯識論師採用此說之證。
〔註39〕法藏：《華嚴一乘教義分齊章》（T45，No. 1866，頁 484c）
〔註40〕法藏：《華嚴一乘教義分齊章》（T45，No. 1866，頁 481c）
〔註41〕法藏：《華嚴一乘教義分齊章》（T45，No. 1866，頁 500a）
〔註42〕窺基：《成唯識論述記》（T30，No. 1830，頁 596b）
〔註43〕玄奘：《成唯識論》（T30，No. 1585，頁 55b）

　　蓋《大乘起信論》於此「依言眞如」中「如實空」、「如實不空」之義乃言曰：「眞如者，依言說分別有二種義。云何爲二：一者如實空，以能究竟顯實故；二者如實不空，以有自體具足無漏性功德故。」〔註44〕《大乘起信論》於此，乃以假託言說，說明能顯現眞如的究竟眞實、清淨而離一切染污者爲「如實空」，而眞如自身具足圓滿清淨無漏功德者爲「如實不空」。

　　而法藏於此言眞如「空」、「不空」等問題上，則認爲此所謂「依言眞如」者之「空」義「非謂如實自空」。實際上論其能顯示眞理，乃是「妄空故」也。〔註45〕至於「不空」，則是「有二種：一異妄無體故云有自體，二異恒沙有漏煩惱故云具足無漏性功德。」〔註46〕是此，法藏並非就著《大乘起信論》所言之眞如之「空」，乃足以顯示圓滿究竟之眞如實義爲論，卻在此將其與瑜伽行派之圓成實結合，而批評其「非謂如實自空」的離一切染污法而唯顯清淨，而實際上是「妄空」，並且明確的在行文之始，便以「空理有餘」總攝其義。

　　此「凝然不作諸法」、「空理有餘」、「但得一分生滅之義」、「妄空」，乃至「眞理未能融通」等等論說，即是法藏對瑜伽行派圓成實性的理解以及批評了。

　　其次，就依他起性與遍計所執性爲論。

　　於此，法藏順著之前對瑜伽行派圓成實性「凝然不作諸法」，此不具活動義而不能主動生起諸法的批評而下，進而論及遍計所執行以及依他起性得問題。針對這些問題，法藏有言曰：

　　　　故就緣起生滅事中，建立賴耶；從業等種，辨體〔註47〕而生，異熟

〔註44〕 馬鳴：《大乘起信論》（T32，No. 1666，頁 576a）

〔註45〕 法藏：《大乘起信論義記》（T44，No. 1846，頁 253c）

〔註46〕 法藏：《大乘起信論義記》（T44，No. 1846，頁 253c）

〔註47〕 此所言「辨體」，一般是順著天台智者大師的說法，而將其解爲辨明一經之要旨。蓋智者大師於解說《法華經》之時，採用了五種義解法。此五種義解法，又稱作：五章、五玄、五重玄、五重玄談。即是指「釋名」、「辨體」、「明宗」、「論用」、「判教」。

　　如天臺之智者大師於《妙法蓮華經玄義》卷一之首，便明言其論述，乃是：「釋名第一、辨體第二、明宗第三、論用第四、判教第五。」（T33，No. 1716，頁 681c～682a）又如《仁王護國般若經疏》所云：「大師於諸經，前例作五重玄義：一釋名、二辨體、三明宗、四論用、五判教。」（T33，No. 1705，頁 253b）

　　此義亦爲華嚴諸祖師所繼承，而爲智儼、法藏等華嚴宗人所採用；然此文所言之「辨體」，實則並非辨明一經要旨之義。蓋此所言「辨體而生，『異

報識爲諸法依。方便漸漸引向眞理。故說熏等悉皆即空。如《解深密經》云：「若菩薩於內於外不見藏住、不見熏習、不見阿賴耶、不見阿賴耶識、不見阿陀那、不見阿陀那識。」〔註48〕

就此而觀之，法藏認爲在眞如如此不具活動義，而「凝然不作諸法」的意義之下，此眞如自然無法對一切法的存在，做出一個根源性的說明。是以瑜伽行派之論師，仍需要將此「緣起生滅」之法，建立在阿賴耶識之上，而使諸法之存在得一根據而用以說明之。是此「就緣起生滅事中」等文，實則觸及遍計所執性與依他起性二者。蓋法藏此即是指出：瑜伽行派因爲眞如「凝然不作諸法」，是以對諸法的存在無法給出一個根源式的說明，所以需要以阿賴耶識來做出解說。然此阿賴耶種子爲善業、惡業所熏習，是以若辨明其體性，則爲一受熏而生起諸法的阿賴耶識，此亦爲其諸法所以依其而得以立的原因。

然則法藏於此所論之阿賴耶識，如何生起諸法？蓋其生起必待眾緣，而此緣者爲何？即依他所依者何也。蓋此一切法之所依，即是此種子爲善業、惡業所熏，是此依他起性依於虛妄分別的有漏雜染之法，非指淨法之依他起性，而實爲染法之依他起性。此染分之依他起性，即法藏所論之依他起性。於此，法藏就著依他起所依眾緣，而在討論染淨問題的實後，依據《攝大乘論》而指出「依他起上遍計染分名生死，圓成淨分名涅槃。」〔註49〕是此及法藏對瑜伽行派依他起性的理解。蓋法藏以依他起性爲中心，指出對於諸緣和合之依他起性起執著分別，則爲週遍計度之遍計所執性；於此依於眾緣而起之依他起性，明其爲實相則爲圓成實性。可見法藏對於依他起性的認知，除了染分依他而結合遍計所執性的意義之外，也在淨分依他的意義之下結合圓成實性。

熟報識』爲諸法依。」實際上無法以智者大師所言之義行之。其確切之義涵，乃爲辨明體性之義。蓋法藏嘗言「於此十行略作七門：一、顯名：二、辨體。……二、體性者。」（《華嚴經探玄記》，T35，No. 1733，頁 310b～310c）

　　此即法藏所言「辨體」一詞二義，一者順承智者之說而爲辨明一經要旨之義，一者順其詞義而爲辨明體性之義，此文當從後者爲論。又此體性者，「體」梵語作 svabhava 或 bhava，巴利語作 sabhava 或 bhava。乃實體之義，爲諸法之本質、諸法得以存有之根本條件。「性」之義亦然。所以此處所言之「從業等種，辨體而生。」一文，應解做辨明其體性。

〔註48〕法藏：《華嚴一乘教義分齊章》（T45，No. 1866，頁 484c）

〔註49〕法藏：《華嚴經探玄記》（T35，No. 1733，頁 168a）

關於法藏論述遍計所執性此問題，相較於對依他起性與圓成實性等之論述，而直接進行單一討論的部分，於有關文獻之中，似乎很難找到大量而集中的說明。即使找到了，大多不是零星而片段的敘述，就是並非指向瑜伽行派遍計所執性的評論，而是其他立場的觀點了。〔註 50〕為什麼在法藏對瑜伽行派三性思想的認知與詮釋上，遍計所執性有著如此不被重視的地位，而甚少進行直接的論述呢？在法藏所述遍計所執性的相關文獻之中，不論是《十二門論宗致義記》、《大乘起信論義記》、《華嚴經金師子章》，或是對三性最集中討論的《華嚴一乘教義分齊章》之中的〈三性同異義〉，都可以看出法藏對於遍計所執性的論述，實際上已經異於瑜伽行派諸多論師的觀點，而是重新進行理解與詮釋的觀點了。至於何以法藏在〈所依心識〉以及其他相關文獻之中，對於瑜伽行派所論之圓成實性以及依他起性，都可以找到相關的論述；卻獨獨於遍計所執性有所疏漏，而幾乎找不到文獻上的資料呢？這顯然不是因為唐武宗滅佛而導致的文獻亡佚的問題，因為法藏對於遍計所執性並無另外單獨成篇的說明，而且三性顯然是結合在一起討論而無單獨成篇的必要。至於其原因何在？可能有二：其一、法藏對於瑜伽行派遍計所執性的相關觀點，大抵上雖然重新進行詮釋而給出新的意義，但是在重新詮釋的過程之中，重點在於前述圓成實性與依他起性二者，是以並不需要針對遍計所執性進行特殊之討論或是批評。其二、瑜伽行派遍計所執性的問題，與集中討論瑜伽行派三性的〈所依心識〉此文所論之心識無涉。是以獨獨對於瑜伽行派所論之遍計所執性，並不進行正面之論述。

第三節　小　結

蓋上述法藏對瑜伽行派及其三性說的認知而言，本文通過法藏檢別三乘、區判同別二教等之「五教十宗」此判教之論述後，而知法藏將瑜伽行派置之於「大乘始教」之中的「相始教」。又通過修行時所依之身、時間、位階、相狀，乃至修行者之種性若何，以及所斷除之惑障、所證得之佛果等等不同

〔註50〕有關法藏對三性的說明，相關文獻大多集中在《華嚴一乘教義分齊章·義理分齊第十》之中的〈三性同異義〉一部份，另外則是集中在《大乘起信論別記》、《十二門論宗致義記》之中對於「心生滅門」等之說明。而上述二者，其論說皆已非對瑜伽行派遍計所執性的理解與說明，而是法藏重新進行詮釋的論點了。相關論述，請見下文。

層面的問題，而對瑜伽行派給出了法藏判教架構之中的定位以及評論。當然這樣通過判教所給出的定位，很清楚的意味著法藏對於瑜伽行派思想的不滿與批評。

　　至於此判教架構之下對瑜伽行派思想的不滿與批評，在針對其三性思想的時候，呈顯出什麼意義？本文則在此架構之下，進一步進行討論。大抵在通過三性之分別討論之後，雖然因為文獻上的不足，而無法在歷史溯源的研究之後，明確區別法藏對瑜伽行派三性思想之認知，究竟是屬於無著型的三性說，抑或是彌勒型的三性說等不同類型。但是，法藏顯然也順著其「五教十宗」此判教架構之下「相始教」，進一步由此批判瑜伽行之三性思想。這些批評最主要是針對瑜伽行派三性，指出其以染淨二分的依他起性為中心，由此而分別論遍計所執性與圓成實性。是此，其所謂之圓成實性「但有一分生滅之義」而「凝然不作諸法」，所以無法對一切法作一根源式的說明。亦以此之故，乃產生「真理未能融通」的問題，且導致法相與法性隔絕而無法融會的問題。因此，法藏對瑜伽行派三性思想的不滿，也將針對其依他起性與圓成實性而展開。

第三章 法藏對瑜伽行派三性思想的融攝與升位

第一節 觀點的歧異與脈絡的釐清

在前文的論述之中，通過法藏的五教十宗之判，吾人已然明瞭瑜伽行派此大乘始教之相始教，於法藏思想之中之定位若何。而此定位，若探究其緣由而聯繫於瑜伽行派之三性為論，則吾人當可進一步明白法藏對瑜伽行派三性思想之理解，也同時知道法藏順此理解而下所發出的批評。於此部分，當可進一步明晰，法藏對於瑜伽行派三性思想的批評以及不滿。

而這些批評與不滿之處，大抵上集中在圓成實性（真如）以及依他起性二者，而忽略了遍計所執性的問題。就圓成實性為論，其所謂的「凝然不作諸法」之評，是以諸法存在之課題為重心，以其雖通過瑜伽行派論師之層層追索，而終以阿賴耶識種子之說為據，用以解此清淨法與染污法之所由生，實則未至究竟而尚有缺漏。就依他起性為論，瑜伽行派歷經發展而產生的依他起性為中心，且其以染污、清淨為其性，是此為染淨二分之依他起性之說；就此染淨二分為論，依染法而起遍計所執性，依淨法而起圓成實性。是此瑜伽行派諸論師，雖三性之架構得依止於依他起性而論，實則染淨二分而隔閡之。是此法藏所論瑜伽行派三性：一者，圓成實性凝然不具活動義；二者，依他起性染淨二分而隔閡之；三者，由此而生性相之隔，無以融通無礙。

蓋法藏於瑜伽行派三性之說評論至此，而又依此諸多評論而將其置之始

教之位，而次於終教、頓教、圓教三者；順此批駁而下，當有一問題緊接而生，此問題即三性的升位、提升之問題。〔註1〕此即如何將瑜伽行派之三性思想，進一步提升至終教或是圓教之三性說，然此問題亦導生法藏如何使其提升的問題。

本問題亦有數個層面涵攝其中。就升位之對象言，乃是瑜伽行派所論之三性；就升位之目的言，乃是其教相判釋架構中高於始教之判者。就此而論之，前者所謂升位之對象，大抵以如上章之所述。至於後者所謂升位之目的者，則尚未明確而得以爲吾人所知悉。何以故？以五教的教判中，位階判定於「始教」之上者，尚有「終教」、「頓教」與「圓教」，而「圓教」之中，又有「同教一乘圓教」與「華嚴一乘圓教」之區別，是其升位目的之可能有四。是以本章節接續上文之後，當進一步依此數個問題進行討論，而此問題亦當牽涉多個論題，今就此爲論。

蓋法藏面對瑜伽行派三性思想之諸多問題，必定會想要提出對治的方法。於此對治瑜伽行派進而「迴心」達到終教此位階，以及對其三性思想的「升位」的論述，至今已有甚爲眾多的學者研究過，並且亦有相當之成果。但是上述如何對治的問題，卻並非當前研究至法藏三性思想的研究者，都有關注或是重視到「如何」轉換瑜伽行派三性的方法。如大陸之學者，自馮友蘭撰述其新舊兩編之哲學史，而完全未討論此一問題以來，候外廬、郭朋、賴永海、魏道儒、徐紹強以至邱高興等等，大抵僅做出簡略的文獻處理。唯有楊維中與方立天二人，曾經予以處理，然亦僅以數語帶過，並未進行詳細的論述。此外，臺灣之陳英善、鄧克銘等諸位，亦以其所爲論未及，或是並未著重之故，是以並無相關之敘說。

〔註1〕 此「升位」、「提升」之說，乃據牟宗三於《佛性與般若（上）》所言者爲論。
　　　　蓋牟宗三指出：「法藏賢首既以眞心爲眞實性，相當於唯識宗之圓成實性（此是玄奘譯名，眞諦只譯爲眞實性），則尤以眞心之『不變隨緣隨緣不變』爲中心，即可吸收唯識宗之三性。此種吸收，可名曰三性之升位，即由阿賴耶識處說者升位而自眞心隨緣處說也。」（臺北：臺灣學生書局，民國86年5月修訂版六刷，頁500）
　　　　此外，唐君毅則著重使用「會通」一語，以論述法藏與瑜伽行派三性思想之間的融通的意義。（請參見唐君毅：《中國哲學原論·原性篇》，民國75年10月，全集校訂版，頁272）
　　　　然依據本文前之所述，筆者乃著重法藏如何於其五教判之教判架構下，轉化並且提升瑜伽行派三性思想之論點。是以此文語句之使用，乃參照牟宗三所言「升位」一語，並據以使用之。

　　至於曾經針對此如何升位之問題，而進行相關之討論者，大抵以牟宗三、唐君毅、賴光朋、賴賢宗、曹至成、王秋桃，以及日本之研究者吉津宜英與一色順心等諸位，嘗有論述且發表其研究成果於學界，而為其中之代表。

　　就上述眾多之研究者而論，其對於法藏如何將瑜伽行派三性思想，進行「升位」此一動作之研究，大體上毫無異議，將關鍵指向了《大乘起信論》所言「一心二門」之思想。認為法藏實際上是通過了如來藏系論典《大乘起信論》，對於「眾生心」（真心）的詮釋，進而將其始教此瑜伽行派之相關思想，進而轉化、詮釋而使之成為如來藏系的系統，並且接續而下的將此說順推，置之於三性性格的轉換之中。於此，牟宗三明確的指出：

> 賢首云：「不染而染者，明隨緣作諸法也。染而不染者，明隨緣時不失自性。由初義故，俗諦得成。由後義故，真諦復立。如是真俗但有二義，而無二體，相融無礙，離諸情執。」（《一乘教義分齊章・諸教所詮差別第九》）。《起信論》將此「不染而染」說為「不生不滅與生滅和合，非一非異，名為阿梨耶識」，由此有生死流轉，即「隨緣作諸法也」。而同時亦正音「染而不染」，始可還滅而歸于「心真如」也。是故《起信論》即根據《勝鬘經》所說「依如來藏有生死，依如來藏有涅槃」，而說一切法皆依于如來藏，此即所謂如來藏緣起（隨緣作諸法）也。此是「真心為主虛妄薰習是客」之系統。而法藏即就此真心而說兩義：一是不變義，二是隨緣義。而復以此真心相當於唯識宗之圓成實性，故此真心亦名真實性，亦名真如理。……法藏賢首既以真心為真實性，相當於唯識宗之圓成實性（此是玄奘譯名，真諦只譯為真實性），則尤以真心之『不變隨緣隨緣不變』為中心，即可吸收唯識宗之三性。此種吸收，可名曰三性之升位，即由阿賴耶識處說者升位而自真心隨緣處說也。〔註2〕

所以牟宗三針對這個問題，指出法藏通過《大乘起信論》所論理論架構上，就著「眾生心」開之「心真如門」、「心生滅門」，以及「染而不染」、「不染而染」等等論題作為其論述的重心。而牟宗三這樣的觀點，是以〈三性同異義〉所論之圓成實性為中心，即通過此真心所具之不變與隨緣二義，進行與《大乘起信論》所論「眾生心」的對比。進而以此為基礎，將此圓成實性與真心

────────────

〔註2〕牟宗三：《佛性與般若（上）》（臺北：臺灣學生書局，民國86年5月修訂版六刷），頁499～500。

對比所得之成果，套用於依他起性與遍計所執性二者，並且以此解決三性與真如等之問題。可以說，牟宗三在這個問題的研究上面，大致上是依據〈三性同異義〉一文，經由隨文註釋與案語之說明，以闡發法藏之論點。至於其後的賴光朋與韋漢傑，對於這些問題，大致上也順遂牟宗三的論述架構以及基本觀點，對此問題進行相同觀點的說明。〔註3〕

可是，除了牟宗三、賴光朋以及韋漢傑等所論之外，學界於尚有不同的觀點存在，此即是由吉津宜英、一色順心、山田亮賢、田中順照，以及唐君毅、賴賢宗等為代表的觀點。此觀點，即是通過「始教」、「終教」對比之研究架構，以法藏註疏之《大乘起信論義記》、《大乘起信論義記別記》、《大乘密嚴經疏》、《入楞伽心玄義》，乃至《十二門論宗致義記》諸書為主要對象，而進行諸多之研究。這些研究雖各有所重，但論點大抵相近。

就既有之研究成果言，山田亮賢等日本學者，以長期研究瑜伽行派思想之故，是以吾人就著其相對於牟宗三、賴光朋與韋漢傑的特殊性而言，有著特別著重《攝大乘論》等瑜伽行派經典、論典的特色。如田中順照指出的：

> 賢首為證成三性一際而引用《攝論》。據真諦譯，悟入分別性之無相，依他性之無生，才是悟入真實性。……分別性是不待除去，而在當下顯其真實性。此與賢首所說「妄徹其源」相通。唯《攝論》是取由虛妄而真實之道；賢首則取真實而虛妄之道。……自對象之無而悟入識之無並非唯識說的本來面目。空觀色彩濃厚──基於此一傾向而用真諦譯之賢首，難免有在探討依他性時，為思考識之性格的非議。〔註4〕

〔註3〕 請參見賴光朋：《華嚴圓教與天臺圓教之比較研究‧第二章 圓教系統之衡定‧第一節 華嚴宗「性起」圓教系統之性格‧Ⅲ.「性起」圓教系統之義理根據》，（香港：新亞研究所哲學組碩士論文，八十三年7月，頁41～49），以及《華嚴宗法界緣起思想之研究‧第四章 法界緣起之義理支持點》（香港：新亞研究所哲學組碩士論文，七十八學年度第二學期，頁71～83）。

　　　　於韋漢傑之相關論述，請參見〈從《佛性與般若》看華嚴宗哲學‧一、華嚴宗哲學‧02.《起信論》與真如心之「不變隨緣」〉（《鵝湖月刊》，臺北：鵝湖出版社，第26卷，第1期，總號第301，民國78年7月，頁13～14），以及〈從分別說與非分別說再看華嚴與天臺圓教‧三、華嚴與天臺圓教‧01. 華嚴圓教‧b.《起信論》與真如心之「不變隨緣，隨緣不變」〉（《鵝湖月刊》，臺北：鵝湖出版社，第26卷，第7期，總號第307，民國90年1月，頁38）

〔註4〕 〔日〕田中順照：〈賢首大師法藏の三性說〉（《印度學佛教學研究、高野山大學における第八回學術大會紀要（二）》，日本東京：日本印度學佛教學會，

又山田亮賢也指出：

　　「三性同異義」於最後總說「三性一際，隨一全收，真妄互融，性無障礙」，而引《攝大乘論》及《釋論》之文，則特別值得注意的。即依《婆羅門問經》之文、《阿毘達摩修多羅》之文，而說依他性中，分別與真實是無差別；又依他性是染污清淨分，分別是染污分，真實是清淨分。由此可知二分依他於法藏三性說有即深遠的影響。

　　法藏於自身華嚴教理中攝取唯識三性說，卻以與法相唯識殊異的思想根據，而窮極於述說方法的變化，乃法藏自身教理欲求的結果。

　　即是既然接受三性說，又不得不立於如來藏思想而見之。其所以重視《攝大乘論》尤勝於《成唯識論》的原因亦可理解。〔註5〕

是此可知，就日本學者之研究成果而論之，他們的觀點大抵在「真妄交徹」的架構之下，簡單的揭示了真諦譯文《攝大乘論釋》對於法藏依他起性的影響。但是，這些也僅僅停留在「意見」的提出，而並未給出詳密的論述。雖明其揭示之所指，實則不明其實義為何。

　　是以，法藏對應瑜伽行派三性思想的過程之中，雖經過當今學界的多番討論，尚有問題與不足之處存在。此問題如下：

　　第一、在法藏對應於瑜伽行派三性思想之後，其意欲將此說進行升位此動作，而超越於始教之上。而此升位之動作，大抵依於《大乘起信論》「一心二門」之說為其根據，至於其中如何轉化瑜伽行派三性的義蘊，又轉化後三性之思想性格如何？此當為第一步進行考察的對象。

　　第二、法藏對於《大乘起信論》「一心二門」義理架構的援引，是否如牟宗三等人所著重討論的僅涉及圓成實性（真如、真中）之具有二義（不變義、隨緣義）的部分，而於依他起性、遍計所執性則並未觸及。或是吾人尚可通過相關文獻的處理，以及文獻義蘊的揭示，進而明晰《大乘起信論》與依他起性、遍計所執性二者之關係。

　　第三、真諦譯《攝大乘論釋》在依他起性等方面的處理，是否影響到法藏對於依他起性的相關論述與觀點。

　　　　第6卷，第2號，西元1958年3月30日），頁206。
〔註5〕〔日〕山田亮賢：〈華嚴法藏の三性説について〉（《印度學佛教學研究：佛教大學におでる第六回學術大會紀要（二）》，日本東京：日本印度學佛教學會，第四卷，第二號，西元一九五六年3月二十日），頁504。

所以本文之撰述步驟，大致上分爲兩個部分：

第一步，討論法藏在疏解《大乘起信論》之際，而撰寫成《大乘起信論義記》與《大乘起信論義記別記》二書，以及其他相關著作之中，所足以使吾人明晰法藏對以法相爲中心的瑜伽行派三性說，所進行的義理性格上的轉化的動作。

第二步，則就著吉津宜英以及賴賢宗等諸位學者，所提示的眞諦譯《攝大乘論釋》之中的「依他二性」，與法藏三性思想中依他二性的問題，進行對比式的研究。希望通過《大乘起信論》、《攝大乘論釋》，以及法藏《華嚴一乘教義分齊章·義理分齊第十》之中〈三性同異義〉一段文字的對比的研究，呈顯出法藏三性思想之中，依他起性「似有」、「無性」二義之所由來，及其關係與所導致的影響。

第二節　法藏對瑜伽行派三性思想的「升位」

本章前文，大抵已經就著法藏對瑜伽行派三性所進行的「升位」的動作，做出了既有研究成果的介紹以及檢討。此節則先就著《大乘起信論》與法藏三性思想之關係此一部份爲範圍，進行初步的討論與研究，用以補充並發展既有之研究成果。

蓋《大乘起信論》是一部爭議性頗高的書籍，歷來皆認爲此論著乃是馬鳴（梵名 Aśvaghoṣa）所撰。就此作者言，印度即有「六馬鳴」之說，又有後秦鳩摩羅什所翻譯的《馬鳴菩薩傳》等諸多說明。可是，馬鳴造論的說法，在歷來卻頗受懷疑，早有「尋覓翻經目錄中無有也」，以及「勘眞諦錄無此論」等等零星片語的質疑出現。〔註 6〕及至近代，日本學者望月信亨首倡僞書之論，後梁啓超踵引此說而著《大乘起信論考證》一文；再其後，支那學院等紛紛論之，而有呂澂、王恩洋、歐陽竟無等人之諸多討論與反覆辯論出現。然就其內容言，除王恩洋等少數強烈堅持瑜伽行派立場，而爲文予以批駁者，大多在論述上肯定其思想的價值，並且進而採與較爲通融的態度。

〔註 6〕 前者爲均正《四論玄義》所言，後者則爲法經編經錄時收入「疑僞類」後的評語。轉引自釋印順：《大乘起信論講記》（臺北：正聞出版社，民國 79 年 3 月十一版），頁 2。

至於此書之翻譯，大致上以兩種譯本爲代表：

其一、由印度僧拘那羅陀，與眞諦共同進行譯述，而由智愷筆錄的本子。
　　　通稱「梁譯本」或是「舊譯」。

其二、由印度僧實叉難陀譯述、復禮筆錄的本子，通稱「唐譯本」或是
　　　「新譯」。

就此二種版本而論，法藏所據以註釋爲文的本子，即是由眞諦譯述的本
子，亦即通稱「梁譯本」的舊譯本。〔註7〕

至於此書之思想內容與法藏之關係，除了上文所述之註疏與後世之流傳
等之外，與其有關者尚有淨影寺慧遠以及題名爲慧思的《大乘止觀法門》等
等諸多著作，撰寫於法藏註疏《大乘起信論義記》、《大乘起信論義記別記》
之前。而且，法藏此兩部註疏，對於元曉所撰注的《海東疏》也有頗多的參
考，甚至有照著抄的說法。是以筆者本文，亦當就此數個部分，隨文進行討
論。至於與本文關係最爲密切的，則是其思想內容所給予法藏的啓發以及助
益，是則就此爲文論之。

在法藏處理如何將瑜伽行派三性思想進行「升位」的問題之際，最根本
的就是針對三性重新進行詮釋，而直接作出全新的規定；而此重新詮釋最爲
關鍵與重要的論述根據，則是《大乘起信論》針對眞心所做出的解說。此論
述之內容爲：

> 摩訶衍者，總說有二種。云何爲二？一者法、二者義。所言法者，
> 謂眾生心。是心則攝一切世間法、出世間法，依於此心顯示摩訶衍

〔註7〕筆者於上文之所述與相關之說明，大抵依據張曼濤、傅偉勳以及龔雋三位所
　　　論者爲論。不敢略美而據爲己有，乃述之於下：
　　　　張曼濤 編：《現代佛教學術叢刊三十五・大乘起信論與楞嚴經考辯》（臺
　　　北：大乘文化出版社，民國 67 年初版初刷）
　　　　傅偉勳：〈《大乘起信論》義理新探〉（《從創造性的詮釋學到大乘佛學—
　　　—「哲學與宗教」第四集》，臺北：東大圖書股份有限公司，民國 79 年 7 月
　　　初版初刷），頁 265～278。
　　　　龔雋：《《大乘起信論》與佛學中國化》（臺北：文津出版社，民國 84 年
　　　11 月初版），頁 1～8。
　　　　至於上文論述所依據的版本，即爲《大正新脩大藏經》所收錄之版本，
　　　是即爲本文所具以採用的本子。此外，至於宋、元以來通行，題名爲法藏注
　　　之《大乘起信論疏》此版本，即今普門文庫所採用之版本。蓋以此版本雖爲
　　　法藏所註釋，實則後又有宗密據澄觀大師之論點，而予以增刪之故，是以本
　　　文並不採用。

義。何以故？是心眞如相，即示摩訶衍體故。……顯示正義者，依
一心法，有二種門。云何爲二：一者，心眞如門；二者，心生滅門。
是二種門，皆各總攝一切法。此義云何？以是二門不相離故。〔註8〕

此之所言，即是以大乘佛法（摩訶衍）之法言，就其「眾生心」（眞心）之攝
一切世間法、出世間法，是以可依於此眾生心顯大乘佛法。而此眾生心可開
爲二門，此二門一者爲「眞如門」，一者爲「生滅門」。《大乘起信論》認爲此
「眾生心」雖然開而爲二門，但是這二門並非彼此毫無干涉而各爲其事。亦
即「心眞如門」並非但開清淨的無漏功德法，而不涉及染污的生死流轉法；「心
生滅門」並非但開但開染污的生死流轉法，而不涉及清淨的無漏功德法，而
是「皆各總攝一切法」。至於爲何如此得以二門「皆」得以總攝一切法，則是
因爲眞如、生滅二門「不相離」之故也。在《大乘起信論》如此之詮釋後，
眞心（眾生心）與諸法之間的關係，經由既有的染法緣起的阿賴耶系統等解
說之後，進一步開展出新的緣起論。

而這樣的論點，正是法藏所需，是以法藏對於得以開爲二門而不隔絕爲
二的《大乘起信論》所論之「眾生心」，指出其乃是「出其法體，謂如來藏心
含和合、不和合二門，以其在於眾生位故。」〔註9〕又以此「心」爲「體相無
礙，染淨同依，隨流返流，唯轉此心。」〔註10〕此法藏以眾生心即爲如來藏，
其出於存在之本質，而同時含攝眾因緣會合之和合性與相對的不和合性。至
於此心，則是具有體相、染淨皆未二分而同依無礙的性質。

這樣的規定在法藏的思想之中，佔有決定性與關鍵性的地位。是以法藏
順著《大乘起信論》對於眾生心的規定，對於眞如也做出了一心具有二義的
規定。不論在《華嚴一乘教義分齊章・義理分齊第十》之〈三性同異義〉，所
論說的「眞中二義者：一、不變義；二、隨緣義。」〔註11〕

法藏乃明確的針對圓成實性做出義理性格上的轉換，而於《華嚴一乘教
義分齊章・義理分齊第十》之中的〈三性同異義〉一文，說道：

前中三性各有二義：

眞中二義者，一、不變義，二、隨緣義；

〔註 8〕 馬鳴：《大乘起信論》（T32，No. 1666，頁 575c～576a）
〔註 9〕 法藏：《大乘起信論義記》（T44，No. 1846，頁 250b）
〔註 10〕 法藏：《大乘起信論義記》（T44，No. 1846，頁 250b）
〔註 11〕 法藏：《華嚴一乘教義分齊章》（T45，No. 1866，頁 499a）

依他二義者，一、似有義，二、無性義；

所執中二義者，一、情有義，二、理無義。〔註12〕

又於《大乘起信論義記》指出：

眞如有二義：一、不變義；二、隨緣義。〔註13〕

又或是《華嚴經探玄記》之中所指稱的：

眞中：一、不變義，謂雖現化而常湛然初句顯之；二、隨緣義，謂
不守自性無不現應故云亦非非化。〔註14〕

這些相關的說明，即是法藏順著「一心二門」的義理間架，針對圓成實性所做出的規定。

蓋圓成實性的思想性格與意義上的給出，不論是最初的《解深密經》、《瑜伽師地論》，或是其後的《中邊分別論》、《成唯識論》與《攝大乘論》等等，都沒有做出具有二義的規定。一直到了法藏，才就著《大乘起信論》所論述的「一心二門」之義理，作為其轉換瑜伽行派所論圓成實性的根據，乃賦予此圓成實性具有「不變」與「隨緣」這兩個意義。

於此，吾人可通過一圖表，以簡單的展現其中的關係：

馬鳴《大乘起信論》		法藏《華嚴一乘教義分齊章》	
眾生心、眞如		眞如（圓成實性）	
心眞如門	心生滅門	不變義	隨緣義

由這些一而再、再而三的陳述，都可以看出對於眞心意義的決定方面，法藏已經順著《大乘起信論》之中，所謂心眞如門、心生滅門與眾生心的「一心二門」的意義，而做出了異於瑜伽行派對於眞如不隨緣、凝然不作諸法的意義的規定。也可以說，這樣的意義的決定，實際上意味著法藏通過《大乘起信論》「一心二門」的義理架構，對瑜伽行派凝然眞如的意義，做出了超越相始教此意義的轉化與升位。

但是，問題在於法藏對《大乘起信論》所謂的「一心二門」的架構，是否僅僅如當前既有研究成果所指出的，單單的就著眞如所開的心眞如門與心生滅門，進而套於法藏所論眞如或是圓成實性上面。換句話說，當前既有的

〔註12〕法藏：《華嚴一乘教義分齊章》（T45，No. 1866，頁 499a）

〔註13〕法藏：《大乘起信論義記》（T44，No. 1846，頁 255c）

〔註14〕法藏：《華嚴經探玄記》（T35，No. 1733，頁 240b）

研究成果，已然針對法藏所論圓成實性與眞如之具有二義——不變義、隨緣義——而與《大乘起信論》所論之二門——心眞如門、心生滅門——進行了相當的研究，指出其中義理架構上的相同，並且進而以法藏援引《大乘起信論》「一心二門」的理論架構，而用以轉換瑜伽行派以來的研究成果。

問題在於這樣的研究，實際上並沒有進一步開展下去而做出詳細的說明。因爲《大乘起信論》並非只是單純的做出一心之得以開爲二門的論述，而是由此進一步論及此二門之「皆各總攝一切法」、「不生不滅與生滅和合」，乃至二門之義蘊等等爲論；而在《大乘起信論》之中所具有這樣進一步的相關論述，顯然在法藏三性思想中圓成實性（眞如）的討論之下，是沒有被重視而做出詳細說明的。

也就是說，這其中的問題在於：《大乘起信論》所論「顯示正義者，依一心有二種門，云何爲二？一者、心眞如門；二者、心生滅門。是二種門皆各總攝一切法。」的這一段文字，是否已經足以充分並且簡單的解決，法藏對瑜伽行派三性思想所進行的思想性格上的轉換、升位以及始教至終教等等的問題，並且據以進論法藏心識等義理之義涵？而這其中又隱含著依他起性等問題。顯然，這樣單一的討論，並不足以充分的解決這些困惑。亦以此之故，筆者擬於下文之論述，就著既有之研究，並且通過隨文之疏解與詮釋，逐步透顯出法藏論述心眞如門、心生滅門乃至其與三性之結合等論題之義蘊。

今先就《大乘起信論》與法藏對於「心眞如門」的相關論述爲論。

蓋此《大乘起信論》於此「心眞如門」方面，論曰：

> 即是一法界大總相法門體，所謂心性不生不滅。……
>
> 依言說分別有二種義，云何爲二？
>
> 一者、如實空，以能究竟顯實故。
>
> 二者、如實不空，以有自體具足無漏性功德故。〔註15〕

《大乘起信論》於此敘心眞如者，其一、以「一法界大總相法門體」、「心性不生不滅」爲論；其二、以依「言說分別」而有「如實空」、「如實不空」二義。而法藏於此「心眞如門」，則認爲：

> 一、約體絕相義，即眞如門也。謂非染非淨、非生非滅、不動不轉、平等一味、性無差別。眾生即涅槃，不待滅也，凡夫、彌勒同一際也。……

〔註15〕馬鳴：《大乘起信論》（T32，No. 1666，頁 576a）

今釋中云「各攝」者，以眞如門是染淨通相。通相之外，無別染淨故，得總攝。如微塵是瓦器通相，通相之外無別瓦器，瓦器皆爲微塵所攝。眞如門者，當知亦爾，準以可知。〔註16〕

又曰：

法界者，即無二眞心，爲一法界。此非算數之一，謂如理虛融，平等不二故，稱爲一。又對下依言，有二義故，今約體但云一也。……言大總相者，二門之中不取別相門，於中但取總相，然亦該收別盡，故云大也。〔註17〕

是此心眞如之雖名曰「『一』法界大總相法門體」，實則此所言之「一」，非數學算數上實指的一二三四等之一，此一實爲「如理虛融，平等不二」之義。至於所以言一者，乃是相對於下所言二門之二的一。是以此一，超絕於分別相之上，而非可以染淨、生滅、動轉等等分別性來看待。於此心眞如門，當以「通相」視之。於此所謂通相、別相之區別，法藏以微塵、瓦器比喻，而指出「微塵是瓦器通相，通相之外無別瓦器。瓦器皆爲微塵所攝。」〔註18〕此所言總相、通相，以及別相，雖吾人爲可就此斷言通相即是別相，並且以此爲法藏所論述的總別、同異、成壞的六相圓融的意義。可是，法藏以微塵爲瓦器之通相，並且指出瓦器皆爲微塵所「攝」。卻確實以微塵比喻眞如門而爲通相，以瓦器比喻染淨諸法，而闡明染淨諸法皆爲心眞如門所攝的意義。是以接下來所說的「大總相」，以其「該收別盡」無餘於外，是以名之曰「總」、名之曰「大」。而此眞如在法藏的註疏之下，實則已然超越染淨、生滅、成壞等種種之分別而「總攝一切法」。

如此之眞如，雖爲「不可說，不可念」而爲「離言絕慮」之眞如；卻可於方便安立的情況之下，可以「依言說，分別有二種義」，而將依言眞如區別爲「如實空」與「如實不空」二者。蓋此所謂「如實空」者，以其非「如實自空」，且能「空無妄染」而「顯示眞理」之故；此所謂「如實不空」者，一則以其「異妄無體故云有自體」，二則以其「異恆砂有漏煩惱，故云具足無漏性功德故。」是以此「如實空」之眞如，是說明無始以來即與清淨如來藏之間，「不相應」的染污煩惱法爲空。而此所謂「如實不空」之眞如，則爲說明此眞如心之具足無

〔註16〕法藏：《大乘起信論義記》（T44，No. 1846，頁251b～251c）

〔註17〕法藏《大乘起信論義記》（T44，No. 1846，頁252a～252b）

〔註18〕法藏：《大乘起信論義記》（T44，No. 1846，頁251c）

量清淨功德，是以此清淨法具足滿足之義乃曰其不空。〔註19〕

至於「心生滅門」此點，《大乘起信論》曰：

> 心生滅者，依如來藏故有生滅心。所謂不生不滅，與生滅和合，非
> 一非異，名爲阿梨耶識。
>
> 此識有二種義，能攝一切法生一切法。云何爲二？一者，覺義；二
> 者，不覺義。〔註20〕

蓋此《大乘起信論》所述「心生滅門」之義，此生滅門之所由生，乃是「依」
於如來藏而有，並非單獨存在而與如來藏隔絕爲二。但是，這樣的生滅心是
否即是如來藏？《大乘起信論》則以其與如來藏之關係，乃是非一非異，而
爲求區別之故，是以名之曰阿黎耶識。

法藏於此「心生滅門」之相關論述，則於其註文曰：

> 二、隨緣起滅義，即生滅門也。謂隨熏轉動成於染淨，染淨雖成，
> 性恒不動。只由不動能成染淨，是故不動亦在動門。是故下文云識
> 有二義中本覺是也。上文生滅門中自體是也。《勝鬘》中「不染而染，
> 染而不染」等者。此約生滅門說也。〔註21〕

又曰：

> 因無明風動作生滅，故說生滅心依不生滅心。然此二心，竟無二體；
> 但約二義，以說相依也。如不動之水，爲風所吹而作動水；動靜雖
> 殊，而水體是一。亦得說言依靜水，故有其動水。當知此中，理趣
> 亦爾，準可思之。謂自性清淨心名如來藏，因無明風動作生滅，故
> 云「依如來藏有生滅心」也。〔註22〕

是此法藏所理解之「心生滅門」，以風水之比喻作爲說明。其以爲此生滅心之
得以依於如來藏此不生滅心者，正如水爲風吹則動，實則此水本爲不動之靜
水。此如來藏自性清淨心亦是如此，以其本來清淨，而爲無明煩惱所薰習之
故，是以顯其生滅之相。若就此水之動靜二相、心之生滅不生滅二心爲論，
雖看似水有動靜二相、心有生滅不生滅之別，實則水自是水而此如來藏自是
如來藏，無所謂二。若其之所以言二者，非有二心，乃是因爲風吹此無明之

〔註19〕法藏：《大乘起信論義記》（T44，No. 1846，頁 253b～253c）
〔註20〕馬鳴：《大乘起信論》（T32，No. 1666，頁 576b）
〔註21〕法藏：《大乘起信論義記》（T44，No. 1846，頁 251b～251c）
〔註22〕法藏：《大乘起信論義記》（T44，No. 1846，頁 254b～254c）

薰習而導致爲二，亦以此二之故，乃曰此生滅心之「依」於此不生滅心，由此而在心生滅門依於如來藏的解釋上作出解釋。是此生滅門之所以成染淨，則是因爲「隨薰」之故；雖其隨薰而成染淨，此性恆不動而爲不變之義。

　　其下進而對「不生不滅與生滅和合，非一非異名爲阿黎耶識」，法藏又繼承此比喻，更清楚的以水之濕性等比喻爲論，作出更爲完整的說明。此文曰：

> 心之生滅，因無明成；生滅之心，從本覺起，而無二體不相捨離，故云和合。故下云，如大海水因風波動，水相風相不相捨離，乃至廣說。此中水之動是風相，動之濕是水相，以水舉體動故。水不離於風相，無動而非濕，故動不離於水相，心亦如是。
>
> 不生滅心舉體動故，心不離生滅相；生滅之相莫非眞故，生滅不離於心相。如是不離名爲和合，此是不生滅心與生滅合，以是隨緣門故。非是生滅與不生滅合，以此非是向本眞如門故，非一非異者，眞心全體動故。心與生滅，非異，而恒不變眞性故，與生滅不一。
>
> 作《楞伽經》：「以七識染法爲生滅以如來藏淨法爲不生滅。此二和合。爲阿梨耶識。以和合故。非一非異。」……
>
> 又此中眞妄和合諸識緣起，以四句辨之。一、以如來藏唯不生滅，如水濕性。二、七識唯生滅，如水波浪。三、梨耶識亦生滅亦不生滅，如海含動靜。四、無明倒執非生滅非不生滅，如起浪猛風非水非浪。此四義中隨舉一義即融體全攝，緣起義理無二相故。此中且約濕性不失義邊，動靜不一。故說水不在於浪中，豈可此浪離水之外別有體也。餘義準此思之。〔註23〕

此水之濕性等比喻，實則元曉於《海東疏》已然揭示之，而法藏承襲此說爲論。〔註24〕蓋法藏此風相、動相、靜相與水波之濕性之比喻，即是承上文之

〔註23〕法藏：《大乘起信論義記》（T44，No. 1846，頁254c～255b）

〔註24〕元曉：《起信論疏》於此水波之喻曰：「如大海水因風波動，水相風相不相捨離，乃至廣說，此中水之動是風相，動之濕是水相。水舉體動，故水不離風相；無動非濕，故動不離水相，心亦如是。不生滅心舉體動，故心不離生滅相；生滅之相莫非神解，故生滅不離心相。如是不相離，故名與和合；此是不生滅心與生滅和合，非謂生滅與不生滅和合也。」（T44，No. 1844，頁208b）

　　又於《大乘起信論別記》指出「如大海水因風波動。水相風相不相捨離。此中水之動是風相。動之濕是水相。」（T44，No. 1845，頁228c）

　　蓋元曉《起信論疏》此水波之喻，大抵爲法藏所承襲，僅有「神解」與

所述，而以風相比喻無明之薰習，以動相、靜相比喻心生滅門與心眞如門，以濕性比喻如來藏自性清淨心此本性清淨。此水雖因無明之故，而有動相、靜相之別，實則不論其動或是靜，此水之濕性卻不隨此動靜之相而變易。然則雖此雖之濕性恆常不變，卻又以此水之動相、靜相之故，乃得以顯其濕性不變。又此水之濕性雖恆常不變，然此濕性不離於水相，此水相不離於濕性。於此水波濕性之比喻，唐君毅解釋到：

> 此法藏之依大乘起信論，而言眞如之隨緣不變，即謂無論吾人之轉識如何生滅，或染或淨，或善或惡，此轉識恆依阿賴耶識，而賴耶識恆依如來藏或心眞如。如來藏或心眞如，亦恆隨此轉識之緣而不變。如海水與其濕性，橫遍隨波浪之動靜生滅而不變。〔註25〕

就此法藏之比喻與唐君毅之所論者而觀之，此文實有數個要點：

第一、此所謂水波之喻，乃是比喻眞如所涵具之二義：「不變義」與「隨緣義」。

第二、不論吾人轉識之生滅、染淨、善惡等等，恆依於阿賴耶識。

第三、此阿賴耶識恆依於心眞如。

是以此譬喻以及諸多之說明，實則爲法藏通過眞如所具二義，且二義不相違，以說明此「不生不滅」與「生滅」之「和合」，之「非一非異」。至於其下所論「名爲阿黎耶識」，則是就著眞心「隨緣義」的「不守自性，隨熏和合似一似常」〔註26〕之故。此即法藏對「生滅門」之中「不生不滅與生滅和合，非一非異，名爲阿黎耶識。」的解釋了。

又於《華嚴一乘教義分齊章・義理分齊　第十・三性同異義》之中，針對瑜伽行派三性思想而進行的升位的問題，做出了異於始教三性思想的重新的規定，法藏於此文曰：

> 前中三性各有二義：
>
> 眞中二義者，一、不變義；二、隨緣義。
>
> 依他二義者，一、似有義；二、無性義。

「眞」等數個字詞有所改變而不同，幾乎在文獻以及觀點之上，完全繼承而予以接受。至於就此比喻而進一步進行的說明，則有相異之處，此則爲元曉、法藏二人思想上的差異了。

〔註25〕引自唐君毅：《中國哲學原論・原道篇（三）》（臺北：臺灣學生書局，民國75年10月，全集校訂版），頁294。

〔註26〕法藏：《大乘起信論義記》（T44，No. 1846，頁255c）

　　所執中二義者，一、情有義；二、理無義。〔註27〕

總結上文，本節在文獻上以《大乘起信論義記》、《大乘起信論義記別記》為中心，逐步通過「眾生心」、「一心二門」、「心真如門」、「心生滅門」等論題進行討論。雖然以論述範圍限於法藏三性思想的論述之故，而無法進一步就著淨影寺慧遠以及元曉等註疏進行相關的對比研究，卻可以經過法藏對《大乘起信論》「一心二門」等相關註釋：

　　第一、得以明晰「一心二門」之義裡架構。

　　第二、則可以清楚法藏如何以此架構作為其三性思想「升位」的義理支
　　　　　撐點。

　　第三、則足以清楚法藏如何將其「升位」之後的三性思想，用以解釋《大
　　　　　乘起信論》的思想架構，並且形成宋元以來對《大乘起信論》的
　　　　　主要理解方法。

　　且就此三方面為論，吾人當可明晰，所謂的法藏以《大乘起信論》「一心二門」為其三性思想升位與性格轉換之義理支撐點，是集中在對於圓成實性的論述。通過一眾生心之開為真如門、生滅門此二門，且各總攝一切法；重新詮釋瑜伽行派圓成實性此凝然之空如理，而使之具有不變與隨緣之二義，且非橫隔為二。

第三節　染淨二分之依他起性

　　在法藏三性思想以《大乘起信論》為義理支撐點，而進行在判教的意義、層次、位階等脈絡中，義理間架的「升位」動作之後；緊接著的問題在於：法藏對瑜伽行派三性說所進行的「升位」此動作，是否的確以圓成實性（真心）為中心，而用以統攝三性？易言之，法藏三性思想在通過了以「一心二門」為支撐點的重新詮釋之後，已然針對圓成實性進行了思想性格的改造；可是，這樣的改造是否及於依他起性以及遍計執性二者，而將其意義收攝於其中並且改造之？

　　顯然，單一而片面的以圓成實性來進行論證的說法是有問題的。因為，在本章上節的論述之後可以發現，《大乘起信論》「一心二門」此架構，雖然從根本上扭轉了瑜伽行派三性思想的性格，並且使之升位進而超越於大乘始

〔註27〕法藏：《華嚴一乘教義分齊章》（T45，No. 1866，頁499a）

教的層次。

但是，就著上文論述徵引所及之相關文獻而觀之，吾人唯可察覺圓成實性與《大乘起信論》做出結合，而開出不變義與隨緣義二者等義蘊；卻無法基於此說並且通過進一步檢閱《大乘起信論義記》、《大乘起信論義記別記》、《十二門論宗致義記》、《華嚴經義海百門》或是《華嚴經探玄記》與《華嚴一乘教義分齊章》等等諸多的文獻，而找出直接論述依他起性與遍計執性這二者與《大乘起信論》之間關係的說明，遑論此二者所具有的似有、無性，與情有、理無這「各有二義」等意義了。是以，在吾人論述法藏將《大乘起信論》「一心二門」導入瑜伽行派三性思想之後，雖足以處理依他起性為中心之轉為圓成實性為中心等等問題，卻無法直接通過法藏的論述而處理即於依他起性與遍計所執性。

相反的，在法藏對三性集中討論的數段核心文獻之中，卻可以發現一些異於單一以圓成實性為中心，並且以其通過《大乘起信論》「一心二門」思想架構的文獻出現。如《華嚴一乘教義分齊章・義理分齊第十》之〈三性同異義〉一文，雖然一再被作為法藏融攝「一心二門」而以圓成實性為中心的說法的重要證據所在。卻在其中最後的「總說」的部分，以真諦譯《攝大乘論釋》所徵引的《大乘阿毘達磨經》〔註28〕，以及《婆羅門問經》等為例證，

〔註28〕此處法藏所引《攝大乘論釋》之《大乘阿毘達磨經》（梵 Abhidharma-sutra、西藏名 Chos-mvon-pa theg-pa-chen-pohi mdo），不論是印度原本之梵本、傳至西藏之藏譯本，或是傳至中土之漢譯本，皆已經亡佚而不存。今所見之版本，乃是由瑜伽行派論書之中所引用之文句，輯佚而成之輯本。

至於本經與《攝大乘論》之關係，真諦便指出「《攝大乘論》，即是阿毘達磨教，及大乘修多羅。」（《攝大乘論》，T31，No. 1593，頁 113b）

此外，日人佐伯定胤與保坂玉泉，也於〈攝大乘論解題〉中指出：「『阿毘達磨大乘經』與『攝大乘論』，是完全相同呢？抑或是其他怎樣呢？雖因該經古來未渡未翻，其經現不存在，無由完全了知，但說『阿毘達磨經』有十萬頌，可說是一部很大的廣本了。其一部分是解釋攝大乘品者，所以叫做『攝大乘論』。由此不難察知該品是其中心思想的代表。他的內容雖不能見到，但本論總標綱要分中所標舉的十種殊勝相，以及所知依分第二以下的十章所解釋的，完全是繼承攝大乘品的組織及其內容以明的。從本論推測，更可想像攝大乘品是屬於『阿毘達磨大乘經』的了。尤其是本論中處處引用『阿毘達磨大乘經』的經文，雖則是片斷的，但其內容亦可得而把握。……此論，古來名為廣包大義論，是『瑜伽』的分支（參照國譯瑜伽師地論解題傳來之條）。因而他是繼承瑜伽論而來，也可明白了。」（〔日〕佐伯定胤、保坂玉泉：〈攝大乘論解題〉，《唯識的論師與論典（唯識學專輯之十）》，臺北：大乘文化出版社，民國 68 年 3 月初版，頁 88～91）

完全不討論圓成實性的問題，而是通過依他起性，來說明「三性一際，舉一全收，真妄互融，性無障礙。」〔註29〕此一總綱。

顯然可見的是，在法藏三性思想之依他起性方面，吾人是否可以以《大乘起信論》「一心二門」作為一充分周備的理解進路，並且用以解釋依他起性的似有、無性二義等問題，應當有重新提出並且討論的必要。

關於這方面的問題，法藏在《大乘起信論義記》與《大乘起信論義記別記》此二部直接對《大乘起信論》的註疏之中，在其中關鍵的「一心二門」的部分，並沒有直接針對依他起性與遍計所執性進行直接而確切論述。至於此《大乘起信論義記》與《大乘起信論義記別記》二書，在其他簡略論及依他起性的部分，所討論的意義大致如下：

第一、是就著戒賢與智光之爭，而論述其分別所立三種教之中的意義，並未涉及三性的升位問題，而且對於依他起性，也沒有進一步的說明。〔註30〕

第二、通過四宗判之架構，而於「如來藏緣起宗」此層次所討論的依他起性。

在此方面，法藏著文而曰：

> 第二、隨教辨宗者，現今東流一切經論，通大小乘。宗途有四：一、隨相法執宗……二、真空無相宗……三、唯識法相宗……四、如來藏緣起宗，即《楞伽》、《密嚴》等經，《起信》、《寶性》等論所說是

〔註29〕 法藏：《華嚴一乘教義分齊章》（T45，No. 1866，頁501c）

〔註30〕 法藏於《大乘起信論義記‧顯教分齊‧敘諸教》之中認為：「戒賢則遠承彌勒無著、近踵護法難陀，依《深密》等經、《瑜伽》等論，立三種教，以法相大乘為真了義。……第二時中，雖依遍計所執，而說諸法自性皆空，翻彼小乘，然於依他圓成，猶未說有，即諸部般若等。第三時中，就大乘正理，具說三性、三無性等，方為盡理，即《解深密經》等。……智光論師遠承文殊龍樹、近稟提婆清辯，依《般若》等經、《中觀》等論，亦立三教，以明無相大乘為真了義。……初則漸破外道自性等，故說因緣生法決定是有；次則漸破小乘緣生實有之執，故說依他因緣假有。」（T44，No. 1846，頁242b）
此中所論及之依他起性，只是對印度那爛陀寺的戒賢與智光，這兩位高僧分別依據瑜伽行派與中觀而判定三種教之中的依他起性的敘述而已。而這分別為戒賢與智光所代表的兩個系統，在法藏的判教之中，實際上就是判攝在始教之中的相始教與空始教。是以此之所述，並未涉及三性的升位，或是與《大乘起信論》「一心二門」的結合等問題。在這樣的討論架構之下，對於三性之中的依他起性，也只是簡單的通過三時之判，而敘述是否執依他為有等問題。

也。……

四、則理事融通無礙說。以此宗中，許如來藏隨緣成阿賴耶識，此
則理徹於事也；亦許依他緣起無性同如，此則事徹於理也。〔註31〕

上即爲法藏述及依他起性之相關文獻，至於上述二點文獻論述所及的意義，
分述於下，大抵有以下數種：

第一點：

1. 同於上文依他起性所論，就著戒賢與智光之爭，而論述其分別所立三
   種教之中的意義，並未涉及三性的升位問題，而且對於遍計所執性，
   亦未展開進一步的解釋。〔註32〕

2. 法藏以瑜伽行派三性思想意義之下，不具「情有」、「理無」二義的遍
   計所執性的意義。如法藏疏解「一切諸法，唯依妄念，而有差別，若
   離心念，則無一切境界之相。」一文之時，認爲一切境界的差別相，
   都是「遍計妄情」所做，實則「本來無實」。又於疏解「以一切言說，
   假名無實，但隨妄念不可得，故言眞如者，亦無有相。」一段文字，
   則以此假言乃是「名依相立，俱是遍計所緣」。〔註33〕此所述之遍計所
   執性，只具有周遍計度於虛妄分別的生滅流轉法方面的意義，並沒有
   揭示出「情有義」與「理無義」此二義，也看不出來「一心二門」的

〔註31〕 法藏：《大乘起信論義記》（T44，No. 1846，頁 243b～243c）

〔註32〕 法藏《大乘起信論義記・顯教分齊・敘諸教》曰：「戒賢則遠承彌勒無著、近
踵護法難陀，依《深密》等經、《瑜伽》等論，立三種教，以法相大乘爲眞了
義。……第二時中，雖依遍計所執，而說諸法自性皆空，翻彼小乘，然於依
他圓成，猶未說有，即諸部般若等。第三時中，就大乘正理，具說三性三無
性等，方爲盡理，即《解深密經》等。是故於彼因緣生法，初唯說有，即墮
有邊；次唯說空，即墮空邊；既各墮邊，俱非了義。後時具說所執、性空，
餘二爲有，契合中道、方爲了義。此依《解深密經》判。」（T44，No. 1846，
頁 242b）

〔註33〕 法藏：《大乘起信論義記》：「一切諸法，唯依妄念，而有差別，若離心念，則
無一切境界之相。執者云：『現見諸法差別遷流，云何乃言性無生滅。』釋云：
『差別相者，是汝遍計妄情所作，本來無實。』」《大乘起信論義記》（T44，
No. 1846，頁 252b）
　又曰：「以一切言說，假名無實，但隨妄念不可得，故言眞如者，亦無有
相。初中言以一切言說假名無實者，明言教非實不可如言取也；但隨妄念等
者，釋成無實所以也。恐諸凡愚聞上眞如名，則謂論主自語相違，上文既云
離名字相，何故復立此眞如名？故今釋遣假名非實，不相違也，亦言無相者，
遣於相也。良以名依相立，俱是遍計所緣故。」《大乘起信論義記》（T44，
No. 1846，頁 252c）

義理架構，如何套在遍計所執性，並且造成義理性格上的轉換。雖然吾人未可依據此文獻，而斷然給出斷言，認爲法藏在疏解《大乘起信論》的過程之中，並未將眞常系統的「一心二門」的義理模型轉入遍計所執性之中；然亦可得知，法藏在疏解《大乘起信論》的時候，並未直接針對遍計所執性，進行直截而斷然的論述。易言之，吾人於此通過《大乘起信論義記》與《大乘起信論義記別記》的考察之後，並無確切的證據，直接顯示法藏通過《大乘起信論》「一心二門」的義理模型，處理遍計所執性的性格的升位與轉化的問題。

第二點：然依他起性則並非如此，蓋就依他起性之第二點而言，可知法藏是通過敘述既有的四宗判，進而呈現其中的義涵。

在此第四宗的「如來藏緣起宗」，所依據的經論是《楞伽經》、《大乘密嚴經》、《大乘起信論》、《寶性論》。所闡發的道理，則是論述理與事之間的融通無礙。至於其原因，則在於經由如來藏的隨緣而成阿賴耶識，以及依他起性的緣起、無性之不異，論述理徹於事以及事徹於理。法藏在這裡的論述，實際上就是其五教判之中的終教的層次。〔註34〕

在這之中，法藏已然論述了此如來藏緣起宗（終教）層次的義蘊。於此，法藏首先標舉「理事融通無礙說」爲其義涵，其下則透過如來藏與依他起性

〔註34〕此所謂如來藏緣起宗，之所以爲終教的層次，而非華嚴別教一乘圓教，其原因何在？

此原因有二：

一、此宗於經論的代表爲《大乘起信論》等，爲五教判之中的終教的代表性經論，而非華嚴別教一乘圓教。

二、此所論述如來藏緣起宗之義理與境界，雖然如來藏通於阿賴耶識而具足染淨，且得以證至「理事融通無礙」；實則「事理無礙則仍有事理之別，需要泯去此一差別，即事之當體而言其緣起無礙，諸事圓融，方才究竟義理之極致，由此之故，法藏別立十宗之說，藉以建立自宗所持的事事無礙的義理。」（郭朝順：《智者與法藏圓頓思想之研究》，臺北：中國文化大學哲學研究所碩士論文，民國 79 年 6 月，頁 82～83）

正以上文所述二理由之故，乃將此四宗判之「如來藏緣起宗」，判定等同於五教判之中的終教層次。又此四宗之判攝，雖然李世傑在《華嚴哲學要義・第四章 判教論・第一節 總說》的部分，認爲這是「隨他意門判教」，而論述一己之見的「隨自意門判教」，而有其爭議；實則，此說法藏已經接受此觀點而並未進行批駁，是以亦足以成爲法藏所接受的判教論，而提供吾人理解法藏思想的一進路。

進行論述。此宗論述所及之概念有：如來藏、阿賴耶識、依他起性、緣起、無性、事、理。於此，吾人當通過上文所論述法藏對《大乘起信論》的疏解與詮釋，進而理解此文之義蘊為何，是以可將上述數個概念區隔如下：如來藏與阿賴耶識為一組、依他起性與緣起無性為一組、事與理為一組。

其一，就如來藏、阿賴耶識與理徹於事為論。蓋《大乘起信論》曰：「心生滅者，依如來藏故有生滅心，所謂不生不滅，與生滅和合，非一非異，名為阿梨耶識。」〔註35〕此即《大乘起信論》對於如來藏與阿賴耶識最重要的一段說明。筆者於上文已然就著法藏所論而疏解之。實則此如來藏與阿賴耶識，就其如來藏之自性清淨、阿賴耶識受熏染污，乃言之為二、言之為不一；就其如來藏與阿賴耶識之不相離而為一，乃言之為一、言之為不異。〔註36〕

又此「如來藏隨緣成阿賴耶識」一語，標舉「隨緣」之義。在這之中，此如來藏之具有「隨緣義」，即為《華嚴一乘教義分齊章‧義理分齊第十》之〈三性同異義〉所標舉的「三性各有二義」，而真中所具者為「不變義」與「隨緣義」此二義。〔註37〕而此如來藏之所以得以「理徹於事」，即是就此如來藏隨緣起現諸法，而於生滅門中，隨無明薰習之緣乃成諸般染污流轉法。是以如來藏此理非是一凝然之空如理，而是具能動義而可以對諸法之存在做出根源式的說明。

其二，就依他起性、緣起無性與事徹於理為論。法藏以依他緣起與無性相同，如此則是「事徹於理」。蓋以依他起性之所依，非是外緣之他者、他力，即非依於瑜伽行派所論阿賴耶識此第八識之生出萬法，實則是依於真如（圓成實性）之「隨緣義」而派生出萬法。蓋此依他起性若所依非是此真如隨緣之義，何以得以事徹於理，且終至理事融通無礙之說；若所依非是此真如隨緣之義，則理事亦當橫隔為二而不得融鎔無礙之義。蓋法藏於此依他起性，由「緣起性空」此佛法通義解之，以緣起即是性空而事徹於理。此之所述，

〔註35〕馬鳴：《大乘起信論》（T32，No. 1666，頁 576b）

〔註36〕於此「不生不滅」與「生滅」之「和合」之意義，印順法師論曰：「阿賴耶識是生滅心；不生不滅是如來藏，即真心……和合，可以解說為打成一片。生滅與不生不滅打成一片，即非異義；雖然打成一片，不生不滅還是不生不滅，並不成為生滅；生滅還是生滅，並不成為不生不滅，即非一義。」（印順：《大乘起信論講記》，臺北：正聞出版社，民國79年3月十一版，頁 89）

〔註37〕法藏於《華嚴一乘教義分齊章》中曰：「前中三性各有二義：真中二義者，一、不變義，二、隨緣義；依他二義者，一、似有義，二、無性義；所執中二義者，一、情有義，二、理無義。」（T45，No. 1866，頁 499a）

實際上就是賦予三性各自具有空、有二義。

是以吾人略結上述二點行文而論之，此通過四宗判所論之依他起性，當可順上文所論終教《大乘起信論》「一心二門」之架構而進行理解。於此意義之下，圓成實性（眞心）已然脫離凝然眞如之批駁，轉爲如來藏此眞常系之意義，而具有「不變」、「隨緣」二義。於此意義之下，依他起性所論緣起性空之義，非是依於眾緣而起之無性空，而是依於圓成實性之隨緣義而起之依他起性。換句話說，法藏並不認爲依他起性是一於眾緣而起的緣起性空的意義；相反的，是依於圓成實性隨緣而起現的意義。在這樣的意義之下，吾人不當仍順遂既有以染污的緣起有的概念而視法藏所論之依他起性，卻應該以依於圓成實性此「他」而起現的稱性而起的觀念視之。

筆者上文已然就著《大乘起信論》「一心二門」與三性關係，做出了初步的討論。但是這其中尚有問題存在，而未能有一完整的說明。於此將進一步處理吉津宜英等學者所揭示的依他起性的問題。

依他起性之所以被日本學者，溯源到眞諦譯《攝大乘論》以及《攝大乘論釋》兩部著作。其論述之理由，大致是依據《華嚴一乘教義分齊章》與《十二門論宗致義記》等文獻，指出法藏在論述〈三性同異義〉的時候，通過文末「總說」之中眞諦譯《攝大乘論釋》所引經論一節，進而顯出法藏受到眞諦譯《攝大乘論》依他起性染淨二分的影響。〔註38〕如果三性的確單純而純粹的通過《大乘起信論》做出義理性格的轉換，而以圓成實性（眞如）爲中心進行統攝之動作。那麼，爲什麼法藏論述三性的時候，每每棄圓成實性此要點於不顧，而特別標舉依他起性此非《大乘起信論》所著重者，作爲論述以及引證的對象。是以筆者於下文，擬就此問題進行討論。

首先，就著法藏論述三性而即於眞諦譯《攝大乘論釋》，以及其中行文特別說明依他起性者爲論。於此，法藏在於《華嚴一乘教義分齊章·義理分齊第十·三性同異義》一文，最末總結的「總說」的部分，明確的針對三性以及依他起性而指出：

　　第二、總說者。三性一際，舉一全收；眞妄互融，性無障礙。

〔註38〕高峰了州便指出：「三性論的證據，即從《攝大乘論》所引《婆羅門問經》、《大乘阿毘達磨經》的一節爲焦點。且『依他起性』的分別性染污分屬生死的原素，眞實性清淨分乃涅槃；故『依他性』乃染污、清淨分的共依。」（〔日〕高峰了州 著；釋慧嶽 譯：《華嚴思想史》，臺北：中華佛教文獻編撰社，民國68年12月8日初版，頁180）

如《攝論》:「《婆羅門問經》中言:世尊,依何義說如是言?如來不見生死不見涅槃。於依他中分別性及真實性生死涅槃,依無差別義。何以故?此依他性,由分別一分成生死,由真實一分成涅槃。」

《釋》〔註39〕曰:「依他性非生死,由此性因真實成涅槃故,此性非涅槃。何以故?此性由分別一分即是生死,是故不可定說一分。若見一分餘分性不異。是故不見生死,亦不見涅槃。由此意故,如來答婆羅門如此。」

又云:「《阿毘達磨修多羅》中:世尊說法有三種:一、染污分,二、清淨分,三、染污清淨分。依何義說此三分?於依他性中,分別性為染污分、真實性為清淨分、依他性為染污清淨分,依此義說三分。」

《釋》曰「:《阿毘達磨修多羅》中說,分別性以煩惱為性、真實性以清淨分為性,依他性由具兩分,以二性為性。故說法有三種:一、煩惱為分,二、清淨為分,三、二法為分。依此義故作此說」〔註40〕也。

此上論文,又明真該妄末,無不稱真;妄徹真源,體無不寂;真妄交徹,二分雙融;無礙全攝,思之可見。〔註41〕

是此法藏之所述,大致有幾點特點:

1. 明確的標舉出論述三性的總綱在於:「三性一際,舉一全收;真妄互融,性無障礙。」「真該妄末,無不稱真;妄徹真源,體無不寂;真妄交徹,二分雙融;無礙全攝,思之可見。」此即為真妄之互融互攝,亦即上文四宗判之中「如來藏緣起宗」(五教判之中的終教),所論之理徹於事、事徹於理的問題。

2. 全文之論述,完全依據真諦譯《攝大乘論》之依他起性,以及進行疏解的《攝大乘論釋》來展開其理解。甚至直接明言「如《攝論》」、「《釋》曰」,亦即完全通過真諦譯《攝大乘論》以及《攝大乘論釋》所討論的

〔註39〕此處所謂之「釋曰」,即是指《攝大乘論釋》一書。

〔註40〕此文於《大正新脩大藏經》版〈三性同異義〉與《攝大乘論釋》之斷句略有不同,〈三性同異義〉斷作「《阿毘達磨修多羅》中說,分別性以煩惱為性。」而《攝大乘論釋》斷作「《阿毘達磨修多羅》中,說分別性以煩惱為性。」(T31,No. 1595,頁 193a)此二者所斷之句讀,雖略有不同,實則無礙此文意義之解讀。是以筆者於此,不另針對此斷句之不同,另行為文討論而求其得一定論。

〔註41〕法藏:《華嚴一乘教義分齊章》(T45,No. 1866,頁 501c)

依他起性的意義，來理解本文總綱所標舉的之「三性一際」、「眞妄交徹」等義涵爲何。

3. 在依他起性方面，揭示其並非染污性，而是具有染淨二分的意義。乃指出「於依他性中，分別性爲染污分，眞實性爲清淨分，依他性爲染污清淨分。」其後又以《攝大乘論釋》所引《阿毘達磨修多羅》爲其引證。

4. 由「非一非異」的關係，來論述依他起性的染分與淨分：

（1）由依他起性的染分，「分別一分成生死」；由依他起性的淨分，「眞實一分成涅槃」。是以以依他起性爲中心，統攝遍計所執性與圓成實性。又此依他起性不可定執於染分或是淨分，以此依他起性若是「定說一分」，則是分別染污的生死流轉法。是以此依他起性染分與淨分實爲非異。

（2）順上文之所述，依他起性若以分別爲其性，則是染污分；若以眞實爲其性，則是清淨分。是以此依他起性，乃是以染污、清淨此「二分爲性」。以此之故，依他起性即具有染淨二分之義，而此染分與淨分實爲非一。

5. 總結上文，法藏對於「三性一際，舉一全收；眞妄互融，性無障礙。」以及「眞該妄末，無不稱眞；妄徹眞源，體無不寂；眞妄交徹，二分雙融；無礙全攝，思之可見。」此〈三性同異義〉「總說」部分的總綱，即是完全通過依他起性染淨二分之非一，而開出圓成實性與遍計所執性；又通過此染淨二分的非異，而論其非以分別爲性。是此即證成此〈三性同異義〉之主旨。

是此之所述，即是法藏通過依他起性的染污分或是清淨分等爲討論，進而統攝三性，並且達至「眞妄交徹」、「無障無礙」的境界。於此，即揭示出與此文相應之問題，即是此依他起性染淨二分此概念的來源問題。

牟宗三於討論法藏依他起性的時候，通過「似有義」與「無性義」此依他起性所涵具之二義，進而就著「緣起性空」的佛家通義論述法藏依他起性的思想，並且指出這只是「緣起性空一義的輾轉引申」〔註42〕，其後賴光朋繼之，韋漢傑續之，輾轉相承而至於今日。大抵此數家之所論，所依據之文

〔註42〕相關論述，請參見本論文〈導論〉之中，關於論述牟宗三研究成果部分的介紹。

獻亦為《華嚴一乘教義分齊章‧義理分齊第十》之〈三性同異義〉一文，但於此文之處理集中於第一部份的「別明」的部分，而於第二之「總說」完全沒有處理。是以此說不但無法解決法藏此通過依他起性染淨二分，以論證此「三性一際」與「真妄互融」的問題；也不會意識到，此依他起性染淨二分的相關的問題。

顯而可見的是，自牟宗三等人所作出的相關研究以來，學界完全透過《大乘起信論》「一心二門」來處理三性思想，並將此義理之模型架構，套於法藏的三性思想。換句話說，這樣以圓成實性為中心，用以統攝「不變」與「隨緣」之二義的解釋架構，的確有多個層面的不足，而有應當重新思考之處。此不足之處，即是：

1. 義理分析上：順《大乘起信論》「一心二門」的義理間架以下，套用於圓成實性中心說的解說並不充分，無法直接而第一手的觸及依他起性與遍計所執性等問題。

2. 文獻解讀上：對於〈三性同異義〉的「總說」的部分，並未予以處理，亦未進行相關的解讀與分析等。

3. 衍申的問題：並未由此進一步論述，而觸及真諦譯《攝大乘論釋》染淨二分依他起性與法藏依他起性之間的關係等問題。

果筆者上文所述數點問題為真，依據此「總說」所引真諦譯《攝大乘論釋》等文獻，則法藏三性思想之中的依他起性即是：由淨分言則為圓成實性，由染分言則為遍計所執性，由染淨二分言則為依他起性；亦以此依他起性為中心，而得出「真妄交徹」、「性無障礙」等意義。是此之說，實為以依他起性為中心認知三性的真妄互融與性無障礙等意義。吾人既然已經通過《大乘起信論》「一心二門」的義理架構，進而理解到依他起性中心之轉為圓成實性中心的三性的義理架構，何以法藏於此處卻又以依他起性為中心統攝餘二性，以完成其三性思想的義理架構？這顯然形成了一個問題，而應當進一步討論之。

這其中所呈顯的問題在於：如果法藏之三性思想，乃是三者皆可以個別針對餘二性進行統攝，而各個達至「三性一際」、「真妄交徹」等意義。那麼，法藏是否對於遍計所執性也有著相同的論述？並且用以證明，吾人亦可通過遍計所執性，而達至〈三性同異義〉的「總說」之中，所標示的「三性一際，舉一全收；真妄互融，性無障礙」的意義。

　　可是，在遍計所執性此部分的問題是：不論吾人通過《華嚴一乘教義分齊章》、《十二門論宗致義記》、《華嚴經金師子章》、《華嚴經義海百門》、《修華嚴奧旨妄盡還源觀》、《大乘起信論義記》、《大乘起信論義記別記》、《入楞伽心玄義》或是《華嚴經探玄記》等等眾多法藏著作之文獻證據，在遍計所執性的部分實在無法找到論述篇幅，以及義理內容的呈現上，足以與圓成實性與依他起性對等的論述。〔註43〕顯然可見的是：在吾人通過文獻以檢視法藏對其三性思想進行的論述之時，遍計所執性並不具有特殊的定位，為法藏所重視而特別進行論述與開展。實際上，在法藏論述展示的文獻之中，足以與圓成實性並列而也具有特殊意義的，就是在此《華嚴一乘教義分齊章·義理分齊　第十·三性同異義》以及《十二門論宗致義記》等文獻之中，所特別標舉論述的依他起性。是以筆者於此擬通過本文所述依他起性之染分、淨分，與真諦譯《攝大乘論釋》之關係，作一對比式研究的釐清工作。

　　在論述此要點之際，首先應當區分的，是在文獻上《攝大乘論》、《攝大乘論釋》、《攝大乘論釋論》、《攝大乘論本》等等的區別為何，以明法藏論述實義之所指為何。

　　蓋此《攝大乘論》為無著造論，其後有諸多註釋以及解說，傳入中土之後，又有甚多翻譯上不同之版本。而此眾多不同之論述與譯本，與本文相關者，大抵為《大正新脩大藏經》所載錄。是以今就此簡述之：

大正藏編號	著者、釋者	譯者	書名	卷
T31～1592	〔印度〕阿僧伽 作	〔後魏〕佛陀扇多譯	《攝大乘論》	2
T31～1593	〔印度〕無著 造	〔陳〕真諦譯	《攝大乘論》	3

〔註43〕如《華嚴一乘教義分齊章·義理分齊第十·三性同異義》，雖明確的將章節架構區分為「別明」以及「總說」兩個部分，而通篇論述之架構皆三性並論。但是，實際上不論是「別明」之中第一部份「直說三性」的「三性各有二義」的結尾，或是「總說」此總結全文的部分，不是以依他起性為代表進行論述，就是完全以「依他起性」為論述對象，而不討論圓成實性與遍計所執性二者。

　　又如《十二門論宗致義記》，對於依他起性做出了篇幅冗長的討論，卻只將遍計所執性放在「餘二性」之中，做出簡單的敘述。

　　另如《華嚴經金師子章》，則是更為簡略的以「師子情有，名為遍計。」（T45，No. 1880，頁664a）寥寥八字，便將其帶過而未予論述。

　　此可見依他起性與圓成實性二者，在吾人通過文獻的檢視之後，可知在法藏的行文論述之中，在論述的篇幅、義理的份量，或是關懷的重心，依他起性皆足以與圓成實性並列，而當為吾人關注。至於遍計所執性，相對於前二者（依他起性、圓成實性），卻顯然是不具有重要性的一個部分。

T31～1594	〔印度〕無著 造	〔唐〕玄奘譯	《攝大乘論本》	3
T31～1595	〔印度〕世親 釋	〔陳〕眞諦譯	《攝大乘論釋》	15
T31～1596	〔印度〕世親 造	〔隋〕笈多共行矩 等譯	《攝大乘論釋論》	10
T31～1597	〔印度〕世親 造	〔唐〕玄奘譯	《攝大乘論釋》	10
T31～1598	〔印度〕無性 造	〔唐〕玄奘譯	《攝大乘論釋》	10

　　此即環繞著無著《攝大乘論》的相關譯本與註疏了。

　　而於此中，若吾人對比此諸版本之文句，可知法藏所引用之《攝大乘論釋》，的確是眞諦所翻譯之三卷本。是以下文，則進一步就著無著 造、世親 釋、眞諦譯之《攝大乘論釋》爲論。〔註44〕

　　蓋《攝大乘論・應知勝相品》，嘗針對三性而曰：

―――――――――――――――――

〔註44〕眞諦在翻譯《攝大乘論》與《攝大乘論釋》的時候，其實並不是完全遵照原意進行翻譯，而是有所增益。是以吾人於其翻譯之譯文，當可看出其思想含蘊於其中。

　　　　關於這個問題，〔日〕佐伯定胤、保坂玉泉委婉的指出：「於中檢校這些異譯的內容及其組織，使我深深的感覺到，眞諦與玄奘譯，其所依的原來梵本，或者是有所不同的。佛陀扇多及達磨笈多所譯，近似於眞諦所譯。又他們的組織分科，根據諸譯，也是有、無、具、略不一樣的。這是出於譯家的情意，那是不得已的。」（〔日〕佐伯定胤、保坂玉泉：〈攝大乘論解題〉，《唯識的論師與論典（唯識學專輯之十）》，臺北：大乘文化出版社，民國68年3月初版，頁96）。

　　　　相較於〔日〕佐伯定胤等人委婉的說法，牟宗三則直接指出眞諦的翻譯，並不忠於原文。蓋牟宗三在其《佛性與般若》論述「攝論與攝論師」一節之中，便多次對照譯文之差異，而指出眞諦譯文發揮之處。例如對於「界」字解釋，由阿黎耶識以解爲性的部分，直言眞諦譯文：「前半部釋界字之五義及引經證悉爲眞諦所增加。『復次』以下，則與笈多及玄奘所譯相平行。彼釋『界』字之五義全就『如來藏自性清淨心』說阿黎耶識，故視阿黎耶識『以解爲性』。此全從正面覺解性體（自性清淨）說阿黎耶，此與《攝論》及世親之唯識論說『賴耶唯妄』者異也。其所引經證大體俱是《勝鬘夫人經》語。而《勝鬘經》卻正是以『如來藏自性清淨心』爲依止，並非以阿賴耶識爲依止者。」（牟宗三：《佛性與般若（上）》，臺北：臺灣學生書局，民國86年5月修訂版六刷，頁292～293）

　　　　是以在這種眞諦譯文有所發揮增益的情況之下，若此譯文有所增益而異於原文，當可視作眞諦之思想，又若此譯文並非異於原文之義，亦可視作眞諦所認可接受的思想，而以其亦爲眞諦思想之一部分。而此思想，實際上如牟宗三之所言，已經異於無著《攝大乘論》以及世親釋的《攝大乘論釋》的「賴耶唯妄」的說法，而是順承《勝鬘夫人經》的眞心（如來藏自性清淨心）的「以解爲性」的系統了。

論曰：……略有三種：一、依他性相；二、分別性相；三、眞實性相。

論曰：依他性相者，本識爲種子，虛妄分別所攝諸識差別。……如此諸識，皆是虛妄分別所攝，唯識爲性；是無所有非眞實義，顯現所依，如是名爲依他起相。……

論曰：此中何者遍計所執相？謂於無義唯有識中，似義顯現。……

論曰：此中何者圓成實相？謂即於彼依他起相，由似義相永無有性。……

論曰：復次此三自性爲異？爲不異？應言非異、非不異。謂依他起自性由異門，故成依他起；即此自性由異門，故成遍計所執；即此自性由異門，故成圓成實。

由何異門此依他起成依他起？依他熏習種子起故。由何異門即此自性成遍計所執？由是遍計所緣相故，又是遍計所遍計故。由何異門即此自性成圓成實？如所遍計，畢竟不如是有故。〔註45〕

而印順導師在解釋《攝大乘論》三性思想的時候，解說到：

本論對於三性，有兩種的見解：一遍計執與依他起是雜染，圓成實是清淨。二遍計執是雜染，圓成實是清淨，依他起則通於雜染清淨二分。賴耶在三性的樞紐依他起中，佔著極重要的地位。因爲一切依他起法，皆以賴耶爲攝藏處。所以根據所知依即阿賴耶的道理來觀察上面的兩種見解，照第一義說：賴耶唯是虛妄不實，雜染不淨的。照第二義說：賴耶不但是虛妄，而且也是眞實的；不但是雜染，而且也是清淨的，不過顯與不顯，轉與不轉的不同罷了。無性偏取第一種見解。世親卻同時也談到第二種見解。無著的思想，確乎重在第一種，因他在說明賴耶緣起時，是側重雜染因果這一方面的。但講到轉依與從染還淨，卻又取第二見解了。眞諦法師的思想，特別的發揮第二見解，所以說賴耶本身，有雜染的取性與清淨的解性。賴耶通二性的思想，不但用於還淨方面，而且還用於安立生死雜染邊；與《起信》的眞妄和合說合流。玄奘門下的唯識學者，大多只就雜染一方面談。我們從另外的兩部論──《佛性論》、《一乘究竟實性論釋》（西藏說是世親造的）去研究，覺得他與眞諦的思想有很

〔註45〕無著　造、眞諦　譯：《攝大乘論釋》（T31，No. 1597，頁 337c～341c）

多的共同點。〔註46〕

所以，印順導師在解釋三性思想之時，將其脈絡區別為以下二種：

一、「遍計執與依他起是雜染，圓成實是清淨。」

二、「遍計執是雜染，圓成實是清淨，依他起則通於雜染清淨二分。」

此中《攝大乘論》造論者無著之思想，「卻乎重在第一種」；而其後翻譯此論之真諦，則有所增益發揮於無著的思想，乃為「特別的發揮第二見解」，此即是真諦所發揮之處。

今將其製一簡表，如下：

	圓成實性	依他起性	遍計執性	人物
脈絡一	清淨	雜染	雜染	無著
脈絡二	清淨	雜染、清淨二分	雜染	真諦

這其中，在《攝大乘論》論述依他起性的方面，陳水淵大抵接受印順導師的觀點，針對《攝大乘論》所論依他起性，而歸納其性質如下：

A：依他起性是依緣於阿賴耶識種子而起。這特點融攝阿賴耶識緣起，即是唯識境的所知依。

B：依他起性是以虛妄分別的認識活動為自性。這特點融攝虛妄分別。

C：依他起性可以作為無為有、非真實的義顯現的所依。此點融貫遍計執。

D：依他起性通染淨二分。由此特點融攝圓成實（結合B、C，統一了三性思想），唯識實踐的轉依與果證。

D1：依他起性是不定性，乃染分或淨分的可能性。這特點是依他起性可以融貫其它似想的基礎。

D2：依他起性可以全為染分或淨分。

D21：此點可說明三性的理性面，自性清淨圓成實－真如。

D22：修行位次上未聞正法的凡夫與完成轉依證得法身。法身是唯識的果智，由此生出大乘正法教－生此道清淨的圓成實。

〔註46〕釋印順：《攝大乘論講記》（臺北：正聞出版社，民國79年3月十一版），頁19～20。

D3：依他起性同時俱足染分與淨分。此點可說明唯識果斷的無
　　　住涅槃。

D4：依他起性部分具清淨、部份具雜染。這特點可說明唯識實
　　　踐的轉依過程，正是得此道清淨的圓成實。〔註47〕

是此依他起性在染分淨分的方面，通於染淨二分而又可全爲染分或是全爲淨
分，而又由此依他起性之染淨二分爲中心，通於淨分之圓成實性與染分之遍
計所執性。但是，這其中的差異在於，無著之《攝大乘論》本身，仍然著重
由妄心的系統來進行說明；而眞諦之翻譯，則轉向眞心的系統。〔註48〕

　　至於這其中由「異」、「不異」以論述三性者，實即是論述依他起性「非
一非異」的問題。蓋此由「異門」（異）之故，是以有三性之別，而爲「非一」；
若由「不異門」而觀之，則三性無別，而爲「非異」。就此「非異」而觀之，
以依他起依於阿賴耶所含蘊藏攝薰習種子之故，是以由依他起性成就依他起

〔註47〕陳水淵：〈《攝大乘論》的依他起性初探〉（《中華佛學研究》，臺北：中華佛學
　　　研究所，第一期，1997），頁35～36。
〔註48〕蔡伯郎在此無著《攝大乘論》依他起性義理方面，指出：「在此用來定義依他
　　　起性的十一識（筆者案：此十一識即是指身識、身者識、受者識、應受識、
　　　正受識、世識、數識、處識、言說識、自他差別識、善惡兩道生死識），亦即
　　　等於十八界，換句話說，即是一切存有，而這一切存有是『阿賴耶識爲種子，
　　　虛妄分別所攝諸識』，是『唯識爲性』的，在此我們可以看到依他起性不僅僅
　　　是單純地作爲因緣所生的緣起法而已，而是更進一步說明緣生的事物之本質
　　　是『虛妄分別的識』，到此無著可說完全確立以三性說及識現說爲骨幹的唯識
　　　思想體系……《攝大乘論》將依他起說爲是虛妄分別所攝的十一識。」（《唯
　　　識的三性與二諦》，臺北：私立中國文化大學哲學研究所博士論文，民國 89
　　　年 6 月，頁 42～44）
　　　　曇倫也指出：「這依他性是阿黎耶識上的所有物，所以阿黎耶識是具有染
　　　淨二分。因此說依他性爲本識種子的顯現，是虛妄分別的諸識的依止。本識
　　　變異──轉變，顯現似塵，塵所顯現，是虛妄分別的分別性；其所變異，是
　　　亂識，爲依他性。亂識爲依他性的場合，則見亂識自體體性，而不見其他的
　　　變異。」（〈無著的學說〉，《唯識學的論師與論典：唯識學專輯之十》，臺北：
　　　大乘文化出版社，民國 68 年 3 月初版，頁 8）
　　　　高峰了州更針對無著《攝大乘論》與眞諦譯文進行說明，文曰：「至於三
　　　性的觀念，在《攝大乘論》上，依他性是以本識爲種子，被攝於虛妄分別的
　　　諸識差別，唯依靠依他性爲相而顯現虛妄分別而已。……眞諦三藏，勢將一
　　　切法，攝盡在分別、依他的兩性，因兩性都無所有，才是眞實性的無性；故
　　　依他性的究竟，還是歸於眞實性。」（〔日〕高峰了州 著、釋慧嶽 譯：《華
　　　嚴思想史》，臺北：中華佛教文獻編撰社，民國 68 年 12 月 8 日初版，頁 95
　　　～97）

性的存在，乃曰「依他起成依他起」；由此遍計所執性週遍計度於染污有情的
對象之故，是以依他起性成就此遍計所執性，乃曰「及此自性成遍計所執」。
是以真諦譯本《攝大乘論釋》，此由真心系統進行論述，而以依他起性為中心，
在其染淨二分的架構之下，統攝圓成實性與遍計所執性二者。

　　再次，上文已然就著《攝大乘論釋》所論之依他起性，做出一簡單的說
明，今則進一步與法藏所論之依他起性進行討論。

　　蓋法藏為求證成「三性一際」、「真妄互融」等〈三性同異義〉之主旨所
在，乃引用真諦譯本《攝大乘論釋》所論之三性義理。這在法藏在《華嚴一
乘教義分齊章・義理分齊第十・三性同異義》之中的「總說」部分，依據真
諦譯本《攝大乘論釋》而論述的依他起性，大致尚有著相同的特點。也就是
由真心系統下的染淨二分的觀點，來說明依他起性的問題，而且以此染淨二
分之依他起性為中心，統攝遍計所執性與圓成實性二者，乃成為以依他起性
為中心的三性思想的義理間架。不但如此，此染分與淨分，一方面可以個別
開出，另一方面亦可同時具足，而成為不一不異的架構。

　　就此而論之，吾人可通過《華嚴一乘教義分齊章・義理分齊第十・三性同
異義》之中的「總說」此部分文獻，看出真諦譯文《攝大乘論釋》依他起性染
淨二分，對於法藏依他起性染淨二分的影響。也可以說，法藏對依他起性的詮
釋，在《大乘起信論》之外，尚有真諦譯文《攝大乘論釋》的影響存在。

第四節　遍計所執性在法藏三性思想中的定位

　　前文已然就著圓成實性以及依他起性為中心，針對法藏對於瑜伽行派三
性思想所進行的升位動作，進行了學術上觀點歧異與脈絡差異的釐清。是以
對於圓成實性為中心，或是以依他起性為中心的說法，進行了相關的考察。
但在這之中，仍然存在著一些問題。此問題即是：不論是《大乘起信論》「一
心二門」的義理間架，對於圓成實性「不變義」與「隨緣義」的涉入；或是
真諦譯《攝大乘論釋》，對於依他起性染淨二分的影響。此二者皆無法處理遍
計所執性的問題。

　　換句話說，在目前學術界既有觀點上，以法藏理論架構上中心的圓成實
性的說法，或是支持主張以依他起性為中心而為真諦譯《攝大乘論釋》影響
的說法，實際上都無法處理遍計所執性的問題。

　　若吾人回歸於文獻而觀之，則《華嚴一乘教義分齊章・義理分齊第十・三性同異義》等文，所提出的「三性一際，同無異也」的結論，可以在理論上以圓成實性為中心，也可以在論述的數量上、重視程度上，以依他起性為中心。但是，這樣的一段文獻如果套在遍計所執性，則出現格格不入而無法解釋的問題。那麼，究竟在法藏面對瑜伽行派三性思想，而試圖進行升位的動作之中，面對遍計所執性所採取的義理性格的轉換究竟為何？此重新詮釋之遍計所執性之意義若何？又，此遍計所執性在此義理性格的重新詮釋之後，何以法藏重視圓成實性以及依他起性，卻在遍計所執性方面仍然不為法藏所重視或是多加論述？

　　面對這樣的問題，顯然遍計所執性在此法藏三性思想的融攝與升位的過程之中，仍然需要吾人進行進一步的見討以及思考。

　　此中，承前文之所述，法藏於《華嚴一乘教義分齊章・義理分齊第十・三性同異義》之中，曾經針對遍計所執性而規定到「所執中二義者，一、情有義；二、理無義。」〔註49〕這之中所規定的「情有」與「理無」二義，便是法藏對於遍計所執性的重新規定。

　　順著這樣的規定，法藏也同於對於圓成實性以及依他起性的重新規定，將此三者並行而討論。

　　首先，在此三性並行討論之中，指出「三性各有二義，二義不相違」，必且分別針對三性而在圓成實性方面指出「圓成……雖復隨緣成於染淨，而恆不失自性清淨；只由不失自性清淨，能隨緣成染淨也。……是故二義〔註50〕全體相收，一性無二，豈相違耶！」〔註51〕在依他起性方面指出，「依他中，雖復因緣似有顯現，然此似有必無自性，以諸緣生皆無自性故，若非無性即不藉緣，不藉緣故，故非似有。……非直二義性不相違，亦乃全體相收，畢竟無二也。」〔註52〕而在遍計執性方面，則指出：

> 所執性中，雖復當情稱執現有，然於道理畢竟是無，以於無處橫計
> 有故。……是故無二唯一性也。當知所執道理亦爾，上來直明竟。
>
> 〔註53〕

〔註49〕法藏：《華嚴一乘教義分齊章》（T45，No. 1866，頁499a）
〔註50〕此所謂「二義」，即是指圓成實性的「不變義」與「隨緣義」二義。
〔註51〕法藏：《華嚴一乘教義分齊章》（T45，No. 1866，頁499a～499b）
〔註52〕法藏：《華嚴一乘教義分齊章》（T45，No. 1866，頁499b）
〔註53〕法藏：《華嚴一乘教義分齊章》（T45，No. 1866，頁499b～499c）

由此觀之，法藏在論述三性之際，於規定三性各自具有二義之後，並非針對圓成實性以及依他起性進行討論，而忽略了遍計所執性。相反的，在圓成實性方面，接續著三性各具二義的規定之後，以其「不變義」與「隨緣義」二義之間，乃是「唯是一性」。在依他起性方面，也接續著三性各具二義的規定之後，以其「似有義」與「無性義」二義之間，也是「性不相違」的、也是「畢竟無二」的。至於遍計所執性方面，也同樣接續著三性各具二義的規定之後，以其「情有義」與「理無義」二義之間，同於圓成實性二義與依他起性二義一般，是「無二」的、是「唯一性」的。

接續而下的，法藏在「直說三性各有二義，二義不相違」之後，進一步在「問答決擇」之中，分別針對三性為論。

在圓成實性方面，通過五個層次的問答，分別就「有」、「無」、「亦有亦無」、「非有非無」四個問句的層層辯破來「護分別執」；在依他起性方面，也通過五個層次的問答，分別就「有」、「無」、「亦有亦無」、「非有非無」四個問句的層層辯破來「護分別執」；在遍計所執性方面，也同於圓成實性與依他起性，通過五個層次的問答，分別就「有」、「無」、「亦有亦無」、「非有非無」四個問句的層層辯破來「護分別執」。〔註54〕

再其下的「示執之失」以及「顯示其義」之中，都同於上文所述之一般，將圓成實性、依他起性，以及遍計所執性並行討論。而且討論的順序，都是依據圓成實性、依他起性、遍計所執性為順序。

至於《十二門論宗致義記・所詮宗趣　第六》之中，對於遍計所執性，則提出了：

> 先約遍計所執，此有二義。故《瑜伽》云：「遍計所執，情有、理無。」〔註55〕此中約妄情謂有，如空華於病眼，是凡愚所取以為俗；約理中實無，如空華於淨眼，是聖智所知為真。此無彼有，交徹無礙，融為一性。
>
> 故《百論》中：「猶如一柰，於瓜為小，於棗為大。」大小無礙，名為一柰。當知此中，有無亦爾；如是無二，名為中道。

〔註54〕相關引文，請參見法藏：《華嚴一乘教義分齊章》（T45，No. 1866，頁 499c～500a）。

〔註55〕《瑜伽師地論釋》曰：「一為顯了遍計所執：情有、理無。」（T30，No. 1580，頁 883b）。

故《論》云：「無二有此無，是二名中道。」論自釋云：「無二者，
無能取所取有也；有此無者，有此能取所取無也。」〔註56〕此有彼
無，無二爲中道。此中有此無者，只是無彼有故也，此是情理相望
說。若單就情，一切皆是情謂虛妄；若唯約理，一切有無等虛無所
有。無所有亦無所有，一切皆絕，亦無中無邊。

這之中對於遍計所執性所進行的論說，大抵上是依據著《瑜伽師地論》、《中
論》以及《中邊分別論》等來進行討論。這樣的論述，法藏著重在《瑜伽師
地論》所言「遍計所執：情有、理無。」的脈絡之下進行討論，由此規定遍
計所執性所具有的「情有」與「理無」二義。法藏在此處之論述，著重通過
《瑜伽師地論》對遍計所執性的「情有」與「理無」二義的揭露，進而以《中
論》、《中邊分別論》進行論述；由此二論之說明，通過「大小無礙」而推出
遍計所執性的「情有」與「理無」之亦爲「無二」。

　　而這樣的規定大致上同於《華嚴一乘教義分齊章》、《華嚴經探玄記》以
及《十二門論宗致義記》等文獻，對於三性各具二義的規定。茲將其關係，
製一簡表如下：

	《十二門論宗致義記·所詮宗趣　第六》	《華嚴一乘教義分齊章·義理分齊第十》、《華嚴經探玄記》等
遍計所執性	情有	情有
	理無	理無

　　是以此中《十二門論宗致義記·所詮宗趣　第六》之所論，實際上與《華
嚴一乘教義分齊章·義理分齊第十·三性同異義》、《華嚴經探玄記》等等諸
多文獻的記載，意義上是相同的。也都是就著遍計所執性之具有有、無二義，
而論其之二義無二爲一而爲中道。也就是說，在這個部分法藏的論述，仍然
是與前文所引《華嚴一乘教義分齊章》的觀點相同，著重在揭露遍計所執性
的二義之後，進一步論述此二義之間的關係。

　　但是，如果我們參照法藏在《華嚴經金師子章·約三性第三》之中，針

〔註56〕此文出自《中邊分別論》：「無二有此無，是二名空相」（T31，No. 1599，頁
452b）此中《中邊分別論》作「空相」，而不作「中道」。至於「無二者，無
能取所取有也；有此無者，有此能取所取無也。」一語，亦與「無二者，謂
無所取能取；有此無者，謂但有所取能取無。」一語有所不同。未知此文爲
法藏所誤引，亦其所據另有所本；然於本文所論法藏遍計所執性無礙，是以
不另行討論。

對三性所進行的論述，則會發現一些不同的意義。法藏曰：

> 師子情有，名為遍計；師子似有，名曰依他；金性不變，故曰圓成。

〔註57〕

則此法藏《華嚴經金師子章‧約三性第三》的說明，顯然異於《華嚴一乘教義分齊章》或是《華嚴經探玄記》等等的三性二義的規定。這異於《華嚴一乘教義分齊章》或是《華嚴經探玄記》等等的觀點，即是在於僅僅說明了三性的一義，而這樣的意義就是遍計所執性的情有義、依他起性的似有義，以及圓成實性的不變義。在這之中，並未論及遍計所執性的理無義、依他起性的無性義，以及圓成實性的隨緣義。

易言之，法藏此處論述所及三性思想的意義，一則背離了他早年自《華嚴一乘教義分齊章》以來，以至壯年的《華嚴經探玄記》等等著作之中，一以貫之的三性各自具有二義的觀點；背離了他所批判並且進行義理改造上升位動作的三性二義的思想。相反的，這樣三性思想之中僅存「一義」的觀點，卻正符合了他所批評瑜伽行派但具凝然此不變義，而不具隨緣義的圓成實性等意義。

這之中的問題在於：法藏是否在《華嚴經金師子章》之中，改變了他對於三性二義的詮釋，而回歸瑜伽行派的思想架構。答案顯然不是，因為《華嚴經金師子章》不但不是瑜伽行派的思想上的代表著作，卻正是法藏華嚴思想的代表。其中對於「五教」、「六相」、「十玄」等等義理的論述，都是法藏華嚴思想的核心概念；而且在論述三性之際，雖然是通過「師子」喻來說明，卻仍然在「不變」、「似有」、「情有」此三性二義的詞語脈絡之下討論。

那麼，筆者前文所引法藏對於圓成實性以及依他起性的重視，卻對於遍計所執性有所忽略的意義，以及《華嚴經金師子章》之中，對於遍計所執性二義的僅存其「情有」一義，其意義為何？

在此三性的升位問題，吾人不可否認而需接受的，即是《大乘起信論》「一心二門」的義理間架確乎涉入其中，由是而主導了法藏對瑜伽行派三性思想的義理重塑的基調；此外，在依他起性的問題方面，真諦譯《攝大乘論釋》的染淨二分依他起性的論述，也影響了法藏對於依他起性染淨二分的說明。但這《大乘起信論》「一心二門」與真諦譯《攝大乘論釋》二者，卻無法在文獻的說明上，直接而第一手的觸及遍計所執性的問題。

〔註57〕法藏：《華嚴經金師子章》（T45，No. 1880，頁 664a）

在理論上所應該呈顯的意義而言，吾人仍然可以順著《大乘起信論》「一心二門」或是眞諦譯《攝大乘論釋》所開出的染淨、眞妄，或是眞如與生滅，來理解遍計所執性的「情有義」與「理無義」。但是這仍然無法解決上文之三個問題：

1. 論述上對遍計所執性的忽略

法藏在《華嚴一乘教義分齊章‧義理分齊第十‧三性同異義》、《十二門論宗致義記》、《華嚴經探玄記》等等文獻之中，通過「顯示其義」、「示執之失」等等諸多層面，將三性並行討論而未予偏廢。卻在「直說」、「總說」或是「約依他起性明二諦中道」等部分，特別著重圓成實性與依他起性二者，獨獨忽略了遍計所執性。

2. 遍計所執性之「情有」、「理無」二義，或是但具「情有」一義

法藏在《華嚴一乘教義分齊章‧義理分齊第十‧三性同異義》、《十二門論宗致義記》、《華嚴經探玄記》等等文獻之中，反覆申論三性之各具二義，由此而言遍計所執性之具有「情有」與「理無」二義。然於《華嚴經金師子章》之中不唯遍計所執性但存「情有」一義，圓成實性與依他起性皆各存其「不變」與「似有」此一義。

3. 三性排列順序的不同

法藏在《華嚴一乘教義分齊章‧義理分齊第十‧三性同異義》、《十二門論宗致義記》、《華嚴經探玄記》等等文獻之中，皆依據圓成實性、依他起性、遍計所執性爲論述之順序。而《華嚴經金師子章》之中，卻採取了遍計所執性、依他起性、圓成實性的不同順序的論述方式。

吾人面對上述之數點疑義，似乎面對了法藏在三性思想的理論建構，產生了相當的歧異以及不完備。其實不然，蓋法藏有言曰：

> 由眞中不變、依他無性、所執理無。由此三義，故三性一際，同無異也。此則不壞末而常本也。《經》云：「眾生即涅槃，不復更滅也。」又約眞如隨緣、依他似有、所執情有。由此三義，亦無異也。此則不動本而常末也。經云：「法身流轉五道，名曰眾生也即。」
>
> 由此三義與前三義，是不一門也。是故眞該妄末，妄徹眞源；性相通融，無障無礙。〔註58〕

〔註58〕法藏：《華嚴一乘教義分齊章》（T45，No. 1866，頁499a）

法藏於此文之所述，大抵在三性具有二義之後，將其區分爲「本三性」與「末三性」二者。此中所謂之「本三性」，即是圓成實性之不變義、依他起性之無性義、遍計執性之理無義；此中所謂之「末三性」，即是圓成實性之隨緣義、依他起性之似有義、遍計執性之情有義。由此本末之三性，法藏乃言其皆爲本體義之本三性「一際，同無異也」，乃言其皆爲相用義之末三性「無異」也。又由本末三性之間，乃言其「此三義與前三義是不一門也。」一方面，橫向的收攝三性之各具二義，而使之爲一；另一方面，則縱向的收攝本三性與末三性，而使之無異。

　　若吾人就此而觀之，遍計所執性在法藏三性思想的架構之中，並不具有特出的意義，圓成實性與依他起性亦然。換句話說，在此法藏直說三性思想的論述之中，吾人雖得知三性之各具二義，然此三性並非著重在此各具二義的層面；而是在批判性的針對瑜伽行派三性思想之後，進一步在三性各具二義的基礎之上，進行三性思想的升位的動作。

　　果爾如是，則此法藏三性之思想，於此理論層面論之，並不是走向法藏所詮釋的瑜伽行派的圓成實性爲淨、遍記所直性爲染、依他起性爲染淨二分等等的意義。相反的，在法藏重新詮釋三性思想之後的義理性格，其應當走向的方向是「三性一際，同無異也」、是「此三義亦無異也」、是「由此三義與前三義是不一門也」的意義，而不是分析式的區分其何者爲染？何者爲淨？由此順承三性各具二義而後，進一步使此三性二義以及三性之間彼此皆得以互融互攝此點而觀之，當無所謂特出論述之圓成實性與依他起性，亦無所謂特出而罕言之遍計執性。於此，顯然可見的是法藏在論述三性思想的時候，雖然在其理論的層面是朝向三性彼此之互融互攝而泯除其中的差別相發展，卻不免在論述之中，處處顯示其分別性。

　　這樣的情況，在法藏論述《華嚴經金師子章》所述三性思想之際，便特別的顯現了出來。此中所論三性思想，仍然是順著《華嚴一乘教義分齊章》以及《華嚴經探玄記》等論著所標明的三性二義的脈絡進行討論，只是在求其簡略而易於明瞭的目的之下，將其化約爲「師子情有，名爲遍計；師子似有，名曰依他；金性不變，故曰圓成。」〔註 59〕的三性但具一義。而法藏此中所論之三性思想，實際上也表示著法藏仍然受到瑜伽行派三性思想的影響。這樣的影響，雖然在法藏建構其三性思想的理論之際，是其批判而對治

〔註 59〕法藏：《華嚴經金師子章》（T45，No. 1880，頁 664a）

的對象；由是乃有三性二義之規定，乃有「三性一際，同無異也」的論述。但是，當法藏試圖簡略而化約的略述三性思想之際，卻不免不自覺的朝向瑜伽行派三性思想的方向走去，而有了《華嚴經金師子章》的說明。至於這樣的問題展現於三性思想的方別論述之時，便是承續瑜伽行派對於圓成實性以及依他起性的重視，乃於此二性多加論述；至於此瑜伽行派所認爲周遍計度之染污性，而爲吾人所應當對治之遍計所執性者，也在法藏的論述之中，不免爲法藏所忽略而並未給予相當的關懷了！

第五節　小　結

　　經過上文的論述，對於法藏所意欲達至的三性的「升位」的問題，於此大致釐清了三個脈絡。

　　第一、思想義理上的援引以及攝入，這是《大乘起信論》「一心二門」此義理架構的援引。是以圓成實性爲中心進行義理性格的轉換，而由法相中心轉爲法性中心，由依他起性中心轉爲圓成實性中心，並且由此開出圓成實性所具有的「不變義」與「隨緣義」。亦以此之故，此圓成實性異於瑜伽行派阿賴耶識之爲「凝然」不具活動義、不具能動義，而但爲一「空如理」；乃轉化成爲具有活動義能起現諸法，而進於瑜伽行派，對於諸法的存在有一根源式的說明，由此化解瑜伽行派阿賴耶識轉識成智之不具必然性等問題。

　　第二、眞諦譯《攝大乘論釋》染淨二分依他起性的攝入與影響。是以於法藏，亦有諸多關於此依他起性之論述；而此論述，不論是質上義理內容的重要性，或是量上敘述論說的篇幅，都不讓於圓成實性。是以乃有當今學者論述上，或以依他起性爲重、爲解讀角度，或是圓成實性爲重、爲解讀角度的種種歧義，並且由此導生諸多研究上成果的爭議，而此亦下文所欲解決者。

　　第三、遍計所執性在法藏思想的中的定位與價值的問題。蓋雖然法藏的三性思想，乃過對瑜伽行派三性思想的批判而來，卻在《華嚴經金師子章》等處，不免時時展現到瑜伽行派對於三性思想的影響。一方面，在對於依他起性以及圓成實性二者的論述，其數量遠遠超越於遍計所執性。另一方面，在《華嚴經金師子章》則以遍計所執性排列於依他起性與圓成實性之前。再一方面，則是其雖建構三性各具二義的論述架構，卻不免透顯出習慣上受瑜伽行派影響，而對於圓成實性的不變義、依他起性的似有義，以及遍計執性

的無性義的申論。此即是法藏雖然在理論上已然建立其三性思想之間架，卻在論述之際，不免受到外在環境上瑜伽行派的影響，而著重於三性思想之某些側面。當然，這樣的問題並不影響法藏對於其三性思想的理論上的建構，以及相關的論述與觀點。

第四章 法藏三性思想對二諦的融攝

第一節 問題的提出與空有之諍

一、問題的提出

法藏曾經在《華嚴一乘教義分齊章》之中，確切的指出：

> 真該妄末，妄徹真源；性相通融，無障無礙。〔註1〕

又曰：

> 三性一際，舉一全收；真妄互融，性無障礙。〔註2〕

就此而觀之，法藏在其所論三性思想的架構之下，已然將其融攝自瑜伽行派的三性思想，進一步結合真妄、性相等論題進行討論。而這之中也隱含了另外一個問題，即是法藏何以在論述「三性一際」之後，進而提出「真該妄末，妄徹真源」、「真妄互融」的見解，並且將此論題結合「性相通融」的問題進行討論。

蓋空有、真妄或是性相等等問題在佛學思想之中，有著極為重要的地位。在性相的問題上，也有著不同的觀點與角度產生，例如「性相決判」的論點，或是「性相融會」的觀點。就前著「性相決判」言，是通過判別優劣的論述，以區別二者之孰優孰劣的問題；例如法藏之後的華嚴宗四祖清涼澄觀，即是此觀點代表。〔註3〕就後者「性相融會」言，則是著重二者之得以互相融會而

〔註 1〕 法藏：《華嚴一乘教義分齊章》（T45，No. 1866，頁 499a）

〔註 2〕 法藏：《華嚴一乘教義分齊章》（T45，No. 1866，頁 501c）

〔註 3〕 清涼澄觀於《華嚴經疏鈔玄談》一書之中，指出：「今觀賢首之意多明法性，

並未予以區判高下；例如筆者本書所論之華嚴宗三祖賢首法藏，即是此觀點的代表。當然，並非只有法藏與澄觀對於性相的問題有著相關的論述，在後世的華嚴宗五祖圭峰宗密、晚明四大家之憨山德清與紫柏眞可等等諸多高僧大德，對於這個問題都給出相當程度之關懷，並且提出重要而影響深遠的見解。

但是這其中的關鍵問題在於：法藏所謂的「性相融通」的意義究竟爲何？其中最爲首要的並不是「融會」的意義，而必須先針對「性」與「相」二字做出意義上的界定，亦即明晰其所指爲何？或是此論題所隱藏的深度義蘊爲何？通過如此的解析，方可逐步釐清「性相融通」的意義。

於此問題方面，「相」字不論是訓詁上的字典意義，或是學術界既有研究成果的脈絡之下，其意義毫無爭議的是指向「法相宗」的「相」的意義，也就是指以無著、世親等人，以《解深密經》、《瑜伽師地論》、《攝大乘論》等等諸多經論爲代表的瑜伽行派。

至於「性」的方面，則有相當的爭論存在。一般之觀點，是通過訓詁式的研究方式，而將此「性相融通」的「性」的意義，指向字典意義的「法性宗」；也就是以法性一味平等爲重心，以《大乘起信論》等經論爲代表的立場。

但是，這之中也存在著不同的見解。日本學者鐮田茂雄便不採用字典意義的解讀，而主張以龍樹中觀之空宗爲「性」的觀點，而指出「空觀的立場

何者有二義故？一，以攝生寬狹，對益物漸次，則攝生寬爲了，不及益物唯大爲了。以言教具闕，對顯理增微，則言教具爲了，不及顯理盡爲了。思之可知。二者，言中雖云各有二了，有二不了。深密宗中，二種了義，亦成不了。何者如攝生中以第二時，唯攝大爲不了。第三時具攝爲了者，則得純金何如雜鐵，純菩薩眾何如凡小同居，法華唯爲菩薩，如何昔日被三，是故應云唯攝大機爲了，總攝三根爲不了。又，如言教具闕中，以第二時不具爲不了，第三具說三乘爲了者。……純賣眞金應爲貧士，兀木雜貨應爲富商。法華唯說一乘，何如昔開三異。是故應云：唯說一極，方爲了義；雜說三乘，即爲不了。」（《華嚴經疏鈔玄談》，卍續 8・481 上）

此清涼澄觀在性相是否融會的問題方面，則接續法藏而提出不同的「性相決判」之說。蓋清涼大師此說，一方面繼承法藏的觀點而著重戒賢與智光之爭，另一方面也接續十宗的判教架構。但是，清涼澄觀對於戒賢與智光的優劣，以及十宗的順序之上，都不如法藏一般採區了批評、分別或是進而超越之的態度。如其對於戒賢之貶抑與智光之稱許，又如對於法相宗以及三論宗的判攝等等；彼一方面將法相宗至於第七宗，另一方面將三論宗至於第八宗。如此提升空宗的智光以及三論宗，使之凌駕於有宗的戒賢與法相宗之上，正是澄觀所採取「性相決判」以區分性、相二宗優劣高下的態度。

與唯識的立場總合，所謂的性相融會。」〔註4〕換句話說，鎌田茂雄在「性」的意義界定上，即是將之確定在般若系統的「空宗」。

就上述二種研究的觀點而觀之，雖然看似各有其論述之依據，而亦言之成理。然吾人若將此二者對比而觀之，則顯然此二說皆有其矛盾及由此產生的問題存在。通過訓詁上字典意義的解讀者，雖然符合字典意義之解讀，卻無法在法藏融會空有的思想脈絡之下，解決字典意義下「性相融通」無法給出「空宗」（般若中觀系）的定位問題。鎌田茂雄等研究者，雖然在法藏的思想脈絡之下，依據其脈絡意義解決了「空」與「有」的問題，但是卻無法充分的回應「性相融通」的「性」的意義。所以，在既有的研究觀點之下，實在無法在法藏的思想脈絡之下，充分的解讀並且給出此「性相融通」的意義。然而，法藏所謂「性相融會」的意義究竟爲何？又，法藏如何通過三性思想以討論此論題，都是本文所應當加以論述的重心。

吾人觀察就前的研究成果，則會發現對於法藏「性相融通」一義的理解：第一，未涉及法藏如何在三性思想的脈絡之下論述此論題；第二，亦未針對法藏如何在三性思想的脈絡之下，將此「性相融通」一義與眞妄等論題結合；第三，且當前的研究成果，大多將焦點關注在在字典意義的解讀，即使進一步由思想上的脈絡意義進行討論，也未能再進一步揭露其所含蘊的深度義蘊。

是以本文在討論法藏如何通過三性思想，以達至《華嚴一乘教義分齊章・義理分齊第十・三性同異義》之「總說」之中的「性相融會」的問題之前，擬就著本文所採用的歷史溯源法，通過歷史的溯源，以釐清其中的脈絡與意義之所在。是以下文，先溯源自法藏論述上空有之諍的脈絡爲論述的進程，逐步處理並深入此問題。

二、法藏對空有之諍的評論

所謂的空有之諍，就是指印度空宗與有宗的爭論。這個爭論，並不導源於建立空宗思想的龍樹，或是瑜伽行派的無著、世親等人；而是後期中觀學派之中的清辨（梵名 Bhāvaviveka，或 Bhavya），與月稱（梵名 Candrakīrti）二人，在其所造論書之中，對瑜伽行派的義理進行了評破。這些評論，主要是反對瑜伽行派所論依他起性與圓成實性的自相之說。在這些評論之後，瑜

〔註 4〕轉引自吉津宜英 著、余崇生 譯：〈關於「性相融會」〉（《國際佛學譯粹（第二輯）》，臺北：靈鷲山出版社，民國 81 年 5 月初版），頁 140。

伽行派的論師們，因爲大乘佛教中觀學派的龍樹與提婆的崇高地位之故，而不方便直接進行批評或是反對。所以，他們提出不同意見或是反對聲音的方法，乃經由爲龍樹、提婆的《中論》、《十二門論》等等論著的註釋，提出了不同的意見。當然，這其中也有直接進行辯論的，如清辨的弟子與安慧辯論《中觀釋論》等問題，又如安慧的弟子月官（梵名 Candragomin）與月稱（梵名 Candrakīrti）在那爛陀寺的七年長期辯論。

對於這些空與有的爭論，法藏也有所知悉。關於這方面的問題，法藏有著完整的敘述。例如法藏在《華嚴經探玄記》啓始之處的〈世間淨眼品〉的相關論述之中，便已經明確的說明他對於空有之諍的認知來源，與相關的見解等等。法藏於《華嚴經探玄記》曰：

> 法藏於文明元年中，幸遇中天竺三藏法師地婆訶羅，唐言日照，於京西太原寺翻譯經論。余親于時乃問，西域諸德於一代聖教，頗有分判權實以不？三藏説云：「近代天竺那爛陀寺，同時有二大德論師：一名戒賢，二稱智光。並神解超倫，聲高五印，群邪稽顙，異部歸誠，大乘學人仰之如日月，獨步天竺各一人而已。以所承宗別，立教不同。」〔註5〕

於《十二門論宗致義記》之中也指出：

> 親問大原寺翻經，中天竺三藏法師，地婆訶羅，唐言日照。説云：「近代中天竺那爛陀寺，同時有二大德論師，一名戒賢，一名智光。並神解超倫，聲高五印，六師稽顙，異部歸依。大乘學人，仰之日月如。天竺獨步，軌範成規，遂各守一宗，互爲矛盾。」〔註6〕

又說道：

> 今中天竺國三藏法師地婆訶羅，唐言日照，在寺翻譯，余親問。説云：「近代天竺那爛陀寺，同時有二大德論師。一曰戒賢、一曰智光。並神解超倫，聲高五印，六師稽顙，異部歸誠。大乘學人仰之如日月，獨步天竺，各一人而已。遂所承宗異，立教互違。」〔註7〕

除此之外，法藏在《入楞伽心玄義》與《大乘無差別法界論疏》等諸多文獻處，也不厭其煩一而再、再而三的反覆提出相關的說明。這些文獻說明了，

〔註 5〕 法藏：《華嚴經探玄記》（T35，No. 1733，頁 111c）
〔註 6〕 法藏：《十二門論宗致義記》（T42，No. 1826，頁 213a）
〔註 7〕 法藏：《大乘起信論義記》（T44，No. 1846，頁 242a）

法藏對於印度空有之諍的論述來源；也就是來自印度的地婆訶羅（梵名 Divākara），此音爲地婆訶羅、義譯爲「日照」的法師。此法藏之所以親自向地婆訶羅提出有關印度空有之諍的問題，顯然也顯示了法藏對於這些問題的關心。而在法藏提出了疑惑之後，則由地婆訶羅針對法藏此空有之諍的問題提出說明。

　　蓋地婆訶羅在印度之時，即曾經居住於那爛陀寺，親聞那爛陀寺的兩位論師的爭論；這兩位論師，也就是法藏再三提到的戒賢（梵名 Śīlabhadra）與智光（梵名 Jñāna-prabhā）二人。是以地婆訶羅於此空有之諍的問題，即是針對其親身的見聞而做出說明。在這個說明之中，提到了戒賢與智光二人。此戒賢、智光二論師的學說，一方面雖然稱讚到：「神解超倫，聲高五印，群邪稽顙，異部歸誠，大乘學人仰之如日月，獨步天竺各一人而已」、「神解超倫，聲高五印，六師稽顙，異部歸依。大乘學人，仰之日月如。天竺獨步，軌範成規」、「神解超倫，聲高五印，六師稽顙，異部歸誠。大乘學人仰之如日月，獨步天竺，各一人而已」。另一方面卻又隱隱指出此二位論師實際上是因爲「所承宗別」、「各守一宗」、「所承宗異」，所以「立教不同」、「互爲矛盾」、「立教互違」。顯然此戒賢與智光二人，雖獨步天竺、神解超倫，卻是因爲「各守一宗」，而存在著見解上的不同。

　　於此，法藏在此那爛陀寺戒賢與智光的爭論之中，針對戒賢而指出：

　　謂戒賢即遠承彌勒、無著，近踵護法、難陀。依《深密》等經、《瑜伽》等論立三種教。

　　謂佛初鹿園說小乘法，雖說生空然猶未說法空眞理，故非了義，即《四阿含》等經。

　　第二時中，雖依遍計所執自性說諸法空，然猶未說依他圓成唯識道理，故亦非了義，即諸部般若等教。

　　第三時中，方就大乘正理具說三性、三無性等唯識二諦，方爲了義，即《解深密》等經。

　　又此三位各以三義釋：一、攝機，二、說教，三、顯理。且初、唯攝聲聞，唯說小乘，唯顯生空。二、唯攝菩薩，唯說大乘，唯顯二空。三、普攝諸機，通說諸乘，具顯空有。是故前二攝機教理各互有闕故，非了義；後一機無不攝教無不具理無不圓故，爲了義。〔註8〕

〔註8〕法藏：《華嚴經探玄記》（T35，No. 1733，頁 111c～112a）

又曰：

> 謂戒賢，則遠承彌勒、無著，近踵護法、難陀。依《深密》等經、《瑜伽》等論，明法相大乘，廣分名數，用三教開宗，顯自所依爲眞了義。
>
> 謂佛初鹿園轉於四諦小乘法輪，雖說人空，翻諸外道，然於緣生定說實有。
>
> 第二時中，雖依遍計所執，而說諸法自性皆空，翻彼小乘然於依他、圓成猶未說有。
>
> 第三時中，就大乘正理，具說三性、三無性等，方爲盡理。是故於因緣生法，初時唯說有，則墮有邊；次說於空，則墮空邊。既各墮邊，俱非了義。後時具說所執性空，餘二爲有，契會中道，方爲了義。
>
> 是故依此所說，判《般若》等經多說空宗，是第二教攝，非爲了義，此依《解深密經》判也。〔註9〕

又曰：

> 謂戒賢，則遠承彌勒、無著，近踵護法、難陀。依《深密》等經、《瑜伽》等論，立三種教，以法相大乘爲眞了義。
>
> 謂佛初鹿園轉於四諦小乘法輪，說諸有爲法從緣生，以破外道自性因等；又由緣生無人我故，翻彼外道說有我等，然猶未說法無我理，即四《阿含經》等。
>
> 第二時中，雖依遍計所執，而說諸法自性皆空，翻彼小乘，然於依他、圓成，猶未說有，即諸部《般若》等。
>
> 第三時中，就大乘正理，具說三性、三無性等，方爲盡理，即《解深密經》等。是故於彼因緣生法，初唯說有，即墮有邊；次唯說空，即墮空邊。既各墮邊，俱非了義。後時具說所執性空，餘二爲有，契合中道，方爲了義。此依《解深密經》判。〔註10〕

是以法藏對於戒賢，首先揭示戒賢繼承無著、彌樂、世親、護法、難陀等瑜伽行派的代表論師，而成爲瑜伽行派義理的繼承者。其次說明戒賢所標舉的三時教的教判之說，而舉出第一時的鹿園時，經典上以《阿含》爲依據；義理上雖然說明五蘊皆空的「生空」，可是卻並未說明諸法自性爲空的「法空」；

〔註9〕 法藏：《十二門論宗致義記》（T42，No. 1826，頁213a）
〔註10〕 法藏：《大乘起信論義記》（T44，No. 1846，頁242b）

所以但攝聲聞，而以小乘爲說教對象，乃爲非了義。

第二時，即是以般若爲依據者，雖然依據遍計所執性說明諸法皆空，但是卻沒有依照依他起性與圓成實性二者，來說明瑜伽行派的義理；雖所攝及於菩薩，說教則爲大乘，然亦非了義。

至第三時以《解深密經》以及《瑜伽師地論》等爲代表者，依據大乘正確的三性、三無性的義理，來說明唯識的二諦的意義；是以所攝爲「普攝諸機」、說教爲「通說諸乘」，而所顯示的義理則是「具顯空有」。正以此瑜伽行派所代表的第三時，「機無不攝、教無不具、理無不圓」，如此不墮於空有兩邊，切合中道之義者方是了義。

至於智光，法藏則說明如下：

> 第二智光論師，遠承文殊龍樹，近稟提婆、清辯。依《般若》等經、《中觀》等論亦立三教。
>
> 謂佛初鹿園爲諸小根說小乘法，明心境俱有。
>
> 第二時中爲彼中根說法相大乘，明境空心有唯識道理，以根猶劣未能令入平等眞空故作是說。
>
> 於第三時爲上根說無相大乘，辯心境俱空平等一味，爲眞了義。
>
> 又此三位亦三義釋，先攝機者，初時唯攝二乘人機；第二通攝大小二機，以此宗計一分二乘不向佛果；三唯攝菩薩，通於漸頓，以諸二乘悉向佛果無異路故。
>
> 二、約教者，初唯說小乘，次通三乘，後唯一乘。
>
> 三、約顯理者，初破外道自性等故，說緣生法定是實有，次即漸破二乘緣生實有之執，說此緣生以爲似有，以彼怖畏此眞空故。猶存假有而接引之，後時方就究竟大乘說此緣生即是性空平等一味不礙二諦，是故法相大乘有所得等屬第二教，非眞了義。此三教次第如智光論師《般若燈論釋》中，具引《蘇若那摩訶衍經》說，此云《大乘妙智經》，此昔所未聞也。〔註11〕

又曰：

> 二、智光論師，遠承文殊龍樹，近稟青目、清辨。依《般若》等經；《中觀》等論，顯無相大乘，廣辨眞空。亦以三教開宗，顯自所依眞爲了義。

〔註11〕 法藏：《華嚴經探玄記》（T35，No. 1733，頁112a）

謂佛初鹿園，爲諸小根轉於四諦小乘法輪，說心境俱有。

次於第二時，爲中根說法相大乘，境空心有，則唯識義等，以根猶劣，故未能全入平等眞空，故作是說。

於第三時，方爲上根，說此無相大乘，顯心境俱空，平等一味，爲眞了義。又初則爲破外道自性等，故說因緣生法決定是有，次則爲破小乘實有，說此緣生但是假有，以恐彼怖畏此眞空，故猶存有而接引之。

第三方就究竟大乘，說此緣生即是性空，平等一相，此亦是入法之漸次也，則依此說，判法相大乘有所得等，爲第二教，非了義也。

此三教次第，智光法師《般若燈論釋》中，引《大乘妙智經》所說，是故依此教理，《般若》等經，是眞了義，餘法相名數，是方便說耳。

〔註12〕

又曰：

二、智光論師，遠承文殊、龍樹，近稟提婆、清辯。依《般若》等經、《中觀》等論，亦立三教，以明無相大乘爲眞了義。

謂佛初鹿園爲諸小根說於四諦，明心境俱有。

次於中時，爲彼中根說法相大乘，明境空心有唯識道理，以根猶劣未能令入平等眞空，故作是說。

於第三時，爲上根說無相大乘，辨心境俱空，平等一味爲眞了義。

又初則漸破外道自性等，故說因緣生法決定是有。次則漸破小乘緣生實有之執，故說依他因緣假有，以彼怖畏此眞空故，猶在假有而接引之。後時方就究竟大乘，說此緣生即是性空平等一相，是故即判法相大乘有所得等，爲第二時非眞了義也。〔註13〕

此所謂法藏對於智光評論，首先說明智光繼承龍樹、提婆、清辯、青目等等龍樹中觀之學的論師，而繼承此派之義理。其次說明智光所判攝的三時教，於第一時之鹿園時，說明小乘教法以明心境具有之義，是以所攝爲二乘之人，所說唯有小乘義理，所顯則是破除外道所論之自性等等，而以緣生之法以給出實有之義，此非了義。

　　第二時則爲大乘法相唯識之學，說明外境爲空而心識爲有的阿賴耶緣起

〔註12〕法藏：《十二門論宗致義記》（T42，No. 1826，頁213a～213b）
〔註13〕法藏：《大乘起信論義記》（T44，No. 1846，頁242b～242c）

之說，是以所攝「通大小二機」，說教則通於三乘義理，所顯之理則順此而逐步突破二乘人以緣生爲實有之義，進而說明緣生爲似有之義，並且以此爲暫且假說「假有」以接引二乘之人的義理，實爲過渡的義理而爲非了義。

及至第三時則說明「心境俱空」、「平等一味」的眞了義，所攝之機「唯攝菩薩，通於漸頓，以諸二乘悉向佛果，無異路故。」而所說之教義則是只說明一乘的義理，是以所顯之理則爲眞正的「究竟」大乘之說，於此緣生即是性空，且「平等一味」、「不礙二諦」。

於上文之所述，吾人可知法藏由地婆訶羅之處，所得知的印度那爛陀寺中重要的空有兩系的論爭，有了詳細的理解。而在這理解與認知之後，法藏並非平鋪直述式的做出敘述，或是單純的接受地婆訶羅的觀點之後便作一了結，而是針對此源自於印度的空有兩系的爭論，提出了針對此問題的看法以及見解。於此，法藏針對此分別代表「有宗」、「瑜伽行派」的戒賢，以及代表「空宗」、「中觀學派」的智光兩位論師，進而在《華嚴經探玄記》之中評論道：

> 第四、會相違者。問此二說〔註14〕既各聖教互爲矛楯，未知爲可和會？爲不可會耶？
>
> 答：無會、無不會。
>
> 初、無會者。既並聖教，「隨緣」益物何俟須會。即是《智論》四種悉檀中各各爲人悉檀，亦是《攝論》四意趣中眾生樂欲意趣。於一法中或讚或毀，是故二說不須強會。
>
> 二、無不會者，有二門：一、約教應機，二、約機領教。
>
> 前中但佛教門了與不了有其四位：一、約攝機寬狹；二、約言教具闕；三、約益物大小；四、約顯理淺深。
>
> 初者、若唯攝二乘不兼菩薩，或唯菩薩不兼二乘，各攝機狹故非了義，若寬攝三機周盡方了義。
>
> 二、者若唯說小不兼說大，或唯說大乘不兼小乘教，言各有闕故非了義。若言包大小具足三乘方爲了義，《深密經》等據上二門，戒賢所判亦有道理。
>
> 三、約益物大小者，若令一切眾生得小乘益，或令一切有情得大乘益，有得小益不能全令得究竟益，俱非了義。若能令彼一切眾生及入寂二乘，悉皆當得大菩提益，方爲了義。

〔註14〕即是指分別爲戒賢與智光爲代表的印度空、有兩宗的觀點。

四、顯理淺深者，若於緣起隨說實有，或雖破實猶存假有，既會相未盡顯理未極故，非了義。若說緣生即是性空，不礙緣起融通無二；會緣既盡理性圓現，方爲了義。彼《妙智經》據上二門，智光所判甚有道理。是故二說各據別門互不相至，豈有相違。

二、約機領教者。

問：二說三教各初說小，華嚴初說如何會釋？

答：諸德三釋。

一云，此「三法輪」，約漸悟機說；華嚴最初，約頓悟機說。若爾《密跡力士經》初時具說三乘法，此爲屬漸爲屬頓耶！若是漸教應唯說小，若是頓教應唯說大。彼既具三極成違害，是故此釋亦難用也。

一云，若依顯了門，則有如前三法次第，若約祕密門即諸說同時，若爾者即初時小顯而大密，何不以大顯而小密耶？又判此顯密出何聖教，理既不齊，復無聖教，故難依用，此上二釋此「三法輪」攝法不盡。初即漸而非頓，後即顯而非密。

一云，但是如來圓音一演，異類等解。就小結集唯說小乘，就大結集唯說大乘，就通結集具說三乘。若爾隨一結集俱無前後，何有如此三教次第？今解此難便會二說：……會三歸一，唯說一乘，方爲了教，《妙智經》當此意也。由根不定，有此二門，是故二師，各述一門，故不相違。〔註15〕

就此段文獻而觀之，面對戒賢與智光此空有兩系的論爭，法藏顯然提出了他的看法。蓋法藏此文之所述，乃是出現在《華嚴經探玄記》卷一的〈世間淨眼品〉之中；而這之中的論述，則是在此品十門之中的第三門「顯立教差別」。〔註16〕而此「顯立教差別」一門之所述，又在分爲十類的第三類「述西域」之中，〔註17〕亦即在此段落之中，針對戒賢、智光的空有之諍進行論說。

〔註15〕法藏：《華嚴經探玄記》（T35，No. 1733，頁112a～112c）

〔註16〕此法藏所疏〈世間淨眼品〉之十門，即是：「一、『明教起所由』；二、『約藏部明所攝』；三、『顯立教差別』；四、『簡教所被機』；五、『辨能詮教體』；六、『明所詮宗趣』；七、『具釋經題目』；八、『明部類傳譯』；九、『辨文義分齊』；十、『隨文解釋』。」（法藏：《華嚴經探玄記》，T35，No. 1733，頁107b）

〔註17〕此「顯立教差別」之中所區分的十類，即是「一、敘古說；二、辯是非；三、述西域；四、會相違；五、明現傳；六、定權實；七、顯開合；八、教前後；九、就義分教；十、以理開宗」（法藏：《華嚴經探玄記》，T35，No. 1733，頁110c）

在這戒賢與智光的論爭之中，法藏首先對二位論師的觀點做出了初步的陳述，此已如前文之所述。而法藏接續著對於戒賢以及智光的分別陳述之後，進一步提出的問題並非站在戒賢的瑜伽行派（有宗）的立場，以批評智光的般若中觀（空宗）的論點；或是站在智光的般若中觀（空宗）的立場，以批評戒賢的瑜伽行派（有宗）。也不是對此二宗的觀點，做出一個初步的陳述便漠然不語。

那麼，法藏在《華嚴經探玄記》、《十二門論宗致義記》，以及《大乘起信論義記》等等著作之中，面對以戒賢與智光為代表的印度空有兩宗，一而再、再而三的提出相關的陳述、說明，或是評論之後，他所關注的焦點，究竟是什麼？

顯然法藏針對這個論題所關注的重心，或是留意的問題焦點，並不是討論孰是孰非的問題，也不是針對戒賢與智光的其中之一提出聲援乃至批駁。法藏所關注的顯然至經由超越於空有兩系的立論基礎，而以「為可和會？為不可和會？」的問題為重心、關注之所在。也就是說，這個關涉「空」（以智光為代表的般若中觀系）、「有」（以戒賢為代表的瑜伽行派系）兩系的「和會」的問題，才是法藏所關注的焦點。

在這「和會」空有兩系的問題，法藏就著其「可和會」與「不需和會」兩個角度立論。

第一、就無須和會的角度而言：

法藏在「隨緣」的角度之下，分別以空宗此中觀思想代表論典的《大智度論》，與有宗此瑜伽行派代表論典的《攝大乘論》為代表；分別標舉其中所蘊含的四悉檀與四意趣，經由第二的「各各為人悉檀」，說明佛因應眾生根器有別，開出諸般教法，以使眾生皆得生起善根。以及四意趣中第四的「眾生樂欲意趣」〔註18〕，說明佛亦隨順眾生意趣之差別，而開種種不同的說法。是此即就著「毘盧遮那佛」的「佛果」的角度，以佛為眾生說法廣開八萬四千法門〔註19〕的角度說明；在此說明上，法藏所著重的即是以「圓成實性」二義的「隨緣」一義，來解說此空有兩宗不需和會的立論根據。

〔註18〕 此四意趣之中，第四的「眾生樂欲意趣」，又作「補特伽羅意樂意趣」、「補特伽羅意趣」、「隨人心意」、「眾生意樂意趣」、「順眾生心意趣」、「別欲意」等等。此所以名為「眾生樂欲意趣」，即是隨順眾生之樂欲意趣之義。

〔註19〕 《華嚴經》（六十卷）之中也曾經提到：「八萬四千諸法門，諸佛以此度眾生。」（東晉　佛馱跋陀羅　譯：《華嚴經》，T9，No. 278，頁 435b）

第二、就需要進行和會的角度而觀之：

法藏通過「約教應機」與「約機領教」二門進行討論。就「約教應機」言，其下又開「攝機寬狹」、「言教具闕」、「益物大小」與「顯理淺深」四門討論，亦即分別就著所攝諸機之寬窄、所論教理之俱全與否、令眾生得益大小，以及所彰顯之義理深淺與否論之。蓋此以戒賢、智光爲代表的空有二系，於此「攝機寬狹」、「言教具闕」、「益物大小」與「顯理淺深」四點之中，皆有所缺漏而不完備。或是唯攝二乘（聲聞乘、緣覺乘），或是唯攝菩薩；或是說小乘不及大乘，或是說大乘不及小乘；或是令眾生爲得小乘之益，或是令眾生唯得大乘之益；或是於緣起說爲實有，或是於緣起猶存假有等等。

在這方面，法藏雖然在「攝機寬狹」與「言教具闕」二點指出戒賢（瑜伽行派、有宗）所論甚爲有理；而智光（般若中觀、空宗）在「益物大小」與「顯理深淺」二點，則稱許智光（般若中觀、空宗）所論。是以此戒賢（瑜伽行派、有宗）與智光（般若中觀、空宗）所論，皆足以成爲了義。並且指稱「二說各據別門互不相至，豈有相違」，而指出此戒賢、智光二人所論皆有其理而不相違。

但是，相對於二人各有道理的另一個面相，則是戒賢所論在「益物大小」與「顯理深淺」兩方面有所不足，智光所論則是在「攝機寬狹」與「言教具闕」兩方面有所不足。如此，二人（空有兩系）各有其缺陷而不足，則法藏心中眞正究竟而完備的「了義」爲何？是戒賢所代表的瑜伽行派、有宗？或是智光所代表的般若中觀、空宗？抑或是另有所指？法藏所謂的「了義」究竟爲何的問題部分，其實在敘說中，也透顯出了他所認可的論點。

於此法藏經由「攝機寬狹」、「言教具闕」、「益物大小」以及「顯理淺深」的四個面相，做出了對空有兩系「佛教門了與不了」的區判。易言之，吾人亦可經由此四點，而觀察出法藏所謂的「了義」爲何？今即據上文所述之四點，簡述法藏在論述空有之諍之際，其中所透顯出的「了義」：

1. 「攝機寬狹」方面：要能夠達至三乘（聲聞、緣覺、菩薩）皆攝的廣攝眾機，而使之無所遺漏。

2. 「言教具闕」方面：言教之所論，要能包括大小二乘、具足三乘教理。

3. 「益物大小」方面：要令一切眾生皆得以超越於聲聞、緣覺，而得到大菩提之益。

4. 「顯理淺深」方面：則是超越緣起實有或是緣起似有之上，而達至緣

生即是性空，如此融會三乘而歸於一乘方是了義。

在這四點法藏所認知的「了義」的意義之下，戒賢與智光此「二師各述一門，故不相違」；顯然分別代表空宗與有宗的戒賢與智光，在那爛陀寺的長期爭論，在法藏揭示的這四層意義之下，已然被超越而抿除無礙。

當然，法藏真正的用意以及關注的焦點，並不是集中在「戒賢」或是「智光」此那爛陀寺的空有兩系兩位論師；這點在整篇文獻的論述之中，已經顯然可見。而此戒賢與智光兩位論師，實際上只是法藏用以引出，並且說明瑜伽行派與中觀思想論爭的焦點；進而經由此兩位論師而引出「空有之諍」，以及如何「和會」等等論題之後的討論，法藏的論述顯然完全未提及戒賢與智光，而轉換到了空有之諍此學術觀點上系統的問題了。這也正是本文之所以得以經由此兩位論師，而觀察法藏面對空有之諍等等論題的相關依據之所在。

上文已然就著法藏對於自印度以來，長期爭論的空有的問題，提出了評論與見解。至於法藏為什麼要在《華嚴經探玄記》、《大乘起信論義記》、《十二門論宗致義記》、《入楞伽心玄義》乃至《大乘無差別法界論述》等等眾多的著作之中，一而再、再而三的針對自印度清辨、護法以下，乃至地婆訶羅之時的那爛陀寺的戒賢、智光兩位論師所進行的空有之諍，採取如此眾多而詳密的說明以及辯駁呢？

當然，法藏關注的問題所在，不是侷限於那爛陀寺的「戒賢」與「智光」這兩位僧人身上，而是為了平息分別為戒賢與智光所代表的空、有兩個系統的紛爭與區別，所以法藏才如此大費周章的在其多本代表著作之中，反覆論述相同的義理內容。通過了對於戒賢與智光的批判性的論述，以及超越於空有之上的「了義」的給出，而在最後總結的以「二師各述一門，故不相違」一義，做出了透過戒賢與智光之諍的空有兩系論爭的了結，以及超越空有之上的意義的方向。

三、法藏判教意義下的空有二宗之諍

上文已然透過了戒賢與智光的空有之諍，論述了法藏對於般若中觀與瑜伽行派的觀點。這其中空有二系的優劣利弊，法藏皆已做出了上文所述及的論述。順此而下，問題即在於法藏的「五教十宗」的判教思想之中，瑜伽行派是判攝在始教之中的相始教，中觀思想則是被判攝在始教之中的空始教。此外，本文亦已然於第二章的部分，討論瑜伽行派在法藏判教之中的定位等問題。

通過上文的諸多討論，法藏所論的三性思想的意義已經逐步的突顯出來了。但問題在於，此戒賢與智光的空有之諍，在法藏思想之中佔有的意義為何？是以本文通過法藏五教十宗等判教的架構，而重新釐清瑜伽行派與中觀思想在其中的定位問題，並且用以結合上文所論戒賢與智光的爭論等問題。

依據本文前之所述，法藏對於瑜伽行派的認知與相關的評論，已經得到了相當的說明。至於中觀思想在其中的意義為何？又此二者之關係如何？是以法藏在提出五教十宗等等的判釋之中，將此般若的思想判在何等的地位？關於這個問題，法藏的五教判是指：

1. 「小乘教」
2. 「始教」（相始教、空始教）
3. 「終教」
4. 「頓教」
5. 「圓教」（同教一乘圓教、別教一乘圓教）

又此十宗之判則是指：

1. 「我法俱有宗」
2. 「法有我無宗」
3. 「法無去來宗」
4. 「現通假實宗」
5. 「俗妄真實宗」
6. 「諸法但名宗」
7. 「一切皆空宗」
8. 「真德不空宗」
9. 「相想俱絕宗」
10. 「圓明俱德宗」

至於另外順承而接受的四宗之判，則是：

1. 「隨相法執宗」，即小乘諸部是也。
2. 「真空無相宗」，即《般若》等經、《中觀》等論所說是也。
3. 「唯識法相宗」，即《解深密》等經、《瑜伽》等論所說是也。
4. 「如來藏緣起宗」，即《楞伽》、《密嚴》等經，《起信》、《寶性》等論所說是也。〔註20〕

〔註20〕法藏於《大乘起信論義記》之中指出：「宗途有四：一、『隨相法執宗』，即小

　　上述即是法藏所論五教十宗，與四宗的教相判釋的提出。在這之中，分別以護法、戒賢爲代表的瑜伽行派，以及以清辨、智光爲代表的中觀思想，應該如何定位在上述的教判架構之中？簡言之，瑜伽行派即是五教之中始教的相始教，以及四宗之中的唯識法相宗；中觀思想則是五教之中始教的空始教，十宗之中的諸法皆空宗，以及四宗之中的眞空無相宗。

　　在這判教架構之下，空有二系的定位及其所呈顯之意義，即是在於其定位與排列的順序之中。若以五教的判釋爲例，包含相始教與空始教的大乘始教；在此之前是小乘教，而在此之後則是以《大乘起信論》爲代表的終教，經過頓教之後乃至華嚴圓教。又十宗之中，雖然瑜伽行派並未在其中找到定位，但是此代表中觀的諸法皆空宗，一方面接續在皆爲小乘教的前六宗之後，另一方面下啓眞德不空宗。至於四宗的判釋，雖然是順應前說的觀念而沒有提出華嚴圓教此概念於安頓其中，但是法藏在這爲其所接受的判教概念之中，仍然是把瑜伽行派與中觀思想安排在小乘教之後，與以《大乘起信論》、《楞伽經》等等經論爲代表的「如來藏緣起宗」之前。

　　此中顯然可見的問題在於：空宗的中觀與有宗的瑜伽行派，不論在哪一種判教架構之中，都是判攝在小乘教之上；而且在此空有二宗之後，進一步揭示的則是如來藏思想代表的《大乘起信論》的思想，再其後才是頓教或是圓教的問題。這其中蘊含著什麼樣的意義？

　　於此，法藏曰：

　　一、或一切二乘，皆無迴心。以更無餘求故，如小乘中說。

　　二、或一切二乘，皆迴心。以悉有佛性力爲內熏因故，如來大悲力外緣不捨故，根本無明猶未盡故，小乘涅槃不究竟故，是故一切無不迴心向大菩提也，此約終教說。

　　三、或一切二乘，亦迴亦不迴。謂決定種性者趣寂不迴，不定種性者並迴向大，如《瑜伽》聲聞決擇中說，此約始教引二乘說。

　　四、或非迴非不迴。以離相故，如《文殊般若》等說，此終頓教說。

　　五、或合具前四說。以是大法方便故，此約一乘攝方便說。

乘諸部是也；二、『眞空無相宗』，即《般若》等經、《中觀》等論所說是也；三、『唯識法相宗』，即《解深密》等經、《瑜伽》等論所說是也；四、『如來藏緣起宗』，即《楞伽》、《密嚴》等經，《起信》、《寶性》等論所說是也。此四之中，初、則『隨事執相說』，二、則『會事顯理說』，三、則『依理起事差別說』，四、則『理事融通無礙說』。」（T44，No. 1846，頁243b～243c）

六、或俱絕前五。此有二種：一、一切二乘悉無所迴，以望一乘皆
即空無可迴也，如經中如聾如盲者是。二、一切二乘等並已迴
竟，更不復迴，如經中以普賢眼見一切眾生皆已究竟者是，此
並約一乘別教說。〔註21〕

是此法藏所述小乘教、大乘始教、大乘終教、頓教、同教一乘圓教、別
教一乘圓教的「迴心」的問題。蓋小乘教但以證入無餘涅槃爲最高境界，終
教則是令小乘轉而追求大乘。如此「迴心」之義，實際上彰顯出來的是層層
超越、層層辯證的向上發展路線，此也正是方東美所特別著重而標舉的「上、
下迴向」之中的「上迴向」的問題。而有宗的瑜伽行派，與空宗的般若思想，
在這樣「迴心」向上的意義之下，自然也需要層層的向上超越，而未可執著
於此始教中的相始教與空始教的位階。

四、小　結

筆者於上文通過兩個層面進行討論：

第一，順著法藏在《華嚴經探玄記》、《十二門論宗致義記》等眾多關鍵
性論著之中，所一再強調的印度那爛陀寺戒賢與智光之諍，進而探論其中所
含蘊的意義。通過歷史溯源的方法，將此意義指向印度清辨、護法以來空有
兩系的爭論，並且揭示出法藏看似意欲調和戒賢與智光二論師之歧見，實則
含蘊於其後的則是試圖對空宗、有宗的爭論進行和會、進行調和。

第二、在法藏試圖和會空有兩系的意圖之下，若吾人將法藏此希求置入
其思想之中的定位與意義如何？是以乃通過法藏具代表性的五教十宗以及四
宗的教相判釋，進而呈顯出空有兩系在法藏判教架構之中的定位與意義。此
亦即筆者前文所揭示的通過終教的《大乘起信論》之義理架構，進而融會此
由印度以來空有二分的論爭。異言之，此即法藏通過《大乘起信論》「一心二
門」的架構以融會空有二系也。

第二節　法藏三性思想與二諦的結合及其意義

上文已然通過歷史溯源的方法，將問題回溯至法藏所關注的印度清辨與
護法、戒賢與智光的空有之諍的問題。並且在法藏五教十宗與四宗判的架構

〔註21〕法藏：《華嚴一乘教義分齊章》（T45，No. 1866，頁 496a～496c）

之下，一步一步的釐清了「空」與「有」這兩個系統，在法藏思想中的定位問題。接續著而下的，顯然就是再次空有二分而有所區別的問題之後，法藏提出了「和會」的問題，提出了「融攝」的要點。法藏到底是如何完成，空宗與有宗這兩個系統的結合呢？

在法藏如何通過《大乘起信論》以融會空有二系思想的問題方面，筆者於前文已然就著瑜伽行派三性思想的升位問題，進行了相關的討論。然而順此而下的問題在於，瑜伽行派三性思想已經得到了升位的動作，但是龍樹中觀思想在這之中應如何得到一個確切的理解，這則是筆者下文所需要進一步進行的部分了。

可是這個問題在目前的研究上，並非多數學者研究上關注的論題，當然也沒有進行縝密的論述。不論是牟宗三、方東美、陳英善、馮友蘭、郭朋、任繼愈、賴永海、方立天、徐紹強，或是邱高興等學者，多未將心力放在此處，而不就此論題而進行進一步之處理以及研究。

筆者於此，擬順著上文的論述，進一步就著法藏三性思想爲中心而討論此問題，並且在文獻上以《華嚴一乘教義分齊章》與《十二門論宗致義記》爲使用的核心文獻。用以揭示出法藏經由三性與二諦的結合，一方面以三性各具有眞妄、理事、空有等等二義，開顯出三性與二諦的結合；另一方面，則通過三性與二諦的融會，收攝空有兩個系統於其中，並且由此達至法藏所意欲完成的「性相融會」的問題。

本文在此部分，先針對三性與二諦結合的問題進行論述。

就法藏通過論述戒賢、智光，進而呈顯出空有之諍的問題所在，以及法藏於此所意圖達到的目的爲論，其不可避免的問題在於如何在將瑜伽行派三性思想進行升位的動作之餘，也要將般若中觀的義理融攝於其中。於此，在融攝龍樹中觀思想於瑜伽行派三性思想的動作之中，最具有代表性，而且與三性之說最爲緊密結合的，就是龍樹以來爲諸家所重的「二諦」的問題。

也就是說，吾人若欲明晰法藏對於空、有二系的融攝與和會，在通過戒賢與智光等空有之諍的歷史脈絡，以及法藏判教之中空有二宗的定位，與通過此定位所帶來的意義與意圖之後，最爲關鍵且重要的問題，就是法藏如何在三性與二諦，此分別爲瑜伽行派、中觀思想所特別著重的義理內容的結合問題，展現空宗與有宗的和會的問題。

蓋法藏於《華嚴一乘教義分齊章・義理分齊第十》之中的〈三性同異義〉

一文之中，明確的於行文之首指出：

前中三性，各有二義。

眞中二義者，一、不變義，二、隨緣義。

依他二義者，一、似有義，二、無性義。

所執中二義者，一、情有義，二、理無義。〔註22〕

這就是法藏對於三性所做出的規定。這樣規定的根據及其由來，也正是筆者上文所論對於《大乘起信論》「一心二門」此義理架構援引的結果。由此三性的意義不再限於圓成實性爲淨、爲眞，遍計所執性爲染、爲妄，而依他起性則爲染分、爲淨分。換句話說，在法藏援引終教的眞常系《大乘起信論》的義理而進入其三性思想的時候，三性的性格已然做出了全面的轉換。而這樣的轉換，對於法藏的三性思想，產生了什麼樣的意義，這個意義就是在於三性各個具足二義。此即是圓成實性所含蘊的不變義與隨緣義，依他起性所含蘊的似有義與無性義，遍計所執性所含蘊的情有義與理無義。

此三性之各自開爲二義的思想，筆者於上文一方面通過歷史溯源的方法，在外在的緣由上，將三性的歷史發生義追溯至瑜伽行派，由此導出法藏對於瑜伽行派三性思想的「升位」的問題。另一方面，亦當就著法藏思想內部理論的完整性而論，由此討論法藏此說之所以成立。

所以，在此就著三性各具二義而進行探論。就前者言，是通過《大乘起信論》「一心二門」而轉換出的義理性格；就後者言，則是通過三性具有二義以解決空有之諍，以及法藏對於眞妄、染淨等問題的融會的態度。〔註23〕而這之中三性各具二義，實際上也就是指三性分別具有本末、染淨、眞妄等二義。法藏在此三性各具二義的意義上，實際蘊含著對於空有兩系的融攝，以及對於眞妄的融會等問題。在空有的和會方面，法藏在《華嚴一乘教義分齊章·義理分齊第十》的〈三性同異義〉之中，更有著更爲詳細的論述。法藏於圓成實性方面指出：

〔註22〕法藏：《華嚴一乘教義分齊章》（T45，No. 1866，頁 499a）

〔註23〕楊維中對於法藏三性的問題，曾經在〈論華嚴宗的染淨善惡觀與妄盡還源的修行路徑〉一文之中，說明到：「以『性起』說爲根基的華嚴宗，便於解釋淨法的生起而拙於說明染法的存在。爲彌補此拙，華嚴諸師以『三性同異』和『染淨緣起』結合而構成了一個相當完整的染淨、眞妄之生成轉換系統。這一系統就是華嚴學的『眞妄交徹』學說。……法藏以《大乘起信論》之眞如不變隨緣說會通唯識『三性』論而倡『三性同異』義。」（《妙林》，第十二卷，四月號，民國 89 年 4 月 30 日，頁 51）相關的說明，請參見前文。

問：「眞如是有耶？」答：「不也，隨緣故。」問：「眞如是無耶？」
答：「不也，不變故。」問：「亦有亦無耶？」答：「不也，無二性故。」
問：「非有非無耶？」答：「不也，具德故。」

又問：「有耶？」答：「不也，不變故。何以故？由不變故，隨緣顯
示。」問：「無耶？」答：「不也，隨緣故。何以故？由隨緣故，不
變常住也。」餘二句可知。

又問：「有耶？」答：「不也，離所謂故。」下三句例然。

又問：「有耶？」答：「不也，空眞如故。」問：「無耶？」答：「不
也，不空眞如故。」問：「亦有亦無耶？」答：「不也，離相違故。」
問：「非有非無耶？」答：「不也，離戲論故。」

又問：「有耶？」答：「不也，離妄念故。」問：「無耶？」答：「不
也，聖智行處故。」餘句準之。〔註24〕

於依他起性方面指出：

依他性者。

問：「依他是有耶？」答：「不也，緣起無性故。」問：「依他是無耶？」
答：「不也，無性緣起故。」問：「亦有亦無耶？」答：「不也，無二
性故。」問：「非有非無耶？」答：「不也，有多義門故。」

又問：「有耶？」答：「不也，緣起故。何以故？以諸緣起皆無性故。」
問：「無耶？」答：「不也，無性故。何以故？以無性故，成緣起也。」
餘二句可知。又以緣起雖於四句。又以無性故，亦離四句。並可知矣。

又問：「依他有耶？」答：「不也，約觀遣故。」問：「無耶？」答：
「不也，能現無生故。」下二句離相違故。離戲論故可知。

又問：「有耶？」答：「不也，異圓成故，又約遍計分故，又離所謂
故。」問：「無耶？」答：「不也，異遍計故，以圓成分故，又智境
故。」餘句準之。〔註25〕

又於遍計所執性方面指出：

遍計所執者。

問：「遍計是有耶？」答：「不也，理無故。」問：「是無耶？」答：
「不也，情有故。」問：「亦有亦無耶？」答：「不也，無二性故。」

〔註24〕　法藏：《華嚴一乘教義分齊章》（T45，No. 1866，頁 499c）
〔註25〕　法藏：《華嚴一乘教義分齊章》（T45，No. 1866，頁 449c～500a）

問：「非有非無耶？」答：「不也，所執性故。」

又問：「有耶？」答：「不也，無道理故。」問：「無耶？」答：「不也，無道理故。」餘句準知。

又問：「有耶？」「不也，執有故。」又問：「無耶？」「不也，執有故。」又「亦有亦無耶？」「不也，執有故。」又「非有非無耶？」「不也，執成故。」

又「有耶？」「不也，由無相故。」又「無耶？」「不也，無相觀境故。」餘句準之。又「有耶？」「不也，無體故。」又「無耶？」「不也，能瞳真故。」餘句準之。〔註26〕

就上文之所述者而觀之，法藏是通過「有」、「無」、「亦有亦無」、「非有非無」這四個層次的問答，層層超越以解答圓成實性、依他起性，以及遍計所執性此三者的有無的問題。這個「有」、「無」、「亦有亦無」、「非有非無」的問題，法藏並不是割裂來單一的討論，而是結合了「示執之失」的對應的關係來進行說明的。如以圓成實性為例而論之，法藏於此曰：

第二、示執過者，若計真如一向是有者，有二過失：一、常過。謂不隨緣故。在染非隱故。不待了因故。即墮常過。……二、斷過者。如情之有即非真有。非真有故即斷有也。……

第二、執無者，亦有二過失：一、常過者。謂無真如生死無依。無依有法即是常也。……又無所依不得有法，即是斷也；又執真如是無，亦即斷也。

第三、執亦有亦無者，具上諸失：謂真如無二，而雙計有無。……

第四、非有非無者，戲論於真，是妄情故失於真理，即是斷也；戲論有真而謂為真者，理無有真故是常也。〔註27〕

又於依他起性方面，指出依他起性「執」於「有」、「無」、「亦有亦無」、「非有非無」的過失，乃是：

第二、依他起中。若執有者亦有二失：一、常過，謂已有體不藉緣故，無緣有法即是常也。……

若謂依他是無法者，即緣無所起，無所起故不得有法，即是斷也。……

第三、亦有亦無者，具上諸失，可以準之。……

〔註26〕法藏：《華嚴一乘教義分齊章》（T45，No. 1866，頁500a）

〔註27〕法藏：《華嚴一乘教義分齊章》（T45，No. 1866，頁500a～500c）

　　第四、非有非無者，戲論緣起，亦非理也。〔註28〕

而在遍計所執性方面，法藏也說明了遍計所執性「執著」於「有」、「無」、「亦有亦無」、「非有非無」的過失，是：

　　第三、遍計所執性中，若計所執爲有者，有二過失：

　　謂若所執是其有者，聖智所照理應不空，即是常也；若妄執遍計於理有者，即失情有，故是斷過也。

　　二、若執遍計爲情無者，即凡夫迷倒不異於聖，即是常也；亦即無凡故是斷也。

　　又既無迷亦即無悟，亦無悟故即無聖人，亦是斷也。

　　三、亦有亦無者，性既無二，而謂有無即相違故，具上失也。

　　四、非有非無者，戲論遍計亦具上失，準以知之。〔註29〕

上文之所述，即是一方面，法藏正面的直接論述圓成實性、依他起性、遍計所執性三者的意義，到底是「有」、「無」、「亦有亦無」或是「非有非無」。於此通過五個層次的層層辯破，以破斥吾人執著此三性爲「有」、「無」、「亦有亦無」或是「非有非無」的意義。另一方面，法藏又通過反面的顯示執著於「有」、「無」、「亦有亦無」或是「非有非無」的過失，而此過失皆以「常過」與「斷過」顯示其中的意義。

　　此外，法藏又於《十二門論宗致義記・所詮宗趣・總申三論義理》一文之中，更爲明確的直接說明此三性與二諦的關係。此門下又開爲三門，今就「示義理」一門而以依他起性爲例論之，〔註30〕文曰：

　　初門內復作三義：一、約依他起性，明二諦中道……初義者，謂諸法起，無不從緣；從緣有故，必無自性。由無自性，所以從緣，緣有性無，更無二法。但約緣有萬差，名爲俗諦；約無性一味，名爲真諦。是故於一緣起：二理不雜，名爲二諦。緣起無二、雙離兩邊，名爲中道。總說如是。

　　若更別釋，略作三門：一、約開合；二、約一異；三、約有無。

　　初中，先開後合。開者，於一緣起，開爲二義：一、緣起幻有義；二、

─────────────────

〔註28〕法藏：《華嚴一乘教義分齊章》（T45，No. 1866，頁 500c～501b）

〔註29〕法藏：《華嚴一乘教義分齊章》（T45，No. 1866，頁 501b）

〔註30〕法藏於《十二門論宗致義記》曰：「第三、總申宗意者，通辨三論，總以二諦中道爲宗趣。今釋此義，略作三門：一、示義理，二、約成觀，三、顯德用。」（T42，No. 1826，頁 215b）

無性真空義。……合者，此有五重：一、謂彼非有。則是非不有。以此無二，爲幻有故。是故《莊嚴論》云：「無體非無體，非無體即體，無體體無二，是故說是幻。」此文意以無體爲幻體，故說無二也。由此無二不墮一邊，故名中道。此是俗諦中道。二、真中非空。則是非不空。以此無二爲真空，雙離二邊，名爲中道。此是真諦中道。三、幻中非有，則真中非不空義。幻中非不有，則是真中非空義，以並無二故。由此無二，與前無二復無二故。是故二諦俱融，不墮一邊，名爲中道。此是二諦中道。四、幻中非有，與真中非空，融無二故，名爲中道。此是非有非空之中道。經云：「非有非無，名爲中道。」五、幻中非不有。則是真中非不空。此非非有、非非無之中道，謂絕中之中也。是故二諦鎔融，妙絕中邊，是其意也。

二、約一異門者，有四句：一、不異義者。以若不緣生，不無性故。謂緣有者，顯不自有；不自有者，則是無性。又無自性者，顯非自有；非自有者，則是緣有。……二、不一門者。此緣起法由性空故，令彼幻有亦不得有，是故一切唯是真空。……答：「釋此諸難，明真俗、空有與奪存壞。有四門二句〔註31〕。」唯真空……唯幻有……如是緣有性空，或相奪全盡，或相與全存，或自壞自存，無有障礙。是故若就相與門，則不壞有之空，與彼不壞空之有，理不離故，是非一門也。二、若就相奪門，則此壞有之空，與盡空之有，全奪，故非一也。三、若就各自存門，則不相是，故非一也。四、若就各自壞門，則無一可一，故非一也；以存壞無礙，二理不離，不墮邊故，不失中道，是謂二諦中道也。

三者，此非一與前非異，復無有異，以緣起無二故，謂壞有之空，即是盡空之有。如是空有無障礙故，極相違反，還極相順。是故相奪相與，復無有二，緣起鎔融，義理無礙故也。由非一即非異，故即二諦爲中道。由非異即非一，故即中道爲二諦。四者，此非一與

〔註31〕 此法藏所謂「二門四句」疑誤，雖大正新脩大藏經本《十二門論宗致義記》，與江西刻經處本《十二門論宗致義記》皆作「二門四句」（臺北：佛教出版社，民國66年6月初版，頁35）然觀本文實則爲「相與門」、「相奪門」、「各自存門」、「各自壞門」此四門，有次四門之下有「唯真空」與「唯幻有」二義。是以此「二門四句」與本文所述之文義不合，此疑爲載錄之筆誤，或是傳鈔、校對等過程有誤。於此，據文義而校之，乃更易其文爲「四門二句」。

非異，亦非一：是故即非一之非異，與即非異之非一，義不雜故，而非一也。謂不異中之二，不異二之中；雖義融通，理不雜故。非中非二，具足中二：是謂中邊無障無礙，思之可見。

第三、約有無者有二門。先約表，後約遮。前中二：初總，後別。總者。於一緣起，融成四句，各不墮邊。謂不礙空之有，雖盡空單有，而不墮有邊。二、不礙有之空，雖盡有唯空，而不墮空邊。三、無異之空有，雖極相違，而俱辨不墮於二邊。四、極反之空有，雖無二雙泯，而俱非不墮於邊。是故四句歷然，而不墮四邊。

又亦可得依上義門，四句俱得說邊，是故或非中非邊，具足中邊，可知。

二、別者。或以幻有爲有，無性爲空。或無性爲有，以理實故；幻有爲空，以不實故。皆俱融雙泯，各不墮邊，是名有無中道。故《涅槃》云：「亦有亦無，名爲中道。」並準上思之。

二、約遮者，亦先總、後別。

總中。問：「依他是有耶？」答：「不也，以無自性故。」「是空耶？」「不也，不壞緣相故。」「是亦有亦無耶？」「不也，無二法故，不相違故。」「是非有非無耶？」「不也，以有無既離，無所待故，不礙二義故。」是故由前三句，離有離無，故不著邊。由第四句，離非有非無，亦不著中。如此不著中、不著邊，方爲無寄中道。

二、別者。

先約幻有。問：「幻有是有耶？」答：「不也，是幻有必不有故。」「是無耶？」「不也，以有既不有，無可無故，又不礙幻事，非斷滅故。」「是亦有亦無耶？」「不也，以二義形奪，俱不存故。」「非有非無耶不也？」「以無有無。無所待故。」具此二義，是幻有故。是故單就幻有，四句皆絕。亦無寄中道也。

二、約眞空者。問：「眞空是空耶？」答：「不也，以是眞空，非斷空故。」「是有耶？」「不也，相無不盡故。」「是俱耶？」「不也，無二法故，不相違故，是俱非耶。」「不也，以絕待故，具實義故。」是故眞空，亦絕四句，具顯中道故也。上來總約依他起性，明二諦中道竟。〔註32〕

〔註32〕法藏：《十二門論宗致義記》（T42，No. 1826，頁215b～217a）

此文爲法藏對二諦與三性，進行結合的重要文獻。

法藏於此以依他起性爲例，論述由依他起性以彰明二諦中道的意義。法藏在此部分的論述架構，先對全文進行總論，依據緣起無性的義理，就著緣起而有萬法差別相的緣起說，來申明俗諦的意義；又依據諸法無自性爲其實性的源由，來說明眞諦的意義。於此將依他起性的緣起無性與眞諦、俗諦結合之後，再進一步指出此眞俗二諦之隔而爲二，乃是就著二者之不相雜爲論；然吾人若就其於緣起思想的眞俗二諦此二理無二，而雙離兩邊不執其一而論，則是中道之義。〔註33〕

其下，法藏又通過開合、一異、有無此三門來討論如何依據依他起性，來申明二諦中道之義。實則，法藏首先所論之開合，其中所謂的開，即是通過緣起無性的意義來解釋依他起性的緣起而無性之義，並且由此緣起幻有義與無性眞空義，開出其非有、非不有、非空、非不空的意義。而這樣四種意義的開出，一則、是由本體言，而說其非有義、說其非不空義；二則、則由諸法差別相言，而說其非不有義、非空義。易言之，法藏一方面縱貫的分論緣起性空，乃有非有、非不有的緣起幻有義；亦以此之故，而有非空、非不空的無性眞空義。另一方面，則橫攝的由本體言非有、非不空；由相用言非不有、非空。總言之，則是分析的展示緣起性空一義套在依他起性上，所呈顯的諸般義涵。因此，牟宗三乃有「緣起性空的輾轉引伸」的批評。

但是，法藏卻又在分析的展示之外，綜合的論述其中的意義。此綜合的討論，乃開出俗諦中道、眞諦中道、二諦中道、非有非空中道、非非有非非無中道，此五層意義。實際上此所以開出五個層次，乃是在於「重顯幻有之非不有，眞空之非不空，以見此幻有眞空，原各具有二義，而非只具一義。」以此之故，吾人「當先直下認取眞空、幻有，原各有二義，其二義之不二中，已有中道在。如要翻成層次，則到第五層。此五層實即重回到『此先所直下認取之眞空幻有之各有二義，其二義之不二』之中道者也。」〔註34〕

其次，就一異門論。此法藏所謂不異者，法藏即是通過緣起、不自有、無性此三者爲論，先正面的說緣起則不自有，不自有則無性；再反面的說無

〔註33〕唐君毅於此，更將此依他起性以明二諦中道，結合於四法界之說，然此說與本文無涉，是以不加以討論。請參見唐君毅：《中國哲學原論‧原道篇（三）》（臺北：臺灣學生書局，民國75年10月，全集校訂版），頁285～286。

〔註34〕唐君毅：《中國哲學原論‧原道篇（三）》（臺北：臺灣學生書局，民國75年10月，全集校訂版），頁287。

性則顯然不自有，既然不自有，則顯然是緣起之故。其下又順此論述而輾轉論述。乃指出不異有之空，與不異空之有；以前者爲眞空，後者爲幻有，是以此眞空幻有二而不二，乃爲不異。此外，法藏又通過異因果之空與異空之因果爲論，於此種種論述之後，則指出以此不異之故二諦得存，而此不異之義即是中道之義。至於不一門，亦是依據此緣起性空一義的輾轉引伸而說明之，乃證其不一之義。

法藏在此依他起性與眞俗二諦的結合之後，自己總結的提出了一個疑問，此即是「眞俗、空有與奪存壞」的問題。這段文字，一方面是總結上文開合與一異的論述，另一方面則是自問自答以解答疑難。就後者而言，法藏開爲「唯眞空」與「唯幻有」二門，其下分別開爲四門。就「唯眞空」而論之，所開四門分別是：「以空存有」、「以空壞有」、「空自壞空」與「空自存」四義；就「唯幻有」而論之，所開四門分別是：「有存空」、「有壞空」、「有自壞有」與「有自存」四義。〔註35〕於此，法藏更總結的說「緣有性空，或相奪全盡，或相與全存，或自壞自存，無有障礙。……不壞有之空，與彼不壞空之有，理不雜故，是非一門也。」此即法藏通過非一非異而論述依他起性與二諦中道結合之後，此緣起性空之依他起性，雖然可以分爲緣起、性空二義，區別爲眞諦、俗諦等等義涵，實則在通過法藏分析的論述，與綜合的論述之後，乃有此彼此相奪、相存，自壞、自存而無有障礙的達至。

然法藏於其後，又更進一步超越於其上的論述了「此非一與前非異，復無有異，以緣起無二故，謂壞有之空，即是盡空之有。」以及「此非一與非異，亦非一，是故即非一之非異。與即非異之非一，義不雜故，而非一也。」由此將前文所述「非一」與「非異」二門，再提出論述。實際上這樣的論述，乃是繼承上文所論，由緣起性空開出各種義涵，而指出「此非一與前非異」的「非異」，乃是「由非一即非異，故即二諦爲中道；由非異即非一，故即中道爲二諦。」並且再次提出了「此非一與非異」的「非一」，乃是「非中非二，具足中二；是謂中、邊，無障無礙。」此文之所謂，即是在「中」與「二」的對舉之下，又是一個異於中道的分別性的「二」，是以乃再次需要經過此「非中非二」，而言其「具足中二」，再言其「無障無礙」。

上文即是法藏就著開合與一異，分別論述依他起性對於二諦中道的彰

〔註35〕相關論述，請參見唐君毅：《中國哲學原論・原道篇（三）》（臺北：臺灣學生書局，民國75年10月，全集校訂版），頁288～289。

明，下文則進一步探析法藏如何就著有無而論述其意義。此處法藏所論之有無，論述方法亦同於前文，先作正面的表詮，再作反面的遮詮。

就前者正面的表詮言，首先，法藏以有無總說依他起性之得以明二諦中道，乃在於通過此依他起性在緣起無性的意義之下，論述其不墮於有、無、亦有亦無，以及非有非無四者。由此乃說其不墮四邊，甚至進一步接續前文所敘的不墮於中、不墮於邊，而是具足中邊。

其次，法藏又通過分析的方法，展開此通過有無以明依他起性之得以明二諦中道的意義；此亦就著有以及無的意義，分別討論緣起與無性。於其中，分別以有、無二者，配於緣生、無性二者，由此乃有緣生幻有爲有、無性爲無；緣生幻有爲無、無性爲有的兩種組合。並將其歸於「俱融雙泯，各不墮邊」的「有無中道」的意義。

就後者反面的遮詮言，法藏亦是先綜合的總說，後分析的分別說。此總說同於表詮之總說，亦以有、無、亦有亦無，以及非有非無四者爲論述；此別說亦同於表詮之別說，以眞空、幻有二者爲論。亦通過有與無的問題，而呈顯出依他起性與二諦的結合等問題。

此外，法藏另就圓成實性、遍計所執性，以及三性爲例，分別討論三性與二諦的結合的問題。於此問題，法藏曰：

第二、約餘二性者，先別，後總。

別中，先約遍計所執，此有二義。故《瑜伽》云：「遍計所執，情有、理無。」此中約妄情謂有，如空華於病眼，是凡愚所取以爲俗。約理中實無，如空華於淨眼，是聖智所知爲眞。此無彼有，交徹無礙，融爲一性。故《百論》中，「猶如一奈，於瓜爲小，於棗爲大。」大小無礙，名爲一奈。當知此中有無亦爾，如是無二，名爲中道。故《論》云：「無二有此無，是二名中道。」論自釋云：「無二者，無能取所取有也。」有此無者，有此能取所取無也。此有彼無，無二爲中道。此中有此無者，只是無彼有故也。此是情理相望說。若單就情，一切皆是情謂虛妄；若唯約理，一切有無等虛無所有。無所有亦無所有，一切皆絕，亦無中無邊。

二、約圓成實者，此有三重：

一、約言就詮，亦得爲俗；離言捨詮，非安立故，方乃爲眞。
　俱融無礙。以爲中道。

　　二、約絕諸相故，是空義；約眞德實故，是不空義。此空、不
　　　　空，無二爲中。如經中空不空如來藏等是也。

　　三、約此眞如當體無礙，則無所有，爲空；則此眞體不可壞故，
　　　　名不空。此空不空不二爲中。

第二，總辨者，亦二重：

　　一、約迷眞起妄爲俗，會妄歸實爲眞；眞妄俱融，交徹無礙，
　　　　以爲中道。是眞該妄末，妄徹眞源，眞俗混融，以爲中道
　　　　也。

　　二、攝眞從妄，則俗有眞無；攝妄從眞，則俗無眞有。如是眞
　　　　俗有無無礙，以爲中道。〔註36〕

蓋先將遍計所執性與圓成實性分別爲論，其後則將此二者綜合論之。就前者
言，法藏援引《瑜伽師地論》而提出遍計所執性的「情有」、「理無」二義，
提出遍計所執性所具有的二義，以妄情爲有，若單就此妄情之有言，一切皆
是虛妄染污；以理實爲無，若單就理實之無言，一切皆是虛無所有。然亦以
此二者爲有無之故，則此遍計所執性的「情有義」與「理無義」二者，彼此
交徹無礙，融爲一性，而無所分別，乃爲中道之義。

　　若就此圓成實性而論之，法藏通過三個問題來進行討論。第一、此圓成實
性之是否可以言詮的問題；第二、此圓成實性之絕相與眞德的問題；第三、此
圓成實性當體無礙與不可壞的問題。實際上三個問題是通過兩個層次在討論
的，第一個是眞俗的問題，第二個則是空不空的問題。就前者言，法藏對於眞
如有可否言詮的問題，此即「依言眞如」與「離言眞如」的問題，而法藏將此
結合於二諦之說，以「依言眞如」爲俗諦，以「離言眞如爲眞諦」。雖圓成實性
有此依言、離言之別，實則二者「俱融無礙，以爲中道」。就後者言，法藏於《大
乘起信論義記》與《大乘起信論義記別記》之中，曾經針對眞如（圓成實性）
進行相關的註疏；而這些針對圓成實性的註疏之中，眞如的空或是不空便是法
藏註釋的要點。在這方面，法藏以「空無妄染」〔註37〕註解此「如實空」，此即
是言此眞如本體之「絕諸相」而「當體無礙」；又法藏以「異妄無體故云有自體」，
以及「異恒沙有漏煩惱，故云具足無漏性功德」〔註38〕註解此「如實不空」之

〔註36〕　法藏：《十二門論宗致義記》（T42，No. 1826，頁217a～217b）
〔註37〕　法藏：《大乘起信論義記》（T44，No. 1846，頁253c）
〔註38〕　法藏：《大乘起信論義記》（T44，No. 1846，頁253c）

眞如，此即是言其「眞德實」而「不可壞」之義。由空無妄染言其空，由具足無量性功德而言其不空。雖此圓成實性有此空、不空之區別，實則此空、不空，乃是「無二爲中」、「不二爲中」的中道義。

就後者言，法藏將遍計所執性與圓成實性結合而論，並且由「眞」、「妄」的角度，論述此圓成實性與遍計所執性之得以眞妄交徹。所以此處的論述，先由眞此角度探論，指陳其不能如實得知眞實性此「迷」之故，乃起妄染諸法而爲「俗」；次以和會妄染以歸於眞，由此以言眞該妄末之眞妄交徹、無礙而爲中道之義。再後，又由攝妄從眞與攝眞從妄二者，論此眞俗之爲有無二義，進言此眞俗有無之交徹無礙而爲中道之義。

在分別論述依他起性、圓成實性、遍計所執性，以及圓成實性與遍計所執性的綜合的論述之後，法藏也就著三性整體來進行論述。法藏曰：

> 第三、通約三性辨者，先開，後合。
> 所執有二義，謂情有、理無。依他亦二義，謂幻有、性空。圓成亦二義，謂體有、相無。
> 合者。以所執情有、依他幻有、圓成相無〔註39〕。如是有無無二，爲俗諦中道。所執理無、依他性空、圓成體有。如是有無無二，名眞諦中道。如是眞俗，合而恒離，離而恒合，離合無礙，是二諦中道。
> 此上二門，亦有一異、遮表等，各有句數。並準初門應知，上來示義理竟。〔註40〕

此法藏所謂通約三性而論者，首先便是開出三性各有二義。此即遍計所執性具有情有義與理無義，依他起性具有幻有義與性空義，圓成實性具有體有義與相無義。此即法藏依據眞俗二諦之義，分析的進行論述，而將此三性各自開爲二義的內容呈顯於此。其後法藏又綜合的論述三性的意義，是以乃由「俗諦中道」、「眞諦中道」與「二諦中道」三個層次進行討論。

第一、此所謂「俗諦中道」，即是將圓成實性相無之無，與遍計所執性情

〔註39〕 此「圓成相無」於大正新脩大藏經此版本的《十二門論宗致義記》作「圓成種無」，然江西刻經處本《十二門論宗致義記》則作「圓成相無」（臺北：佛教出版社，民國66年6月初版，頁43）。大正新脩大藏經所論「種無」與前文「圓成亦有二義，謂體有、相無。」之義不合，當依江西刻經處本而改作「圓成相無」。

〔註40〕 法藏：《十二門論宗致義記》（T42，No. 1826，頁217b）

有之有、依他起性幻有之有對舉，由此而曰此由俗諦、末三性言的三性有無不二，進而以此為「俗諦中道」。

　　第二、此所謂「真諦中道」，即是將圓成實性體有之有，與遍計所執性理無之無、依他起性性空之無對舉，由此而曰此由真諦、本三性所言的三性有無不二，進而以此為「真諦中道」。

　　第三、此所謂「二諦中道」，即是就前者「俗諦中道」與「真諦中道」二者為論，由此本三性之真諦與末三性之俗諦，言其「離合無礙」而為「二諦中道」之義。

　　就此三性開而言各有二義、合而言為「俗諦中道」、「真諦中道」與「二諦中道」為論，乃繪其簡表於下，以資參照：

真俗＼三性	遍計所執性	依他起性	圓成實性	中道義	
末三性、俗	情有	幻有	相無	俗諦中道	二諦中道
本三性、真	理無	性空	體有	真諦中道	

　　上文論述了法藏如何將瑜伽行派的三性思想，與中觀的二諦思想結合。而法藏此三性與二諦的論說方法，有四個特點值得注意：

　　第一、通過瑜伽行派的三性思想，以申明二諦中道的意義；而且此三性，皆可以各自申明二諦中道之義。

　　第二、除了由「開合」、「總別」此綜合的論述與分析性的論述之外，也提出「一異」與「有無」的論述方式。

　　第三、論述過程之中，著重由「有」、「無」、「亦有亦無」以及「非有非無」此四句分別來進行層層的超越以及討論；且將此結合於正面論述的表詮，與反面論述的遮詮，由此二面進行論說。

　　第四、三性與真妄、真俗等的結合。

　　就第一點法藏三性思想與二諦的結合與融攝而言，即是法藏此處的全文論述主旨。至於論述上的方法與義涵等，則是由第二、第三與第四這三點來進行論述。

　　若就此二點與第三點而論，法藏在論述上反覆採用兩種論述方式，此即分析式的「開」、「別」，與綜合式的「合」、「總」。而接續於其下的，則是所謂的「有」、「無」、「亦有亦無」與「非有非無」此四句分別的論述方式。可是這樣的論述方式並不是法藏所獨特標舉，而足以成為依據的具有特殊性的

方法；實際上這樣通過層層辯破而彰顯其義蘊的說法，歷史上淵源甚早而並非法藏特出的思想或是論述方法。〔註41〕雖然如此，此通過四句否定的論述方式，卻是龍樹、清辨乃至三論宗之吉藏大師等般若中觀系統者經常採用而爲其代表的論述方式。

至於法藏於其中論述所及的「一異」、「有無」、「常斷」此三組概念，實際上就是《中論》開宗明義所標明的「八不中道」〔註42〕的問題。文曰：

不生亦不滅　　不常亦不斷

不一亦不異　　不來亦不出

能說是因緣　　善滅諸戲論

我稽首禮佛　　諸說中第一〔註43〕

〔註41〕這樣的論述方法，早就已經存在，實際上也廣爲眾人所採用，如《大般涅槃經》所言「云何爲有？一切眾生悉皆有故。云何爲無？從善方便而得見故。云何非有非無？虛空性故。云何名盡？得首楞嚴三昧故。」（T12，No. 374，頁 526a）

　　如《大智度論》所論「復次一切法，所謂有法無法，空法實法，所緣法能緣法，聚法散法等。復次一切法，所謂有法無法，亦有亦無法，空法實法，非空非實，所緣法能緣法，非所緣非能緣法。復次一切法，所謂有法無法，亦有亦無法，非有非無法，空法不空法，空不空法非空非不空法，生法滅法生滅法，非生非滅法，不生不滅法，非不生非不滅法，不生不滅亦非不生非不滅法，非不生非不滅亦非不不生亦非不不滅法。」（T25，No. 1509，頁 259c19～29）

　　如《中論》：「如是推求過去世中邪見有無，亦有亦無，非有非無。」（T30，No. 1564，頁 38b9～10）不但般若空宗的系統經常使用，在瑜伽行派方面，也使用此四句分別的句式來論述，如《瑜伽師地論》：「於諸相中善記爲有善記爲無。善記爲亦有亦無。善記爲非有非無。」（T30，No. 1579，頁 696a26～28）

　　簡單的講，就是提出肯定句、否定句、複肯定句，以及複否定句。

　　若吾人將其簡化爲一例示，則是：

四句	例示一	例示二
有	P	A
無	非 P	B
亦有亦無	P 且非 P	A 且 B
非有非無	非 P 且非非 P	非 A 非 B

〔註42〕此「八不中道」，又作「八不緣起」、「八不中觀」、「八不正觀」、「不二正觀」、「無得正觀」、「無得中道」，或是「八遮」等等。

〔註43〕龍樹：《中論》（T30，No. 1564，頁 1b）

這其中論述了「常」、「斷」以及「一」、「異」，至於這個「有」、「無」的問題，即是「生」、「滅」的問題。印順法師在《中觀今論》之中指出：

> 進一步來說與生滅有關係的有與無。「有」與「無」，依現代的術語說，即存在與不存在。此有無與生滅，徹底的說，有著同一的意義。如緣起法說：「此有故彼有，此生故彼生；此無故彼無，此滅故彼滅」。這可知有與生為一類，無與滅又是一類。道及一般人，每以為有即是實有，無即實無，即什麼都沒有了，這是極浮淺的見解。此一見解，即破壞因果相──和合與相續。佛法徹底反對這樣的見解，稱之為有見、無見。這有見、無見，佛法以生滅來否定它，代替。一切法之所以有，所以無，不過是因緣和合與離散的推移；存在與不存在，不外乎諸法緣生緣滅的現象。即一切法為新新非故，息息流變的有為諸行，從不斷地生滅無常觀，吐棄了有即實有，無即實無；或有者不可無，無者不可有的邪見。一類世間學者，以抽象的思想方法，以為宇宙根本的存在是有，與有相對的不存在是無；從有到無，從無到有，而後成轉化的生滅。這是以為先有無而後生滅的。依佛法，凡是有的，必然是生的，離卻因緣和合生，即不會是有的。……了有法的變異即沒有滅，離了滅即沒有無。……有與生，滅與無，是有著同一的內容。生起就是有，滅去即是無。〔註44〕

所以，法藏於此所論之有無，與生滅之間有著相同的意義。蓋印順法師就著「此有故彼有，此生故彼生；此無故彼無，此滅故彼滅」〔註45〕來做出說明，進而指出有就是生、就是存在，無就是滅、就是不存在，此有與無、生與滅有著「同一的意義」、有著「同一的內容」。

至於此「有、無」（生、滅）、「一、異」以及「常、斷」，或是「不有、不無」（不生、不滅）、「不一、不異」以及「不常、不斷」之間的關係，印順法師也指出：

> 這四對，說明法的四相。無論是小到一極微，大到全法界，沒有不

〔註44〕 釋印順：《中觀今論》（臺北：正聞出版社，民國89年年10月新版一刷），頁86～87。

〔註45〕 此文出自《雜阿含經》，應作：「此有故彼有，此生故彼生，謂緣無明有行，乃至生・老・病・死・憂・悲・惱苦集，所謂此無故彼無。此滅故彼滅，謂無明滅則行滅，乃至生・老・病・死・憂・悲・惱苦滅。」（T02，No. 99，頁67a）

具備此四相的，此四者是最一般而最主要的概念。……將此有與無
引入時間的觀察中，即必然地成爲常見或者斷見。如有而不可無的
即是常，先有而後可無的即是斷。常斷，即在有無的概念中，加入
時間的性質。《雜含》（九六一經）說：「若先來有我，則是常見；於
今斷滅，則是斷見」。如將此有無、常斷，引入空間的觀察，即考察
同時的彼此關係時，即轉爲一見與異見。……一異爲眾見的根本，
比有無與斷常的範圍更擴大：它通於有無──法體，斷常──時間，
更通於空間的性質。但這還是重於靜止的，法體實現于時、空中，
即成爲來去：或爲時間的前後移動，或爲空間的位置變化。法體的
具體活動即來去，來去即比上三者更有充實內容了。〔註46〕

又曰：

此自性見，通過時間性，即有常見、斷見；通過空間性，則有一見、
異見。在時空的運動上，則有來去執；在法的當體上，則有生滅執。
其實八者的根源，同出於自性執。如常見斷見，看來似乎不同，實
則妄執的根源是一。如執爲前後一樣是常執，執前後別異爲斷執。
常執是以不變性爲根源；斷執也還是以不變性爲根源，前者是前
者，後者是後者，前後即失卻聯繫。又如一異也是這樣，執此法是
自性有的，不依他而有的，是執一；自法是自性有的，他法也是自
性有的，自他間毫無關係，即是執異。執一執異，可以說是同一錯
誤的兩個方式。所以《中論》每以同一理由，而破相對各別的二
執。……所，知諸法不一，也就知諸法不異；知諸法不常，也就知
諸法不斷；不生不滅，不來不去，無不由此而得通達。以生滅、常
斷、一異、來去等的戲論根源，皆源於自性執。自性，即於實有性
而顯爲自有性、不變性、不待他性。此自性不可得，則一切戲論都
息。〔註47〕

此即是就著八不偈所論不生不滅（不有不無）、不斷不常、不一不異、不來不
往爲論，而討論這之中的架構與關係。實際上，此「生、滅」二者之執，乃

〔註46〕印順：《中觀今論》（臺北：正聞出版社，民國89年年10月新版一刷），頁92
～93。
〔註47〕印順：《中觀今論》（臺北：正聞出版社，民國89年年10月新版一刷），頁111
～112。

是就著諸法之本質、體性此自性而論。「生、滅」此自性見，若放在時間的概念之中考察而念念執著，即導致「常見」與「斷見」之惑；若放在空間的概念之中考察而念念執著，即導致「一見」與「異見」。而此諸般源於「生、滅」此自性見的妄執，如過在時間的運動來看，則是「來、去」執的問題。所以，此八不偈所論「不生亦不滅，不常亦不斷，不一亦不異，不來亦不往」，實際上就是針對「生、滅」、「常、斷」、「一、異」、「來、往」此念念妄執；而此「生、滅」、「常、斷」、「一、異」、「來、往」之妄執，實際上又是以「生、滅」爲中心的架構。如此則可見的是，「生、滅」的實際意義，則是自性執而已。換句話說，透過此「不生亦不滅，不常亦不斷，不一亦不異，不來亦不往」的反覆遮撥論述，實際上並不是指向生或是滅等任何一邊；反之，其所意欲遮去對治的，就是自性執而達至超越於其上的中道義。

此八不偈的論述，在法藏的援引之下，將其導入三性的架構之中，在使三性與二諦結合之後，更進一步的由此「生、滅」（有、無）、「常、斷」以及「一、異」進行論述。

其一，正面由「四句分別」的層層超越，論述圓成實性、依他起性、遍計所執性此三性，不執著於「有」、不執著於「無」、不執著於「亦有亦無」、不執著於「非有非無」，終將層層超越而至中道義。

其二，反面由「四句分別」的層層論述，指出圓成實性、依他起性、遍計所執性此三性，執著於「有」、執著於「無」、執著於「亦有亦無」、執著於「非有非無」，終將產生「執時間上前後是同一」的「常過」，以及「執前後非同一」的「斷過」。〔註48〕

其三，又直接由「四句分別」的四個層次的討論，直截的指出圓成實性、依他起性、遍計所執性此三性，在「有」、「無」、「亦有亦無」以及「非有非無」的四層意義之下，所突顯出的「二不二」〔註49〕的超越分別之上的意義。

這樣將三性結合「四句分別」以及「八不偈」等等的論述，實際上所意欲證成的即是三性與二諦的結合的問題；而這樣三性與二諦的結合，其中所凸顯出來的一個面相，就是上文所歸納而出的第四點：「眞妄」、「眞俗」以及「空有」等意義與三性思想的結合。

若就此三性與「眞妄」、「眞俗」等意義的結合方面論之，就是通過三性

〔註48〕印順：《中觀今論》（臺北：正聞出版社，民國89年年10月新版一刷），頁105。
〔註49〕法藏：《華嚴一乘教義分齊章》（T45，No. 1866，頁501b～501c）

各開為二義進行論述。此實際上即是將三性之二義，賦予空有、真妄、理事、真俗等義涵於其中。在此三性與空有、真妄等結合方面，大致上可依據前文所述之相關文獻，而將其初步釐清為以下的層次：

1. 以依他起性「緣有萬差」此似有義（幻有義）為妄、為俗諦；以依他起性「無性一味」此無性義（性空義）為真、為真諦。

2. 以圓成實性與遍計所執性之「迷真起妄」為妄、為俗諦；以圓成實性與遍計所執性之「會妄歸實」為真、為真諦。以圓成實性與遍計所執性之「攝真從妄」為俗有真無；以圓成實性與遍計所執性之「攝妄從真」為俗無真有。

3. 以圓成實性的隨緣義、依他起性的似有義、遍計執性的情有義三者為末三性；以圓成實性的不變義、依他起性的無性義、遍計執性的理無義三者為本三性。

4. 以依他起性染分之遍計執性為妄、為俗諦；以依他起性淨分之圓成實性為真、為真諦。

5. 以「末三性」之「所執情有、依他幻有、圓成相無」為妄、為俗諦；以「本三性」之「所執理無、依他性空、圓成體有」為真、為真諦。

此即是筆者通過上文討論，所得出三性在通過《大乘起信論》「一心二門」此義理架構的援引，以及般若二諦的融攝之後，所開出來的諸般義涵。〔註50〕

第三節　小　結

本章所著重的討論，乃是順遂前文第一、二、三此三個章節的討論之後，經過法藏對於瑜伽行派的詮釋、批評，以及融攝與升位等問題，進一步探論法藏何以將三性與真妄、性相等論提結合而並行論述。就此而論之，學界於今針對法藏三性思想所含蘊的性相融通與真妄交徹等課題，大多僅停留在字典意義上訓詁式的文獻解讀；不僅未涉及其中所含蘊的真妄交徹等問題，亦未深入其脈絡意義，進而揭露其中所含蘊的深度義蘊。

首先，大抵通過歷史的溯源而直溯印度空有之諍，在法藏聽聞地婆訶羅

〔註50〕此章節所謂有無、真妄、本末等與三性二義的各種結合，仍然是就著第一層意義上來進行討論。至於前文已然述及「中道」、「二不二」、「和會」與「融通」等等的問題，請參見筆者後文之所述。

對於那爛陀寺戒賢、智光二位論師論爭的敘述之後，便於《華嚴經探玄記》、《十二門論宗致義記》等諸多文獻之中，再三述及此事。然其論述，並未僅僅停留於聽聞地婆訶羅陳述之後的再陳述而已；相反的，卻是將其結合印度空有之諍的脈絡、結合瑜伽行派與中觀思想的三性與二諦，進而開展其評論，並且在「為可和會？為不可和會？」的關注之下，給出其所認知的「了義」。是以於此，吾人當可就此揭示法藏對此論題的重視以及關懷了。

其次，將此看似意欲調和戒賢與智光二論師之歧見，實則含蘊於後的試圖對印度清辨、護法以來空有兩系的爭論所代表的空宗、有宗的爭論進行和會、進行調和的問題。在此重新通過探論而使之，回歸法藏三性思想的脈絡之下，並且再次回應前文，而將其置於其五教十宗以及四宗判等判教架構之中進行檢視。由此呈顯出空有兩系，在此法藏三性思想及其判教架構之中的定位與意義。

再次，順此隱含於其中的脈絡而下，通過《華嚴一乘教義分齊章・義理分齊　第十・三性同異義》之中，對其以「有」、「無」、「亦有亦無」、「非有非無」的四個層次的問答，層層超越而顯示其義；其後，則順「示執之失」中「執有」、「執無」、「執亦有亦無」、「執非有非無」的五層四句，透顯出般若中觀之精神。而這之中，結合了「開合」、「一異」、「有無」三門的討論，並進一步將《中論》「八不中道」所論生滅、常斷、一異、來出的內容收攝於其中。所以，法藏在其所論三性思想的架構之中，是通過對於中觀思想二諦的結合，進而重新詮釋並且改造而得出的意義。

第五章　法藏三性思想所含蘊的「性相融通」義

　　關於法藏所論述的三性思想，在取自瑜伽行派後，雖然其中有受到眞諦譯《攝大乘論釋》依他起性染淨二分的影響，是以在論述之中不免時時論及依他起性，而在論述的量上超越於圓成實性；可是，在義理性格此部分，卻仍然是通過《大乘起信論》「一心二門」而進行義理性格的轉換。而在這轉換之中，也同時收攝了般若中觀的二諦以及相關的論述方式。這其中的問題在於，法藏如此援引空有兩個系統的代表思想──三性與二諦──之後，又通過義理性格的轉換，以及思想上意義與價值的重新賦予，是以有著如此複雜的論述方法，乃至龐大義理架構的涉入。到底法藏通過這些一層又一層的重新詮釋，所希望達到的目標是什麼？這顯然是值得進一步思考的問題。

　　這個問題，在經過了筆者前文數章之所述，就著環繞著法藏三性思想而展開的眾多問題，已經通過了相關的論述以及討論，而得出了相當程度的釐清以及理解。接續著這個對治瑜伽行派、三性思想的升位、對於二諦的融攝，以及空有、眞妄、眞俗等等的交徹融攝等問題之外，尚有許多需要探論的論題存在。就此部分而言，若就當今學界之既有研究而觀之，環繞著這個問題而進行研究者，並不在少數。例如方立天、徐紹強、邱高興、陳英善、楊維中、龜川教信、鐮田茂雄、高峰了州、長尾雅人、吉津宜英、一色順心、木村清孝，乃至牟宗三、唐君毅等等多位研究者，都曾經對於這個問題，提出過相關的見解。可是這些研究，至今尚有眾多特殊的歧見存在。

　　在這些歧見尚存而紛爭未明的諸多論述之中，其爭論不休而未有共識的

見解，其實甚為眾多。這些歧見，或是針對三性與二諦結合後中道意義的問題，或是針對三性之「性相融通」所指為何的問題，或是就著「性相融通」在判教與四法界之中的層次問題，或是爭論此真妄交徹與空有不二之關係問題，又或是討論其是否足以證成法界緣起之義。

例如有些學者主張所謂的「真妄交徹」，是就著依他起性而言。至於所謂的「性相融通」，則是從遍計所執性與圓成實性的關係來說，並且主張這是一種「宇宙本體論哲學」。〔註1〕有些則主張無所謂真妄交徹，也無所謂「性相融通」，這些皆是無法證成的空說；而認為法藏所論「性相融通」之義，其實「不是法界緣起之無礙無盡」，而「勿為其于三性處所說之圓美辭語所迷而顢頇而混漫也」。〔註2〕

而順應著這些不同的觀點所產生的，就是在法藏三性思想方面，採取了不同的態度。有些採取直接進行文獻上第一序的翻譯解讀進路，而不涉及進一步的有效性評估或是評論；有些則通過不同的立論基礎，而強烈的給予批評；有些則是通過不同宗派的對比之後，給出讚譽的評論；也有一些在解讀與解釋之後，參雜了唯物思想強力的抨擊言論。

所以，筆者於此章節，擬順著前文所論述三性思想的來源、升位，乃至與二諦義的結合之後；進一步就著此三性思想在與二諦結合，而升位超越於瑜伽行派此相始教的判攝後，所呈顯的諸多義涵為進路，逐步考察目前學術界對此問題的爭論。

首先吾人通過前文所述三性所具有之真妄、有無等意義進行論述，由此

〔註1〕 如方立天便主張：「一是從依他起上講真妄交徹，二是在圓成實性與遍計所執性的關係上講性相融通。」(《法藏》臺北：東大圖書股份有限公司，民國80年7月初版，頁97) 又曰：「法藏的三性同異義，其思想重心是強調性相融通，一切現象都是真如所現，這是一種宇宙本體論哲學，也有宇宙生成論意義，而且還是一種認識論。」(同上，頁115)

接續著方立天的相關的見解之後，徐紹強也在《華嚴五教章》附錄的「源流」此部分指出：「法藏的三性一際說的理論重心，則是在於說明一切現象是如何得以存在的：在一定的原因、條件的作用下，絕對真實不變的真如本體變現出種種事物和現象。」(高雄：佛光文化事業有限公司，民國86年9月初版，頁305) 此外，徐紹強也將此文，收入其所著學位論文《《華嚴五教章》哲學思想述評》(高雄：佛光山文教基金會，民國90年3月初版一刷，頁177)之中。

〔註2〕 牟宗三：《佛性與般若(上)》(臺北：臺灣學生書局，民國86年5月修訂版六刷)，頁504。

研究法藏申論此諸般義涵後，其義蘊將指向何處爲論。其後，則逐步就著此三性與「性相融通」之問題爲論，以及其義理之層次等問題。並且由此法藏三性思想義蘊之彰明，突顯出法藏所論法界緣起之意義。此皆爲本章所意欲討論的對象與範圍。

第一節　從「眞妄交徹」、「空有不二」到「性相融通」

在三性各自具足二義方面，法藏指出：

前中三性各有二義：

眞中二義者，一、不變義，二、隨緣義；

依他二義者，一、似有義，二、無性義；

所執中二義者，一、情有義，二、理無義。

由眞中不變、依他無性、所執理無，由此三義故，三性一際，同無異也。此則不壞末而常本也。《經》云：「眾生即涅槃，不復更滅也。」

又約眞如隨緣、依他似有、所執情有，由此三義，亦無異也。此則不動本而常末也。《經》云：「法身流轉五道，名曰眾生也。」

即由此三義與前三義，是不一門也。是故眞該妄末，妄徹眞源；性相通融，無障無礙。〔註3〕

又曰：

所執有二義，謂情有、理無；

依他亦二義，謂幻有、性空；

圓成亦二義，謂體有、相無。〔註4〕

上述二文，即是前文已然論述所及的「三性各有二義」的問題。又在此之後，法藏通過與二諦的結合，而進行了種種的論述。在法藏通過「有」、「無」、「亦有亦無」以及「非有非無」此四句分別的層層辯破，「不生不滅」、「不常不斷」、「不一不異」以及「不來不往」此八不偈的種種申論，以及眞俗二諦、眞妄二義等等的繁複論述之後，乃將三性思想與二諦結合，並且由此賦予三性思想更爲豐富的意義。這也正是前章所總結而出的眞妄、眞俗、有無、性相等等。

〔註 3〕法藏：《華嚴一乘教義分齊章》（T45，No. 1866，頁 499a）
〔註 4〕法藏：《十二門論宗致義記》（T42，No. 1826，頁 217b）

　　若吾人順前章所論數點而論之，則此諸多論題在法藏結合三性與二諦之後，其意義若何？又此數點亦可結合爲何種義涵？

　　第一、關於「本三性」與「末三性」的問題方面：

　　在本三性方面，法藏由「本三性」的「眞中不變、依他無性、所執理無」此三義之故，乃曰「不壞末而常本」，是以「三性一際，同無異也」；由「末三性」的「眞如隨緣、依他似有、所執情有」此三義之故，乃曰「不動本而常末」，是以「此三義亦無異」。並且由此「本三性」之三義爲本，而不異於「末三性」之三義，是以此二者「眞該妄末，妄徹眞源；性相通融，無障無礙。」由此而有「眞妄交徹」與「性相融通」的論題的出現。

　　第二、關於「眞俗二諦」之「二理不雜」方面：

　　其一、由依他起性「緣有萬差」此似有義（幻有義）爲妄、爲俗諦，以及「無性一味」此無性義（性空義）爲眞、爲眞諦二者論之。若就緣生無性而觀此二者，一者爲緣起幻有、一者爲無性性空，則是「二理不雜，名爲二諦」；若就此緣生無性而觀，此二者皆是緣生無性之義而無所謂分別之爲二性，乃曰「緣起無二，雙離兩邊，名爲中道。」由此而有眞實二諦之結合於「中道」義。

　　其二、由圓成實性與遍計所執性之二重意義論之：

　　第一重意義：以圓成實性與遍計所執性之「迷眞起妄」爲妄、爲俗諦；以圓成實性與遍計所執性之「會妄歸實」爲眞、爲眞諦。且由此第一重眞俗之意義，而爲「眞妄俱融，交徹無礙，以爲中道。是眞該妄末，妄徹眞源，眞俗混融，以爲中道。」的「眞妄交徹」、「中道」的意義。

　　第二重意義：由以圓成實性與遍計所執性之「攝眞從妄」爲俗有眞無；以圓成實性與遍計所執性之「攝妄從眞」爲俗無眞有。且由此第二重眞俗之意義，而爲「眞俗有無無礙，以爲中道。」的「有無無礙」以及「中道」的意義。

　　第三、在「三性一際」、「眞妄交徹」以及「性無障礙」的意義方面：

　　以依他起性染分之遍計執性爲妄、爲俗諦；以依他起性淨分之圓成實性爲眞、爲眞諦。乃總說「三性一際，舉一全收；眞妄互融，性無障礙。」以及「眞該妄末，無不稱眞；妄徹眞源，體無不寂。眞妄交徹，二分具融；無礙全攝，思之可見。」的「三性一際」、「眞妄交徹」以及「性無障礙」的意義。

　　是以吾人可通過三性各具二義的脈絡，開出其所含蘊的「眞妄交徹」、「眞

俗不二」與「性相融通」等論題。而此數個論題，其實際之義涵爲何？法藏何以並論此數個論題，其關係如何？此皆爲本文所論析探討者。

　　於此，先就「眞妄交徹」者而觀之，前文徵引所及的三性各有二義，其中已然通過本三性與末三性而提出了「眞妄交徹」的論題。如此將此論題提出，實際上有著特殊的意義，即是法藏何以單獨討論依他起性，而又將遍計所執性與圓成實性結合來討論，並且在此論述了「眞」、「妄」的概念。這是否意味著法藏在論述「性相融通」的時候，是以圓成實性與遍計所執性的關係爲中心來進行討論？而以依他起性爲中心討論「眞妄交徹」的論題？此點，正如方立天所指出的：

　　　　這是根據依他起性得出的結論，是從眞妄統一的觀點來觀察一切緣
　　　　起的現象，眞包括了妄，無不是眞；從妄中可以透見眞的源頭，體
　　　　性無不寂淨；眞妄互相交滲，互相融通，由眞見妄，由妄見眞，無
　　　　障無礙眞妄也就是染淨、體用、本末，這些對立範疇的內在關係是
　　　　相互貫通、彼此統一的。……由此可見……法藏的三性說，……一、
　　　　是從依他起上講眞妄交徹，二、是在圓成實性與遍計所執性的關係
　　　　上講性相融通。〔註5〕

又如徐紹強繼承方立天所述，進一步敘說到：

　　　　由此法藏認爲，佛教所區分的染淨、眞妄等相反的概念，都可以在事
　　　　物和現象上得到統一。世間的一切事物和現象就是「染」，對染的執
　　　　著就是「妄」；圓滿成就事物和現象而又普遍地存在於事物現象中的
　　　　眞如就是「淨」，對染與淨的完備認識就是「眞」。染淨也就是眞妄，
　　　　眞妄相互貫徹、相互滲透。眞包含著妄（「眞賅妄末」），妄中也可以
　　　　見到眞的源頭（「妄徹眞源」）。眞與妄，淨與染，相互貫通，由眞見
　　　　妄，由妄見眞，所以是同一的。這是從依他起性上來說的。〔註6〕

〔註5〕方立天：《法藏》（臺北：東大圖書股份有限公司，民國80年7月初版），頁
　　　97。
〔註6〕徐紹強：《〈華嚴五教章〉哲學思想述評》（高雄：佛光山文教基金會，民國90
　　　年3月初版一刷），頁175～176。徐紹強此說，雖然於其後也進一步指出「如
　　　果從性（圓成實）相（遍計所執）上看，二者也是相互融通，統一無礙的，
　　　性相融通，無障無礙。」（同上，頁176）
　　　　但是，吾人若比較徐紹強所述與方立天所述，可以發現徐紹強於此三性
　　　思想的見解，大體上承續方立天的論點。
　　　　就此而觀之，吾人若將徐紹強的論述，對比於方立天的見解之後，此依

在此，方立天與徐紹強明顯的將「眞妄交徹」與「性相融通」兩問題橫隔為二。此說以依他起性解「眞妄交徹」之義，以遍計所執性與圓成實性二者之關係解「性相融通」之義。法藏三性思想所導生的「眞妄交徹」與「性相融通」二義，似乎由三性中之不同者所帶出。

於方立天與徐紹強所述者之外，尚有一段文獻足以提供此依他起性為中心，而用以佐證「眞妄交徹」的相關文獻，此文即是法藏所論《華嚴一乘教義分齊章・義理分齊第十》中〈三性同異義〉一文，之中最末總結全文的「總說」的部分。文曰：

> 第二總說者。三性一際，舉一全收；眞妄互融，性無障礙。
>
> 如《攝論》：「《婆羅門問經》中言：世尊，依何義說如是言？如來不見生死不見涅槃。於依他中分別性及眞實性生死涅槃，依無差別義。何以故？此依他性，由分別一分成生死，由眞實一分成涅槃。」
>
> 《釋》曰：「依他性非生死，由此性因眞實成涅槃故，此性非涅槃。何以故？此性由分別一分即是生死，是故不可定說一分。若見一分餘分性不異。是故不見生死，亦不見涅槃。由此意故，如來答婆羅門如此。」
>
> 又云：《阿毘達磨修多羅》中，「世尊說法有三種：一、染污分，二、清淨分，三、染污清淨分。依何義說此三分？於依他性中，分別性為染污分、眞實性為清淨分、依他性為染污清淨分，依此義說三分。」
>
> 《釋》曰「：《阿毘達磨修多羅》中說，分別性以煩惱為性、眞實性以清淨分為性，依他性由具兩分，以二性為性。故說法有三種：一、煩惱為分，二、清淨為分，三、二法為分。依此義故作此說」也。
>
> 此上論文，又明眞該妄末，無不稱眞；妄徹眞源，體無不寂；眞妄交徹，二分雙融；無礙全攝，思之可見。〔註7〕

此文即是法藏對於《華嚴一乘教義分齊章》中〈三性同異義〉一文之「總說」。

他起性之後所論遍計所執性與圓成實性二者的「性相融通」的意義，實際上並未涉及論述依他起性時所涉及的眞妄交徹的問題，而是含混的在依他起性時論述眞妄交徹；在論述圓成實性與遍計所執性的時候，則涉及「性相融通」的問題。

此說方立天論之甚詳，而徐紹強繼承此說之後，卻將方立天清晰的解說行了含混的處理。吾人於此當明其中之關係，未可斷然以徐紹強混合三性，而統論三性於眞妄交徹與「性相融通」之義。

〔註 7〕 法藏：《華嚴一乘教義分齊章》（T45，No. 1866，頁 501c）

此文一方面彰顯出眞諦譯本《攝大乘論釋》對於依他起性義理性格的影響，另一方面卻也透過依他起性染淨二分的脈絡，得以分別依據淨分與染分而開爲圓成實性與遍計所執性二者，進論其「眞妄交徹」的意義。

果上之所述者爲眞，則接續方立天與徐紹強之所論，並且補上法藏〈三性同異義〉之「總說」此文。在法藏三性思想之中，所含蘊的「眞妄交徹」的意義，似乎已經非常明顯的是以依他起性爲主來進行論述的。易言之，方立天所主張的「法藏的三性說，……一是從依他起上講眞妄交徹，二是在圓成實性與遍計所執性的關係上講性相融通。」此觀點，似乎已經是吾人所接受立而不破的定論。

但是，問題顯然並不只是如此而已。因爲方立天、徐紹強等人之所論，實際上是以《華嚴一乘教義分齊章》之〈三性同異義〉一文爲基礎的討論，並未涉及其他的文獻以爲補充。而問題之所在，正是在此文獻使用上的單一而不充分此點。

法藏在《十二門論宗致義記》之中，於〈三性同異義〉以依他起性論「眞妄交徹」此點之外，又就著圓成實性與遍計所執性而指出：

第二、約餘二性〔註8〕者，先別、後總。

別中，先約遍計所執……二、約圓成實者……

第二總辨者，亦二重：

一、約迷眞起妄爲俗，會妄歸實爲眞；眞妄俱融，交徹無礙，以爲中道。是眞該妄末，妄徹眞源，眞俗混融，以爲中道也。

二、攝眞從妄，則俗有眞無；攝妄從眞，則俗無眞有。如是眞俗有無無礙，以爲中道。〔註9〕

此之所論，即是就著遍計所執性與圓成實性二者，由圓成實性之爲「眞」、遍計所執性之爲「妄」，進言此「迷眞起妄」爲「俗」，而「會妄歸實」爲「眞」。亦以此眞妄之間「眞妄俱融，交徹無礙」、「眞該妄末，妄徹眞源，眞俗混融，以爲中道也。」此眞妄二者，彼此俱融而得以「交徹無礙」。

所以，吾人若綜合方立天、徐紹強之所論，以及《華嚴一乘教義分齊章‧義理分齊第十‧三性同異義》之「總說」，再加上《十二門論宗致義記》的相

〔註8〕此所謂「餘二性」之所指，即是「依他起性」與「遍記所執性」二者。
〔註9〕法藏：《十二門論宗致義記》（T42，No. 1826，頁217a～217b）

－121－

關文獻進行解讀。可以得知的是，法藏所論三性思想之中的「眞妄交徹」的意義，實際上並不是僅僅如方立天與徐紹強等依據〈三性同異義〉此一文獻所論，將其限定於依他起性一點。而是在突破了文獻徵引、解讀的文本限制之後，結合《十二門論宗致義記》的論說，乃於此依他起性一點之外，也遍及了遍計所執性與圓成實性二者。

易言之，由此三性之任何一性，皆足以彰顯此「眞妄交徹」的意義。換句話說，關於「眞妄交徹」此義之論述，法藏並不是僅僅通過依他起性而已，而是依他起性、圓成實性，以及遍計所執性三者，皆足以證成此三性之中所含蘊的「眞妄交徹」的意義。

此三性與「眞妄交徹」之關係得明。而這之中，尚須關注的是：關於「中道」以及「眞俗二諦」的問題。

此眞俗二諦之論述，筆者於本文第四章已然將其層次區分為五，而這之中論及三性與二諦者，實際上遍及了依他起性、圓成實性，以及本末三性。今接續上文，將此作一簡表以明之：

三　性	二　義	真　妄	真俗二諦
依他起性	「緣有萬差」之似有義（幻有義）	妄	俗諦
	「無性一味」之無性義（性空義）	眞	眞諦
圓成實性與遍計執性	「迷眞起妄」	妄	俗諦
	「會妄歸實」	眞	眞諦
本末三性	本三性：所執情有、依他幻有、圓成無相	妄	俗諦
	末三性：所執理無、依他性空、圓成體有	眞	眞諦
依他起性具足染淨二分	依他起性染分之為遍計執性	妄	俗諦
	依他起性之為圓成實性	眞	眞諦

就此觀之，不論是依他起性、圓成實性、遍計所執性，或是本末三性的論述，都結合著「眞俗二諦」以及「眞、妄」的關係。所以，法藏在三性思想與「眞俗二諦」的相關論述方面，在在結合著「眞」、「妄」二者並行論述。顯然可見，在法藏三性思想與二諦結合之後，此眞妄與眞俗之間，並不存在著特別的差異，而是結合並行的概念。

又，吾人由上文論述法藏三性思想與二諦結合，以及其中隨順帶入的眞妄、眞俗等等諸義而觀之。此法藏論述「眞妄交徹」一義之際，何以將「中

道義」與「眞俗不二」等義並觀而論的問題，顯然是接續著三性與二諦的結合，導致內容意義上的轉換而來。

「中道義」（梵語 madhyama-pratipad、巴利語 majjhima-patipada），蓋指不偏於兩端而離諸邪執，實爲根本之立場而不容動搖。而此「中道義」的論述，法藏並非首創而提出者。無性之《攝大乘論釋》便曰：

> 又如《大般若波羅蜜多經》中說：慈氏！於汝意云何？諸遍計所執中非實有性，爲色非色？不也，世尊。諸依他起中，唯有名想施設言說性，爲色非色？不也，世尊。諸圓成實中，彼空無我性，爲色非色。不也，世尊。慈氏！由此門故，應如是知：諸遍計所執性，決定非有；諸依他起性，唯有名想施設言說；諸圓成實空無我性，是眞實有。〔註10〕

是此「唯識學派的三性說可以說正是以空觀思想爲基礎而發展出來的思想體系。……中道思想才是三性主要想要展現的意義。」〔註11〕是此瑜伽行派所論「三性對望中道」〔註12〕的中道義，本爲佛學中根本之問題，而爲法藏三性思想所無法忽略者。只是，法藏在此論述三性與二諦結合之後，並非單獨論述三性與中道，或是二諦與中道。而是在三性與二諦結合之後，通過此二者之結合，進一步接續此中道思想，而於此進行論述。

蓋此中道義與眞俗二諦之不二，亦隨此「眞妄交徹」之得證而論之。是可見，法藏對於眞妄與眞俗二諦之關係，並非割裂爲二，而是以眞等同於眞諦、以妄等同於俗諦。至於中道之意義，則在此眞妄交徹、眞俗不二之際，而隨順得出也。

第二節　「性相融通」的意義

前文通過文獻上的使用與對比，對於「眞妄交徹」與三性的關係，做出

〔註10〕無性：《攝大乘論釋》（T31，No. 1598，頁 382c）

〔註11〕蔡伯郎：《唯識的三性與二諦》（臺北：私立中國文化大學哲學研究所博士論文，民國 89 年 6 月，頁 4～5）此處所論瑜伽行派三性與中道義之相關論述，大抵依據蔡伯郎此文之所述，於此行文而說明之。

〔註12〕此「三性對望中道」乃是瑜伽行派之義理，亦作「三性相對中道」與「言詮中道」等。此「三性對望中道」，即是就著三性以論中道之義。如《成唯識論》云：「我法非有，空識非無，離有離無，故契中道。」（《成唯識論》，T31，No. 1585，頁 39b）

了相關的論述。然接續此「眞妄交徹」一義之後，另有一「性相融通」〔註13〕之意義需爲吾人論述所及。

就此三性之融通爲「性相融通」之義而論之，法藏對此最爲直接的論述，即是在三性各自具有二義，以及本三性、末三性之後，更進一步就著此二義之本末三性，而論此本末三性之「三性一際」；並且由此三性之得以一際，論述「眞妄交徹」與「性相融通」之義。於此法藏三性思想集中展示的部分，即是在《華嚴一乘教義分齊章・義理分齊第十・三性同異義》之中的「總說」此部分。

若吾人就前文之所述者而觀之，此法藏之三性思想，實際上已經通過《大乘起信論》「一心二門」的義理架構，重新規定三性的意義，由此乃有三性之各有二義，以及二義之不相違。又其後所論的本、末三性之不二而爲中道義，以及二諦義的結合，乃逐步開出眞俗不二之中道義。於此，瑜伽行派之三性

〔註13〕此「性相融通」一語，在使用之中尚有諸多異名。今略舉五者於下，以資參照。此不同之異名如下：

1. 「性相通融」，如「眞該妄末，妄徹眞源；性相通融，無障無礙。」（《華嚴一乘教義分齊章》，T45，No. 1866，頁 499a）。
2. 「性相混融」，如「性相混融，無礙自在」（《華嚴經探玄記》，T35，No. 1733，頁 120c）。
3. 「性相無差別」，如「前中諸法，性相無差別義。」（《華嚴經探玄記》，T35，No. 1733，頁 214c）。
4. 「性相鎔融」，如「性相鎔融，致使觀心無措者。」（《華嚴五教止觀》，T45，No. 1867，頁 512a）。
5. 「性相相渾融」，如「性相相渾融，全收一際。所以見法，即入大緣起法界中也。」（《華嚴五教止觀》，T45，No. 1867，頁 512b）。

此外，在此「性相融通」所指之意義上，則是由性相的體性、相狀而來。由此性相二義，乃有研究性相關係的「性相學」。亦以此之故，乃區分以本體爲中心論述諸法的宗派爲「法性宗」；以諸法之差別相狀爲中心，而進行論述的宗派爲「法相宗」。至於論述此「法性宗」與「法相宗」關係之研究，則是「性相融通」與「性相決判」等觀點。實際上，這些不同的說法，只是論述上層次的不同。可說都是立基於體性以及相狀二者，而含蘊「性相學」等意義於其中的論述。是此本文於「性相融通」與「性相」之論述，並不作出特別的區分，而是著重法藏此「性相」於行文論述之中，所含蘊的「性相學」、「法性宗」、「法相宗」，以及「性相融通」等等諸多意義的申論、發掘以及釐清。

至於此眾多異名於本文的使用問題，今以《華嚴一乘教義分齊章・義理分齊第十》之〈三性同異義〉一文爲本文重心所在，而且亦爲三性思想意義下的「性相融通」之基本文獻所在。是以本文採用此「性相融通」一詞，爲全文使用之通例。至於其他之用例，則依據行文引用之文獻所準。

思想，經過法藏創造性的轉化與詮釋之後，已然產生了重大的意義上的轉化。這個轉化的其中一個面相，就是本三性與末三性的眞妄二義，得以交徹無礙。至於此交徹無礙所具有的的眞妄二義，一方面由具有眞妄二義言，即是眞諦與俗諦的意義；另一方面由此眞妄之交徹言，則正是「性相融通」此意義的陳述。

此將圓成實性的不變義、依他起性的無性義、遍計所執性的理無義，由此本體的意義而論述的本三性，即是眞妄之眞、眞俗二諦之眞諦；而此圓成實性的隨緣義、依他起性的似有義、遍計所執性的情有義，由此相用的意義而論述的末三性，即是眞妄之妄、眞俗二諦之俗諦。由此論之，於此瑜伽行派三性思想與般若中觀二諦思想，一方面透過意義上的結合，而賦予三性全新的意義；另一方面透過論述形式的結合，而在方法上也透顯出此融會所來的義理上的轉換。是以由此三性與二諦之結合，實際上即是有宗之瑜伽行派，與空宗之般若中觀的結合。於此脈絡之下，法藏橫攝的提出本三性與末三性，再進一步縱貫的分論三性二義之不異，以及本末三性之不異等等，終將促使此空有二系的和會。所以，吾人於此可知的是，法藏通過三性與二諦在義理內容以及論述方法等面相的和會，以結合空有兩系；由此，「眞妄交徹」與「空有不二」等義涵得以明晰。

但是，接續著的問題在於，此「眞妄交徹」、「空有不二」的融攝了清辨、護法乃至戒賢、智光以來的空有之諍的得以和會，與法藏所論述的「性相融通」之間有何關係？何以法藏於論述「三性各有二義」、「二義不相違」、本末三性的「此三義與前三義是不一門也」，以及「眞該妄末，妄徹眞源」等等攸關法藏三性思想的要旨之後，會接著提出「性相融通，無障無礙」〔註14〕原因何在？

若吾人就此「性相融會」之一義而觀之，顧名思義所得知者，即是融會「性」、「相」二者。然前文已然揭示的問題即是：此「性相融通」的「性」、「相」二者，所指爲何的問題。

就通義而論，「性」之所指，當是「法性宗」之義；「相」之所指，則爲「法相宗」之義。

但是，問題在於法藏所論述的「性相融通」是與「眞妄交徹」、「空有不二」以及「無障無礙」等並行論述。是此法藏所論「性相融通」一義，與此

〔註14〕法藏：《華嚴一乘教義分齊章》（T45，No. 1866，頁499a）

之間如何得以相連而並論之。其意義何在？

於此問題之處理，吾人若簡單的通過文脈而進行考察，結合著前文已然說明三性與二諦的結合，而將法藏所論的「性相融通」一義，置於對於空有二宗的融會的脈絡之下進行理解。則「性相融通」之「性」，應解作「空宗」；「性相融通」之「相」，應解作「有宗」。

是以，則「性相融通」一義在一般使用的通例，以及法藏論述的義理脈絡之間，顯然有著相當的歧見存在。

在此問題部分，吾人亦可通過學界既有之研究成果，以釐清此「性相融通」與三性的問題。

「性相融通」的問題，牟宗三著重由真如隨緣、不隨緣此凝然真如與否的問題，進一步論述空宗、有宗，以及賢首法藏之是否得以融通性相著重的論述焦點，在於此三者之對比。〔註15〕而在於此「性相融通」一義之所指為何？只給出了簡單的說明。文曰：

> 賢首說「不異有之空」，「不異空之有」，這樣的圓融亦不能有進於空有兩宗者，亦不能說這是融攝了空有兩宗。因為那種圓融，空有兩宗本自有之。這只是觀法上的圓融，亦只是「緣起性空」一義之展轉引申，故此圓融乃只是分析的，不能視為對于空有兩宗之消融也。
> 〔註16〕

是此可知，牟宗三在論述「性相融通」的時候，雖然說明此「融通」之所指為「空宗」以及「有宗」。但是，對於何以此「性」、「相」二者，得以等同於此空有二宗此問題，顯然並未給出說明，而是直接給出結果了。

〔註15〕如牟宗三在空有二宗，以及法藏所論「性相融通」此意義，對比的指出：「至于性相之融不融，此亦是有分際者。例如就空宗言，『不壞假名而說諸法實相』，則法性之空與緣起幻有之相亦是融通的，『體法空』即是融通的；就唯識宗言，于依他起上不加執便見圓成實，則圓成實與無執的依他起亦是融通的，唯識宗亦不違『體法空』也。是則焉能說其性相一定不融通？惟須知此種融通只是觀法上的，尚不是存有論的；空宗根本無存有論的問題，唯識宗有之而不能徹底，故于性相只有觀法上的融通。而賢首所謂性相融通則是存有論的，至于觀法上的融通則不是問題也。是故說唯識宗之真如為凝然真如，性相未能融通者，是根本說其吳貞晨新系統之存有論的性相融通也。」（牟宗三：《佛性與般若（上）》，臺北：臺灣學生書局，民國86年5月修訂版六刷），頁508～509。

〔註16〕牟宗三：《佛性與般若（上）》（臺北：臺灣學生書局，民國86年5月修訂版六刷），頁513～514。

　　至於唐君毅，雖然甚爲著重法藏三性與二諦的融通，而稱讚法藏「依法
相唯識宗之遍計、依他、圓成之三性，以明此般若之二諦中道義。此即意在
融通此般若與法相唯識二大宗，乃中國佛學思想中昔所謂有，而爲法藏之一
思想上之創造。」〔註17〕但是，實際上不但對於「性相融通」所指爲何並未
進行討論，甚至連相關的直接論述都很難找到。

　　又方立天斷然而明快的指出：

　　　　「性」指圓成實性，「相」指遍計所執性。這是就圓成實性和遍計所
　　　　執性的關係上得出的結論，認爲性相二者也是融通無礙的。實際上
　　　　性相也就是眞妄、染淨、體用、本末，依他起性的眞妄統一，也就
　　　　是性相融通無礙。

　　　　由上也可見，法藏的三性説是通過以下思辨途徑得出三性同一論斷
　　　　的：……是在圓成實性與遍計所執性的關係上講性相融通。〔註18〕

可見方立天在「性相融通」的「性」與「相」的意義，有著特殊的觀點而指
出「性」即是「圓成實性」，「相」則爲「遍計所執性」。而這樣的說法，其實
是聯繫著本末三性之中，揭示的眞俗、眞妄、體用、本末等概念，並且將此
數個概念直接化約爲體、用範疇下二元的對應關係。〔註19〕

　　其他的研究者，或是指陳「遍計、依他、圓成之關係亦不相捨離，由此

〔註17〕唐君毅：《中國哲學原論‧原道篇（三）》（臺北：臺灣學生書局，民國 75 年
　　　　10 月，全集校訂版），頁 285。

〔註18〕方立天：《法藏》（臺北：東大圖書股份有限公司，民國 80 年 7 月初版），頁
　　　　97。

〔註19〕相關論述請參見方立天：《法藏》（臺北：東大圖書股份有限公司，民國 80 年
　　　　7 月初版），頁 91～97。而方立天在這些概念的對應，通過本末三性而等同於
　　　　體用此範疇，並透過套套邏輯的論述，將眞妄、眞俗、性相、染淨等等套入。
　　　　是可將方立天的觀點簡述如下表：

　　　　　　　　　　　　┌體─本─眞─眞─淨─性─圓成實性
　　　　法藏三性思想｜｜　　｜　　｜　　｜　　｜　　　｜
　　　　　　　　　　　　└用─末─俗─妄─染─相─遍計執性

　　　　此觀點徐紹強亦繼承之，乃曰：「染淨也就是眞妄，眞妄相互貫徹、相互
　　　　滲透。……這是從依他起性上來說的。如果從性（圓成實性）相（遍計所執）
　　　　上看，二者也是相互融通，統一無礙的，性相融通，無障無礙。」（徐紹強：
　　　　《〈華嚴五教章〉哲學思想述評》，高雄：佛光山文教基金會，民國 90 年 3 月
　　　　初版一刷，頁 175～176）

　　　　另請參見徐紹強：《華嚴五教章‧解說》（高雄：佛光山文化事業有限公
　　　　司，民國 86 年 9 月初版），頁 327～328。此文之觀點以及說明，實與上文《〈華
　　　　嚴五教章〉哲學思想述評》之所述相同。

而了解到性相圓融無礙。」〔註 20〕又或是直接以眞妄之關係進行理解，而簡單的認爲：

> 「眞該妄末，妄徹眞源，性相融通，無障無礙」之眞妄關係是唯識教學無可得見之獨特的思想。所謂理事無礙之思想躍然而動。眞妄、理事關係是法藏用三性說而得以具體立論的所在。……法藏性相融會的見解，在教理史上是有其重要意義的。〔註21〕

也有的主張「性」、「相」二字，乃是指「法性宗」以及「法相宗」二者。如龜川教信便主張：

> 蓋法藏說三性，特別將圓成和依他及眞妄對立，融合爲三性同一時際，開創三性各各具有空、有二義，以注意有、空合成。法相宗教學是常常以依他與遍計於假有、虛妄對立上，區別爲互相對立。法性宗之立場，發揮其特色是順從眞諦系之導標，於《五教章》所引證之文句中，有很顯著之認明，這是法藏以平常當爲定規之性相融會上，以法相教學之如來藏緣起說之法性爲主，並融會於教學的立場，含有這點意想應予了解。〔註22〕

此即龜川教信在「性」、「相」二者，分別指向「法性宗」以及「法相宗」的論述。

至於古人註疏方面的道亭《華嚴一乘分齊章義苑疏》、師會《華嚴一乘教義分齊章復古記》、希迪《華嚴一乘教義分齊章集成記》等等註書，或是今人論著的馮友蘭、郭朋、邱高興、木村清孝、小林實玄等人，則完全未將論述與研究的焦點放在「性相融通」的界義，而並未給予任何應該給出的說明，更別說進一步的研究了。

這之中的諸多觀點，可以將之區別爲三類：

1. 「性」指「空宗」，「相」指「有宗」。
2. 「性」指「法性宗」，「相」指「法相宗」。

〔註20〕陳英善：《華嚴無盡法界緣起論》（臺北：財團法人華嚴蓮社，民國 85 年 9 月 26 日初版），頁 236。

〔註21〕〔日〕山田亮賢：〈華嚴法藏の三性說について〉（《印度學佛教學研究·佛教大學における第六回學術大會紀要（二）》，日本東京：日本印度學佛教學會，1998.04.28，第四卷，第二期，1956.03.30），頁 503～504。

〔註22〕〔日〕龜川教信：《華嚴學》（高雄：佛光山文化事業有限公司，民國 86 年 9 月初版），頁 201。

3. 「性」指「圓成實性」，「相」指「遍計所執性」。

簡言之，在目前學界的研究成果方面，「性」有空宗、法性宗、圓成實性此三種見解、「相」有有宗、遍計所執性此二種見解。由此可見，在法藏所論「性相融通」的意義，雖然經過相當的研究，但在「性」以及「相」的定義部分，仍然存在著相當的歧見。而此眾多的歧見以及紛爭之中，法藏所論「性相融通」的意義，隨著研究成果的不斷累積，伴隨而至的不是益加清晰的真貌，卻是日漸模糊不清的論爭。此當為吾人論述之際，該解決之問題。

在此問題的研究與處理，吾人可以第一步加以處理的，是方立天以及徐紹強兩位的見解。

在方立天以及徐紹強所主張的「『性』指圓成實性，『相』指遍計所執性」此點。實際上，方立天在前文討論本末三性與真妄、真俗、體用、染淨等範疇的對應之後，直接引入「性相融通，無障無礙」一語，之後便下一斷語，而將「性」、「相」分別等同於圓成實性與遍計所執性。

關於方立天與徐紹強此說，一方面在文獻的證據上，只提出了「性相融通，無障無礙」，對於此文與作者前文所述本末三性之間，並無任何論述。另一方面，在義理文脈的論證上，也並未進行，而只是直接的給出結論：「『性』指圓成實性，『相』指遍計所執性。」〔註23〕

關於方立天的觀點：

第一，就其內部的推論結構而言，其步驟只是直接的放入文獻，緊接著就是給出結論。對於本末三性、真妄交徹等與「性相融通」之間的關係，何以得以直接的等同，顯然其並未將焦點關注於此，而是直接地提出見解。

第二，就論述的邏輯，則是將真妄、真俗、性相、染淨等套入。是以方

〔註23〕 方立天此處的論述，乃是以《華嚴一乘教義分齊章・義理分齊第十》之〈三性同異義〉一文，作為主要的分析對象。於此文，逐步通過「三性各有二義」、「二義不相違」，以至「本末三性」的論述。由此得出「真妄也就是染淨、體用、本末，這些對立範疇的內在關係是相互貫通、彼此統一的。」（方立天：《法藏》，臺北：東大圖書股份有限公司，民國 80 年 7 月初版，頁 97）

是以方立天在此之論述實際上已經給出了論述之後所得的結論。而「性相融通」的提出與說明，卻是接續在此結論之後，指出「又一結論是：『性相融通，無障無礙。』『性』指圓成實性，『相』指遍計所執性。」（同上）

所以，方立天其實是將「性相融通」的論述，附帶在「本末三性」以及「真妄交徹」的論述的結論之後提出。易言之，方立天對於「性相融通」的論述，並未討論此處引文所述之「性相融通」，以及與前文「真妄交徹」之間的關係。

立天這樣將圓成實性視爲全然的淨、遍計所執性視爲全然的染的觀點，一方面與法藏在〈三性同異義〉一文之中，所揭示的三性各有二義的觀點相互矛盾；另一方面，卻趨近於法藏三性思想所意欲對治的瑜伽行派所主張的圓成實性爲淨、遍計所執性爲染的觀點。

所以，依據以上兩點的觀點，吾人可以確信的是：方立天在法藏三性思想所含蘊的「性相融通」方面的說明及觀點，實際上並不足以令吾人採信而接納使用。

如此，則前文所敘述學術界目前存有的「相」的二種爭議——有宗（法相宗）、遍計所執性——也隨之消失，而不復存在。是以，吾人可將「性相融通」之「相」，明確的定位於「有宗」（法相宗、瑜伽行派）。

接著的問題在於，法藏所論「性相融通」之「性」，所指爲何？又此「性相融通」一義爲何等問題。

在「性」的問題部分。排除方立天、徐紹強所主張的「性相融通」之「性」即是指淨分的「圓成實性」此特殊的觀點之後；如今對於「性」之所指，尚有二種爭議存在，即是「空宗」或是「法性宗」的問題。於此問題之探論，當先釐清法藏所論「性相融通」之際，通過文脈所展現的意義爲何？亦即分析之後，所得之語意爲何？〔註24〕

就此「性相融通」的「性」，所指爲何此問題，有三條進路，可以提供吾

〔註24〕在此「性相融通」語意的分析與定義，日本學者吉津宜英，是少數注意到此問題而行文論述者。吉津宜英在此之方法與進路，實際上是通過法藏五教判、四宗判等等不同論著所載之不同教判架構進行討論。由此諸多教判架構，論述「法性」此概念在其中的意義。

這樣的論述，雖然看似將「性相融通」此論，在語意上得出了定義。但是，在實際上通過教判架構之中的「法性」進行討論，實質上已經將「性」所可能具有第二個意義的「空宗」此觀點，排除在討論的範圍之外。

易言之，吉津宜英此文，雖然看似提出「性相融通」於定義上的爭論，並且給出了結論。但在，吉津宜英在實際的論述上，卻已經預設了「法性宗」的論述進路。其結論無須多言，自然將「性」指向「法性宗」。

相關論述，請參見〔日〕吉津宜英 著、余崇生 譯：〈關於「性相融通」〉（《國際佛學譯粹（第二輯）》，臺北：財團法人靈鷲山般若文教基金會，民國81年5月初版，頁77～78、83～91）

此外，仍須附帶一提的是，筆者於此並非預設著不接受將「性」解釋爲「法性宗」的解釋，而是不接受吉津宜英此文所展示的推論過程。亦以此推論仍須重新檢討之故，乃有不接受吉津宜英的觀點以及論述，而進行重新論述的必要性。

人研究以及釐清此問題之所需。

1. 直接通過文獻的解讀，在文獻之中考察法藏使用「性相融通」之際，對於「性」的直接解釋、規定；亦即依據法藏的第一手解釋爲準，由此呈顯出「性」的語意的分析進路。

2. 以文獻的解讀爲依據，而以語意上前後文脈絡的意義來進行考察，進而解讀法藏「性相融通」的用例爲何的解讀進路。

3. 前二者皆是依據語意分析、脈絡分析等爲根本的以文獻解讀的進路。此第三條進路則就著法藏思想的架構，而將此「性相融通」的意義放入其中，進而考察此法藏所謂「性相融通」的「性」，在理論上吾人應該將其解釋爲何等之意義？

下就此三條進路的給出，依序分析如下：

首先，就第一條進路，回歸文獻進行解讀，而呈顯出「性」的語意的分析進路。

在此法藏直接第一手的文獻部分，對於「性相融通」的解釋方面，其實吾人在檢閱了法藏的著作之後，實在無法找到法藏直接解釋「性相融通」之「性」的意義的相關文獻，而足以提供吾人參考，並且釐清此問題。〔註25〕

其次，於第二種也是依據文獻爲本的解讀進路，乃參照語意上前後文脈絡的意義來進行考察，進而解讀法藏「性相融通」的用例爲何。

在此方面，法藏所論「性相融通」之相關文獻，不是就「性相混融，無礙自在」〔註26〕之是否得以成立而言法界；就是將性相結合於理事範疇，而言「性相無差別」〔註27〕、言「性相融鎔」〔註28〕。而這些的論述，實際上是著重通過性相之間的關係辯證，以證成「性相融通」一義；並且，以此結合理事以及法界等問題，進行相關論述。

吾人通過此第二條進路，雖然可以經由此相關之論述，以釐清法藏所謂「性相融通」與此理事無礙等論題之關係，但是在「性相融通」所指爲何、

〔註25〕吉津宜英在此方面的考察，也曾經在「法性」的問題，直接指出「法藏在『法性宗』無用例的存在。」（〔日〕吉津宜英 著、余崇生 譯：〈關於「性相融通」〉，《國際佛學譯粹（第二輯）》，臺北：財團法人靈鷲山般若文教基金會，民國81年5月初版，頁88）

〔註26〕法藏：《華嚴經探玄記》（T35，No. 1733，頁120c）

〔註27〕法藏：《華嚴經探玄記》（T35，No. 1733，頁213）

〔註28〕法藏：《華嚴遊心法界記》（T45，No. 1877，頁642c）

語意爲何，以及如何確切定義等面相，都無法幫助吾人進行進一步的解讀，也無法釐清其中的問題。

第三種進路，吾人重新回歸本節起始之所論，通過既有可知的法藏三性思想的架構，而將其所謂「性相融通」的意義，置諸其中以考察之。用以釐清此「性相融通」一義，在法藏三性思想之中的用例爲何？

就此進路而觀之，所謂法藏之三性思想，實際上的來源即是瑜伽行派；而在內容意義方面，將此瑜伽行派之三性思想，轉入如來藏系的系統架構中，以轉換其義理性格，並且重新規定其意義。又在此義理性格的轉換之中，通過了三性與二諦的結合，而將空有、真俗、真妄等意義融攝於其中，而且由此三性思想各具二義之「不相違」，以及本末三性之不一不異等，而進一步提出「真妄交徹」、「空有不二」，以及「性相融通，無障無礙」的意義。

由此可見，法藏三性思想的發展以及辯證，即是以如來藏系統的《大乘起信論》「一心二門」爲轉換的關鍵。而這樣的轉換：

第一、賦予三性思想一個新的意義，而得以區別於長久以來瑜伽行派的諸多三性思想。

第二、此如來藏系統的《大乘起信論》，在提出轉換三性義理間架的同時，也提供了三性之得以與二諦結合的進路。

第三、由此結合之進路，乃進而推出「真妄交徹」、「空有不二」，以及「性相融通，無障無礙」的意義。

第四、此「真妄交徹」、「空有不二」，以及「性相融通，無障無礙」的意義，實際上是以如來藏系統的《大乘起信論》爲基礎而進行；也可以說是以《大乘起信論》爲基礎，通過三性與二諦的結合，乃成立「真妄交徹」、「空有不二」，以及「性相融通，無障無礙」的意義。

於此，吾人若將法藏所謂「性相融通」的意義，結合上文所述法藏三性思想此參照架構之義理脈絡而進行考察。

第一、此法藏三性思想所論「真妄交徹」、「空有不二」以及「性相融通」，是就著《大乘起信論》爲義理支撐點，乃得以成立。

第二、此進路所呈顯之意義，在於空宗（般若中觀）、有宗（瑜伽行派）二系之諍的弭平，並且得以融攝之。

第三、此《大乘起信論》之如來藏系統的思想，即是法藏五教判之中所

指之「終教」。而終教之判攝，正是前文述及「法性宗」此用例所
涵攝者。

　　所以，吾人於此似乎可以將「性相融通」之「性」，明確的接續「性相融
通」通義所使用的「法性宗」的用例。易言之，吾人於通過定義之紛歧，以
及既有研究成果歧見的釐清之後，似乎可以將「性相融通」的「性」的意義，
確切的指向一般用例的「法性宗」。進而將「性相融通」的意義，釐清並且初
步的定義其內涵爲：

　　　　以「法性宗」此基礎爲義理支撐點，而將「法相宗」融攝於其中，

　　　　並且達至「法性宗」與「法相宗」義理之和會而不二。

　　但是，吾人若將「性相融通」定義爲此，卻仍然有相當多的問題存在，
而不足以解決數個問題。此數個問題如下：

　　1. 以「法性宗」套用於法藏「性」此脈絡之時，語義的含混而尚待釐清。

　　「法性宗」並不是法藏所使用或是建立的判教架構之中的判攝，而是在
法藏之後的華嚴宗四祖清涼澄觀提出此用例，並且爲華嚴宗五祖圭峰宗密進
一步將其論述完整的的判釋架構。〔註29〕所以，此以一般通義的「法性宗」
一義，來理解法藏「性相融通」之中的「性」的使用，顯然是將一般通義的
使用，套在法藏用例的使用上。雖吾人未可於此斷言此用例之非是，亦當於

─────────

〔註29〕宗密《圓覺經略疏》卷上云：「大乘教總有三宗：謂法相、破相。二皆漸教
　　　　之始，即戒賢、智光二論師，各依一經立三時教，互相破斥；而傳習者，皆
　　　　認法性之經，成立自宗之義。法性，通於頓、漸；漸即終教、終於始故、頓
　　　　如後說。」（T39，No. 1795，頁 525c）
　　　　　　此所謂之「法相」，即是指瑜伽行派，亦爲法藏五教判中始教的相始教；
　　　　「破相」，即是指三論宗，亦爲法藏五教判中始教的空始教。至於「法性」的
　　　　使用，即是指法藏五教判之中的終教、頓教，以及圓教三者；當然，華嚴與
　　　　天臺也包括於其中。相關論述，請參見冉雲華：《宗密》（臺北：東大圖書股
　　　　份有限公司，民國 77 年 5 月初版），頁 112～119。
　　　　　　此外，將此「法性宗」的判攝列爲判教架構的雖然是宗密，但在澄觀已
　　　　經有了相關的使用，如澄觀曰：「第二法性宗者，上法相宗所熏第三、能熏第
　　　　一，正揀眞如受熏之義。今法性宗亦七識等，而爲能熏、八爲所熏。」（《大
　　　　方廣佛華嚴經隨疏演義鈔》，T36，No. 1736，頁 246b）又如「通會二宗即眞
　　　　之有是法相宗，即有之眞是法性宗；兩不相離，方成無礙眞佛心矣。」（《華
　　　　嚴經隨疏演義鈔》，T36，No. 1736，頁 619a）再如：「第二敘西域者，即今
　　　　性相二宗元出彼方。」（《華嚴經疏》T35，No. 1735，頁 510b）
　　　　　　此華嚴四祖清涼澄觀之所論，乃是將法性宗與法相宗二者對舉。但是此
　　　　說，實際上卻並未進一步的將其建構爲一完整的判教理論。

使用之際，更加釐清其是否可以套在法藏「性相融通」的意義而使用之。

2. 「法性宗」使用時的位階不清，是以影響吾人解讀「性相融通」此理
論操作的位階乃至相關意義。

此「法性宗」的使用，實際上包括了法藏五教判之中的終教、頓教，以
及圓教。由此意義決定的混淆性，帶來的是層次、位階的問題。而此層次的
問題，即是法藏「性相融通」一義，是就著其判教間架之何種層次爲之。若
以五教判爲例示之，此「性相融通」是就著「終教」的層次而融通？還是就
著「頓教」的層次而融通？抑或是就著「圓教」（包括：同教一乘圓教的天臺、
別教一乘圓教的華嚴）的層次而融通？此亦爲吾人所當分析釐清的部分。

綜上之所述者而觀之，吾人可將法藏論述「性相融通」之意義，區分爲
以下數點：

第一、在法藏三性思想所論證的「眞妄交徹」、「空有不二」的弭平空有
之諍而使之「和會」的意義。

第二、通過性相之間的辯證的關係，進而與理事、法界、教判等等結合
的意義。

第三、將「性相融通」初步定義爲：「以『法性宗』此基礎爲義理支撐點，
而將『法相宗』融攝於其中，並且達至『法性宗』與『法相宗』
義理之和會而不二。」的意義。

此吾人通過法藏三性思想，進而論述其「性相融通」之意義所得之三義。
其第一層意義已如前文之所述，而第二層與第三層之意義，則爲吾人所應當
進論之所在。

第三節　法藏三性思想與「性相融通」的辯證意義

蓋前文已然揭示法藏三性思想，通過「眞妄交徹」、「空有不二」而達至
的和會空有兩宗此義。而其後所論述之二層義涵，則有待吾人進一步釐清之。
今就此第二層通過性相之辯證的關係，而與理事、法界、教判等結合的意義
而進行本文之論述。

又，於論述此層「性相融通」的意義之際，吾人所當注意的是，此所謂
法藏三性思想以及其所謂「性相融通」的意義，實際上是通過自瑜伽行派三
性思想的「升位」之後，進而與二諦義之融會，乃達至眞妄之交徹以及空有

之不二，此即是法藏融會般若中觀以及瑜伽行派二系的方式。這之中的問題在於，此眞妄之何以得其交徹？性相之何以得其融通？又眞俗二諦之何以得其不二？

雖吾人已然確切可知的關鍵，是因爲法藏在三性義理內容上，所做出的的結合、融會、賦予以及重新規定等動作，而使其可以朝向此融會空有二系的方向發展。但是，另一方面爲吾人所不可忽略的，也是因爲前一節揭示的第二層義涵，即是法藏所採用的辯證方式使然。所以，吾人應當進一步論述法藏三性思想之辯證義涵，此中有二點理由：

第一、法藏三性思想得以證成「眞妄交徹」、「空有不二」，以及「性相融通」等，於辯證上的理由爲何？

第二、此「性相融通」通過文獻上文脈的義理解讀之後，所呈顯第二層的辯證上的意義，於此亦當進行解決。

若吾人觀此二點理由，雖然看似三性與「性相融通」橫隔而分別爲二，且應當爲吾人論述之際分別待之；實際上，卻是彼此相互結合而密不可分的一整體。其理由如下：

第一、依據本文法藏三性思想中心，其中所採用的文獻解讀進路而觀之，不論《華嚴一乘教義分齊章》、《華嚴經探玄記》，或是《十二門論宗致義記》等文獻，法藏之三性思想，皆與「眞妄交徹」、「空有不二」，以及「性相融通」結合而並論。是以此法藏所論三性與「性相融通」，非可分別爲二而論之，實應結合而並論。

第二、依據法藏三性於義理上論述之開展而論之，此「性相融通」實關涉三性指向何等層次？何等義涵？等等之相關問題。是以此法藏所論三性與「性相融通」，非可分別爲二而論之，實應結合而並論。

以前、後二義之故，吾人當論此論題，下則就此而論之。

法藏曰：

> 第六、宗趣者，語之所表曰「宗」，宗之所歸曰「趣」。
>
> 然此大經宗趣難辨，略敘十說以顯一宗。
>
> 一、江南印師敏師等，多以因果爲宗。……
>
> 二、大遠法師，以華嚴三昧爲宗。……
>
> 三、依衍法師，以無礙法界爲宗。……
>
> 四、依裕法師，以甚深法界心境爲宗，謂法界門中義分爲境。……

五、依光統師以因果理實爲宗。……

六、今總尋名案義以因果緣起理實法界以爲其宗。……

七、別開攝法界以成因果。普賢法界爲因，舍那法界爲果。是故唯以法界因果，而爲宗趣。……

八、會因果以同法界。……

九、法界因果分相顯示中。……

十、法界因果，雙融俱離，謂性相混融，無礙自在。

亦有十義：

一、由離相故，因果不異法界，即因果非因果也。

二、由離性故，法界不異因果，即法界非法界也。

三、由離性不泯性故，法界即因果，以非法界爲法界也。

四、由離相不壞相故，因果即法界，以非因果爲因果也。

五、由離相不異離性故，因果法界雙泯俱融，迴超言慮也。

六、由不壞不異不泯故，因果法界俱存現前，爛然可見也。

七、由上存泯復不異故，超視聽之法恒通見聞，絕思議之義不礙言念也。

八、由法界性融不可分故，即法界之果統攝法界無不皆盡。因隨所依亦在果中。是故佛中有菩薩也。

九、即法界之因攝義亦爾，故普賢中有佛也。

十、因果二位各隨差別，一一法、一一行、一一德、一一位，皆各總攝無盡無盡諸法門海者，良由無不該攝法界圓融故也，是謂華嚴無盡宗趣。餘義如《指歸》〔註30〕等説。〔註31〕

法藏在此《華嚴經探玄記・世間淨眼品　第一》之中，「將釋此經，略開十門」〔註32〕，此中第六門的「所詮宗趣」，以「此大經，宗趣難辨」之故，乃開爲十說，由此十說以顯一宗。由此第七宗的「別開攝法界以成因果」提到了法界因果的論述，並且在其下說明「因」是指「普賢法界」；「果」是指「舍那法界」。其後的第十說「法界因果雙融距離」，即是說明「性相混融，無礙自

〔註30〕即是指《華嚴經旨歸》一書。

〔註31〕法藏：《華嚴經探玄記・世間淨眼品第一・六　明所詮宗趣》，T35，No. 1733，頁120a～121c。

〔註32〕法藏：《華嚴經探玄記》，T35，No. 1733，頁107b。

在」的意義。於法藏說明此「性相混融，無礙自在」之義，則列舉「十義」以明之；於法藏說明此「十義」，則皆是就著性相二者爲論，由「離相」、「離性」、「離性不泯性」、「離相不壞相」、「離相不異離性」、「性相之不壞不異不泯」、「上存泯復不異」、「法界性融不分」、「法界之因攝義」，以及「因果二位各隨差別」。而此第十義之得以「皆各總攝無盡無盡諸法門海」，實際上就是「無不該攝法界圓融」的原因；由此，乃曰「華嚴無盡宗趣」。

　　法藏又曰：

> 次，明所顯理趣者，巧辯自在，勢變多端，亦舉十例，以現無礙。一、性相無礙；二、廣狹無礙；三、一多無礙；四、相入無礙；五、相是無礙；六、隱顯無礙；七、微細無礙；八、帝網無礙；九、十世無礙；十、主伴無礙。於前所說十對法中。一一皆有此十無礙。於前所說十對法〔註33〕中，一一皆有此十無礙。是故即有百門千門等准思之。
>
> 今且略於事法上，辨此十例；餘法准知，具如經中。
>
> 一、蓮華葉即具此十義。謂此華葉則同真性，不礙事相宛然顯現。經云：「法界不可壞，蓮華世界海」等，此是理事一味，無礙之門。……如前十對法門之中，一一皆有如是十種無礙〔註34〕，准此知之。〔註35〕

此爲法藏《華嚴經旨歸‧顯經義　第七》之所論。此中法藏先論「所標之法」〔註36〕，次論「所顯理趣」。法藏於此明《華嚴經》所以爲標的者有十法，後以此十法所欲彰顯之理論宗趣爲十種「無礙」，又於此十種無礙之後，分別結合經文而論「所顯理趣」之「無礙」十例。第一項即是以「此華葉則同真性，不礙事相宛然顯現」，論述「性相」之得以無礙。〔註37〕

〔註33〕即是「所標之法」所論的十對：「教義一對」、「理事一對」、「境智一對」、「行位一對」、「因果一對」、「依正一對」、「體用一對」、「人法一對」、「逆順一對」、「應感一對」。（法藏：《華嚴經旨歸》，T45，No. 1871，頁594a）

〔註34〕此「十種無礙」，《大正新脩大藏經》本作「十種無礙」。今以其所論當爲〈顯經義第七〉之中，所論十對的「所標之法」，皆具有「所顯理趣」之中的十門「無礙」的用例，是以此文作「十種無礙」則論說不通。今以此「礙」字當爲「礙」字形近而訛之故，乃依據文脈義理，將此「十種無礙」直接改作「十種無礙」。

〔註35〕法藏：《華嚴經旨歸》，T45，No. 1871，頁594a～594c。

〔註36〕法藏：《華嚴經旨歸》，T45，No. 1871，頁594a。

〔註37〕此法藏以《華嚴經‧盧舍那佛品第二之三》（六十卷）所述「有佛國名離香蓮華勝妙莊嚴，依寶網住，形如師子座，佛號師子座光明勝照。」等等，爲論

綜上文之所述，吾人通過《華嚴經探玄記》以及《華嚴經旨歸》二文之關涉法藏所論「性相融通」一義之用例之後。法藏的確沒有針對「性相融通」，而做出定義式的說明或是規定等動作。吾人於此可見者乃是法藏對於「性相融通」的論述，並非單獨的提出進行討論，而是有二種意義：

1. 就著性相之是否「混融無礙」，而將其區分為「離相」、「離性」、「離性不泯性」、「離相不壞相」、「離相不異離性」、「性相之不壞不異不泯」、「上存泯復不異」、「法界性融不分」、「法界之因攝義」，以及「因果二位各隨差別」等意義。並且由此十種性相之不一、不異、不壞、不泯等等諸多層次的意義，進而論述「總攝無盡無盡諸法門海」而「法界圓融」的「華嚴無盡宗趣」。

2. 將「性相」與「一多」、「廣狹」、「相入」、「隱顯」、「細微」、「相是」、「帝網」、「十世」、「主伴」等等並列而討論，而且此十例皆涵攝「無礙」的意義於其中。

上之所述，即是法藏所論「性相融通」一義之際，採行論述進路之代表性文獻，以及其中得出的涵攝的義蘊。又吾人若就此二層意義而觀之，雖然《華嚴經探玄記》以及《華嚴經旨歸》二者，於論述「性相融通」之際，所探論之層次以及結合之論題並不完全相同；但是，這其中所含蘊的意義卻是一樣的，都是將「無礙」的意義呈現出來。

究竟法藏這樣的論述，呈顯出什麼樣的意義呢？何以法藏在《華嚴一乘教義分齊章・義理分齊第十》之〈三性同異義〉，以及《十二門論宗致義記》之中，反覆輾轉論述三性思想，使之達至融攝空、有二宗（般若中觀、瑜伽行派）的「真妄交徹」以及「空有不二」的意義之後，進一步提出的「性相融通，無障無礙」此意義。卻在吾人通過檢視《華嚴經探玄記》，以及《華嚴經旨歸》等眾多的文獻之後，無法通過文獻解讀的進路，在意義的規定以及文義脈絡的追尋，得出此「性相融通」的確實義涵，更遑論此法藏三性思想與此「性相融通」之關涉了！

但是，這其中尚有一疑問出現，此疑問即是「無礙」一義在通過「性相融通」等之論述後，得以呈顯而為吾人所知之。又，此「無礙」之用例，亦同於法藏於《華嚴一乘教義分齊章・義理分齊第十》之〈三性同異義〉一文

述「性相無礙」等等十項無礙的依據。相關文獻，請參見《華嚴經》（六十卷），（T9，No. 278，頁414b～416b）

所論「性相融通，無障無礙」一語之中「無障無礙」的意義。

　　所以，吾人於此可知，法藏所論「性相融通」的意義，實際上是以「無障無礙」爲其成立之必要條件，而此「無障無礙」之「無礙」義，則爲「性相融通」所意欲呈顯之義涵。在此「無障無礙」的用例方面，方東美說明到：

　　　　事實上，我們可以把它們〔註38〕的含義歸結到一個字上來說明，這一個字就叫做 apratihata （無礙），就是所謂「無礙」，這個「無礙」是什麼呢？就是拿一個根本範疇，把宇宙裡面千差萬別的差別境界，透過一個整體的觀照，而彰顯出一個整體的結構，然後再把千差萬別的這個差別世界，一一化成一個機體的統一。並且在機體的統一裡面，對於全體與部分之間，能夠互相貫注，部分與部分之間也能互相貫注。於是從這裡面我們就可以看出，整個的宇宙，包括安排在整個宇宙裡面的人生，都相互形成一個不可分割的整體。倘若我們引用近代西洋哲學上面的慣用名詞來說，就是所謂 organic unity （機體統一），是一種 organism （機體主義）。〔註39〕

此即是揭示華嚴「無礙」（apratihata）之精神。方東美又就此「無礙」（apratihata）的意義，而進一步說明到：

　　　　所以從華嚴宗的「無礙哲學」的這一個基本概念來看時，我們要想肯定「無礙」的這一種思想概念，首先必須另外加上一個形容詞，叫做 aniomia。aniomia 這一個字具有兩種意義：它的第一種意義是「輾轉」第二種意義是「交互」。……在這裡面我們自然就會曉得這個 aniomia，必定存有這二種意義，它絕不是由次第相成所形成的「輾轉」，它在關係的這一方面來說是屬於 symmetrical relation （對稱的

〔註38〕即是指方東美由《華嚴經》之〈世主妙嚴品〉、〈如來現相品〉、〈離世間品〉以及〈入法界品〉等等部分，逐步切入而論述至華嚴宗的思想。（方東美：《華嚴宗哲學（下）》，臺北：黎明文化事業股份有限公司，民國 82 年 10 月初版五刷，頁 3）

〔註39〕方東美：《華嚴宗哲學（下）》（臺北：黎明文化事業股份有限公司，民國 82 年 10 月初版五刷），頁 3。

　　　　作者此文之所述，實際上是通過其《華嚴宗哲學》上冊的論述而來。其以《華嚴經》諸品爲論述之對象，逐步論述其意義。及至此處，方將其論述之重心逐步轉入華嚴宗之義理內容。實際上法藏此「無礙」一義之來源，一方面，如筆者前文所引《華嚴經探玄記》以及《華嚴經旨歸》，是來自於《華嚴經》之中；另一方面，亦如方東美此文之所述。

關係）。這種「對稱的關係」，就好像「甲」對於「乙」是如此，「乙」對於「甲」也是如此。這種關係的前後左右都可以扭轉過來，形成一個對稱的關係。因此這個 aniomia。所具有的這兩層意義，一種是次第相成的「輾轉」，第二種是對稱而有的「交互」。……在這種「更互相應」的關係之下，對於這一種關係還要再擴大它的範圍，可以說就構成了 accorded relativity（相應的關係性），所謂「相應關係」是也。由這個相應關係，又可以再產生平等性。至於到底如何產生平等性呢？這就是華嚴宗哲學思想中所要闡述的。……在華嚴宗的哲學思想裡面，它所講的「輾轉相生」、「互為因果」、「互為因緣」、「互為條件」、「更互相應」等等名詞，它都有一個假定。那麼這個假定是什麼呢？它都假定一個 entity，那麼這個實體的存在本身，它一定可以轉位而滲透到 A 的裡面去，也可以轉位滲透到 B 的裡面去，而同時它們之間的關係是相互的。……所以從這一方面來看，它就構成了「互相攝入」的關係。〔註40〕

此方東美之所論者，即是以「無礙」（apratihata）之精神，為其中心而論述之。而此「無礙」（apratihata）之用例，方東美一方面指出這是面對現象界諸法差別的問題之際，乃「透過一個整體的觀照」，將其化為一個「機體統一」（organic unity）〔註41〕，而成為一種「機體主義」（apratihata）。並且透過「全體與部分」，以及「部分與部分」之間關係的論述，來呈顯此「機體統一」脈絡之下的「一個不可分割的整體」的意義。而後作者所論「輾轉」、「交互」二者之意義，即是進一步的解釋。

就此「輾轉」一義而論之，是一種「對稱的關係」（symmetrical relation）；作者以「『甲』對於『乙』是如此，『乙』對於『甲』也是如此」，以及「這種關係的前後左右都可以扭轉過來」做出解釋。由此對稱關係下第一種之「輾轉」，以及第二種之「交互」，乃擴大其範圍而成為「相應關係」（accorded relativity），並且產生平等性。此即是「輾轉相生」、「互為因果」、「互為因緣」、

〔註40〕 方東美：《華嚴宗哲學（下）》（臺北：黎明文化事業股份有限公司，民國 82 年 10 月初版五刷），頁 276～277、281～282。

〔註41〕 「機體」（organic），乃是「有機體」的簡稱。意指物質生命的以有機體的形式，而存在於世界；至於物體之具有像有機體一般構造者，皆得以稱作「有機的」。作者此所論「機體統一」（organic unity）之意義，是就著諸法存有的問題來進行論述。

「互為條件」、「更互相應」等等論述的意義。

又，印順法師也曾經在法藏辯證圓成實性的「隨緣不變，不變隨緣」此點，之中的真妄關係「統一中有矛盾」的論述方面，指出：

> 到這真妄的根源，以及真妄相關處，真是難可了知！賢首家說的『隨緣不變，不變隨緣』，即可為此義的說明。為煩惱所染是隨緣，雖隨緣而自性清淨不變；雖不失自性清淨，而確是隨染緣，為生死依，起一切虛妄法。矛盾而統一，統一中存有矛盾，真妄的相關處，是如此。〔註42〕

此所謂「矛盾而統一，統一中存有矛盾」，即是一針見血的指出了法藏論述「三性同異義」的關鍵所在。

唐君毅也指出：

> 法藏則以為其相破而相奪以成極相違，正所以成其極相順，而皆可加以圓融會通。此如以新名辭釋之，可稱為依絕對矛盾而形成之絕對一致。此絕對矛盾之所以能形成絕對一致者，在此絕對矛盾，即是矛盾兩端之互相破斥，而互相徹入，而此端將彼端所有奪盡，以成為此端；彼端亦將此端所有奪盡，以成為彼端。此即無異彼此易位，而更無可奪，即成其相與而極相順。故由此所顯中道，不同於吉藏、智顗所言之中道。〔註43〕

又曰：

> 法藏之說，乃于此兩偏，除見其可依中「以」相統、相即、相順、相與之外，更見其亦有「絕對相反、而相矛盾、或相違、以更相奪」之義。〔註44〕

〔註42〕釋印順：《勝鬘經講記》（臺北：正聞出版社，民國89年10月新版一刷），頁256～257。

〔註43〕唐君毅：《中國哲學原論‧原道篇（三）》（臺北：臺灣學生書局，民國75年10月，全集校訂版初版），頁292。
又此中所指法藏不同於智顗以及吉藏之所在，即是在此層層的論述之中，智顗以及吉藏是通過層層的否定而達至其標的，在最初的真諦、俗諦等層次，並非其所意欲達至，或是證成此「依絕對矛盾而形成之絕對一致」的意義。而法藏則非是，法藏在一開始便已經完全展現出「依絕對矛盾而形成之絕對一致」的意義。

〔註44〕唐君毅：《中國哲學原論‧原道篇（三）》（臺北：臺灣學生書局，民國75年10月，全集校訂版初版），頁318。此文之所論，乃唐君毅在論述五教判之中的頓教之時，所做出的論述。然以此文非是針對頓教為論，而是通就法藏辯

此中唐君毅所謂相違、相奪、相與、相順等等諸多義涵。實際上正是將眞妄、
眞俗二諦、空有、有無、一異、生滅等等，通過「異體」與「同體」的論述
方式展現其意義。換句話說，法藏其實就是通過眞、妄等等概念，彼此之間
存在著對立的內在矛盾的情況，此即是異體；而又將其中視爲統一的同一性
的內在結構，此即是同體。所以此所謂相即相入的意義，並不是眞妄等二義
的結合意義，更不是直接將眞等同於妄。而是既有同體的情況與意義，也有
異體的情況與意義；如此就著此相即相入來說，眞妄或是空有等等，一方面
是彼此對立的異體，而成爲相入的意義；另一方面是彼此統一的同體，而成
爲相即的意義。於此，陳榮灼指出此法藏論述的方式：

> 一言以蔽之，華嚴宗本身，是透過「同體」與「異體」的關係來開
> 展他們對「即」的內在結構的了解。這種「即」的概念所表現之「同
> 一性」，十分類似黑格爾所說的「具體的同一性」。黑格爾的「具體
> 的同一性」是把「矛盾」、「對立」的格局，收到「同一」裡面去，
> 作爲「同一性」的構成部分，所以黑格爾依據下面這樣的名言來勾
> 劃其所了解的「具體的同一性」：「同一性是關於差異與同一的同一
> 性」（Identity is identity of difference and identity）。簡單說，黑格爾
> 的「同一性是關於差異與同一的同一性」立場之特色，是在于把「差
> 異」（difference）收在同一性的內部，做爲同一性的內部構造。「具
> 體的同一性」是不會離開差異幸而成爲「同一性」的，這是非常重
> 要的特點。「同一性」一定包含「差異性」在其中，這才是「具體的
> 同一性」。與此相反，「抽象的同一性」或「直接的同一性」則是完
> 全排斥或不包含「差異」在內。〔註45〕

> 所以在法藏論述眞妄、眞俗之際，並非以同於龍樹或是吉藏等人所
> 採用的「抽象的同一性」，也不是 A＝B 的「直接的同一性」，而是
> 黑格爾所提出的「具體的同一性」。如以「三性各有二義，二義不相
> 違」爲例，圓成實性各有不變與隨緣二義、依他起性各有似有與無
> 性二義、遍計所執性各有情有與理無二義。如就此不變與隨緣、似
> 有與無性、情有與理無之分別性論之，則是「異體門」的「差異」

證的方法爲論之故，是以亦採用此言，以爲本文之佐證。
〔註45〕陳榮灼：〈「即」之分析——簡別佛教「同一性」哲學諸型態〉《國際佛學研究》，第一期，臺北：靈鷲山出版社，民國80年12月初版），頁7。

（difference）另一方面，此本三性之不變、無性、理無，與末三性
之隨緣、似有、情有而言，此本三性與末三性之間，也是「異體門」
的「差異」（difference）的意義。但是，如果就著圓成實性的不變與
隨緣，此二義之「全體相收，一性無二」而論之，則是同體之「同
一性」；就著依他起性的似有與無性二義，此二義之「性不相違。亦
乃全體相收，畢竟無二也」而論之，則是同體之「同一性」；就著遍
計所執性的情有與理無，此二義之「無二，唯一性也」而論之，則
是同體之「同一性」；又就此本三性與末三性之間的「是不一門也」，
則也是指向同體之「同一性」。

再則，此圓成實性之不變與隨緣為「對立」之「異體」，而為「相入」；
此依他起性之似有與無性為「對立」之「異體」，而為「相入」；此
遍計所執性之情有與理無為「對立」之「異體」，而為「相入」。又
此本三性與末三性為「對立」之「異體」，而為「相入」。然，此不
變隨緣、似有無性、情有理無，以及本末三性，卻又為為「統一」
之「同體」，而為「相即」。此即是黑格爾所論「同一性是關於差異
與同一的同一性」（Identity is identity of difference and identity）此「具
體的同一性」了。

而這樣「相即、相入」、「同體、異體」、「對立、統一」等等，構築而成在此
差異與同一的「具體的同一性」，也同樣可以使用在法藏對於有無、常斷、一
異、生滅、空不空等等各個方面。由此而相即相入、相奪相成，乃至證成三
性此「真妄交徹」與「性相融通」等義也。

　　所以，吾人通過上文的逐層討論，經由前一節所引出的「性相融通」的
辯證上的意義，而於此節詳細的進行討論，並且由此得出「無障無礙」一義
的重要。乃將此「無障無礙」的意義，釐清如下：

1. 通過法藏所論《華嚴經探玄記》、《華嚴經旨歸》等文，以及方東美之
　　所述，而將此「無障無礙」的意義，溯源至《華嚴經》（六十卷）。
2. 此「無障無礙」的意義，與「性相融通」之間的關係：
　　（1）是以源自《華嚴經》（六十卷）的「無障無礙」的意義為基礎，乃
　　　　為「性相融通」等意義論述的根據。
　　（2）關於「性相融通」的論述，也正是「無障無礙」一義的呈顯。
3. 此「無障無礙」的論述，是結合著法藏的辯證方式來進行論說。而此

辯證之方式，簡言之，即是在相反對立而矛盾的情況之下，使其由極相破而極相成。在矛盾與對立的差異之中，通過「具體的同一性」的論述，而使其包含同一性與差異性於其中的統一無差別。

第四節　「性相融通」的層次與位階

前文逐步將瑜伽行派的三性思想的升位動作，及其意義與價值等，追索到其所蘊含之意義，以及論述以證成的方法等問題。然接續此問題而下者，則是此「眞妄交徹」與「性相融通」之得以經由「具體的同一性」此相即相入、相奪相成的論述方式而將其證成。

但是，問題在於此法藏通過三性思想的反覆論述之後，所意欲達至的「眞妄交徹」、「眞俗不二」與「性相融通」，究竟是完成於哪一個層次，而通過此層次足以顯示何等的意義？易言之，當吾人通過法藏既有的判教架構而審視「性相融通」等問題之際，此「性相融通」究竟是完成於哪一個層次？又完成於此層次，在法藏華嚴別教一乘圓教以及法界緣起等思想脈絡之下，其意義爲何？

面對這樣的問題，筆者前文已然通過法藏思想架構的論述，而將學界既有爭議的「性相融通」的意義，通過遮撥的方式，將無法成立者剔除於外。乃初步將其意義規定爲：

以『法性宗』此基礎爲義理支撐點，而將『法相宗』融攝於其中，

並且達至『法性宗』與『法相宗』義理之和會而不二。

而這樣以「法性宗」爲規定的相關論述，卻也遺留了一個問題。即是「法性宗」此解釋「性相融通」的「性」的意義的用例，雖爲當前眾人使用的通義，但卻無法嚴謹的解讀或是給出此法藏三性思想脈絡之下的「性相融通」的意義。今將前文所述之疑義，復簡略條陳而述之於下：

1. 「法性宗」並不是法藏所使用或是建立的判教架構之中的判攝，而是在法藏之後的華嚴宗四祖清涼澄觀提出此用例，並且爲華嚴宗五祖圭峰宗密進一步將其論述完整的的判釋架構。所以，此以一般通義的「法性宗」一義，來理解法藏「性相融通」之中的「性」的使用，顯然是將一般通義的使用，套在法藏用例的使用。雖吾人未可於此斷言此用例之非是，亦當於使用之際，更加釐清其是否可以套在法藏「性相融

通」的意義而使用之。

2. 此「法性宗」的使用，實際上包括了法藏五教判之中的終教、頓教，以及圓教。由此意義決定的混淆性，帶來的是層次的問題。而此層次的問題，即是法藏「性相融通」一義，是就著其判教間架之何種層次為之。若以五教判為例示之，此「性相融通」是就著「終教」的層次而融通之？是就著「頓教」的層次而融通之？抑或是是就著「圓教」（包括：同教一乘圓教的天臺、別教一乘圓教的華嚴）的層次而融通之？此亦為吾人所當分析釐清者。

就此而觀之，法藏論述「性相融通」的意義的確切釐清，以及此三性思想達至「性相融通」的層次等問題，實際上彼此緊密的聯繫著。而吾人隨順法藏三性思想而進行溯源之後，此問題的關鍵，顯然是透過此「性相融通」一義的脈絡以及層次的釐清，以明晰法藏三性思想證成「真妄交徹」、「空有不二」的和會空有之諍，而使之融攝非異的層次等問題。

簡言之，吾人於釐清此問題的論述的進路，顯然應當參考法藏既有的判教架構，以為本文論述之佐助。而此判教架構，筆者前文已然論及其中具有代表性的五教判、十宗判以及四宗判等議題，是以於此亦通過此相關之論述，而進行本文之討論。

蓋法藏三性思想於「真妄交徹」、「空有不二」以及「性相融通」的層次的問題，即是接續自瑜伽行派而來「升位」之後所依止的問題。在此問題部分，學界大致上有兩種主張：

第一種、主張「性相融通」的層次在五教判之中的「終教」、四宗判之中的「如來藏緣起宗」。

第二種、主張「性相融通」的層次在在五教判之中的「圓教」。而這之中，又存有兩種見解：其一、主張同教一乘圓教者，即是法華天臺的位階；其二、主張別教一乘圓教者，即是華嚴圓教的位階。〔註46〕

〔註46〕在這多的意見之中，如牟宗三主張「得性相融通，為終教；不說，則為始教。」（《佛性與般若（上）》，臺北：臺灣學生書局，民國86年5月修訂六版，頁512）

唐君毅亦主張在終教的位階，並且主張此「性相融通」「可見法藏之融攝般若之二諦與唯識宗之三性之根本旨趣。此實乃法藏之所以能進而言華嚴圓教之義理之所在者。」（《中國哲學原論‧原道篇（三）》，臺北：臺灣學生書局，民國75年10月，全集校訂版初版，頁318）

陳英善認為「《五教章》藉由三性同異之關係，鋪排了諸教之義理，但並

　　就此目前存在的二種觀點而論之，其論述大多依據簡單的一兩項證據，即給出斷言而決定之。亦有全然未進行論述，而直接有結論著。是以吾人在通過前文層層的溯源以及追論，更有著眾多相關脈絡的提出與討論，此則應當就此而進一步論述此問題。

　　法藏曰：

> 第六、勤觀理事而無分別，故名精進林，十偈總歎佛照無差別智。
>
> 初一、總；餘九、別。
>
> 前中諸法，性相無差別義，唯佛能知，然委細具知名分別知也，次句備知，下句深知，別中皆初喻後法。
>
> 初一、眞妄交徹喻。謂依眞起妄如金現色。非法是妄喻以金色。無體即眞故性無別。又眞心隨緣爲法非法，心體不殊故性無別。是故《楞伽》云：「如來藏作善不善因」。又《涅槃》云：「與不善俱名爲無明，與善法俱說之爲明。」明與無明其性無二，無二之性即是實性，此之謂也。又《維摩經・不二法門品》皆是此義也。〔註47〕

　　又曰：

未展開進一層的分判。然可以確知的，吾人若想了解華嚴一乘的義理，其基本前提，須了解三性同異之關係，了解眞妄交徹相融無礙。」（《華嚴無盡法界緣起論》，臺北：財團法人華嚴蓮社，民國85年9月26日初版，頁249）

　　至於小林實玄則有著特殊的見解，主張終教與同教一乘圓教兩個層次，以《華嚴一乘教義分齊章・義理分齊第十・三性同異義》爲同教一乘圓教的三性思想，而《大乘密嚴經疏》之中的三性則爲終教層次的三性思想，是以主張「以教判作一分類，則可分爲同教一乘立場，五教判之終教立場，四宗判之如來藏緣起宗立場。其中，如來藏緣起宗是包含其他二宗而形成的，大致上有終教及同教一乘兩個立場。以此解釋，而處理三性問題，則有所謂同教一乘之性起立場，解釋三性同異義的論述；與以終教的立場，解釋《大乘密嚴經疏》（卍續・一・三四・三）之三性說。」（〈法藏的三性說──華嚴如來藏解釋的問題〉，日本東京：日本印度學佛教學會，《印度學佛教學研究：早稻田大學のおける第十一回學術大會紀要（一）》第9卷，第1號。1961.01.25，頁237）

　　吉津宜英亦獨特的主張以依他起性爲中心，則爲「緣起相由」的事事無礙的層次，而爲圓教；以圓成實性爲中心，則爲「法性融通」的理事無礙的層次，而爲終教。是其曰：「就三性說而言，至於心所意味的，若以依他起性的地方來考慮的話，那麼就成了現在的緣起相由；若以眞如性方面去推敲的話，變成了所謂的法性融通。」（〈關於「性相融會」〉，《國際佛學譯粹（第二輯》，臺北：靈鷲山出版社，民國81年5月初版，頁90～91）

〔註47〕法藏：《華嚴經探玄記》，T35，No. 1733，頁214c。

夫緣起萬有，有必顯於多門；無性一宗，宗蓋彰於眾德。

分其力用，則卷舒之趣易明；覽其玄綱，則理事之門方曉。

今就體用而言，略分十義：

一、明緣起；二、入法界；三、達無生；四、觀無相；五、了成壞；

六、示隱顯；七、發菩提；八、開涅槃；九、推去來；十、鑑動靜

初、明緣起者……

二、入法界者。即一小塵，緣起是法，法隨智顯，用有差別。是界此法，以無性故，則無分齊，融無二相，同於真際，與虛空界等，遍通一切，隨處顯現，無不明了。然此一塵，與一切法，各不相知，亦不相見。

何以故？由各各全是圓滿法界，普攝一切更無別法界，是故不復更相知相見。縱說知見，莫非法界知見，終無別法界可知見也，《經》云：「即法界無法界，法界不知法界。」〔註48〕若性相不存，則為理法界；不礙事相宛然，是事法界；合理事無礙，二而無二，無二即二，是為法界也。〔註49〕

上三引文之所述，大致將性相的問題與理事、真妄、理事無礙觀等結合而進行討論。

首先，法藏在《華嚴經探玄記・菩薩說偈品　第十六》之中，通過隨文之「釋文」，於「精進林菩薩」的偈頌方面，進行註解。〔註50〕而這註解之中，

〔註48〕此文「即法界無法界，法界不知法界。」應出自《寂調音所問經》：「文殊師利言：『法界即無法界，法界不知法界。』」（《寂調音所問經》，T24，No. 1490，頁1084b）

〔註49〕法藏：《華嚴經義海百門》，T45，No. 1875，頁627a～627b。

〔註50〕此文出自《華嚴經・夜摩天宮菩薩說偈品第十六》（六十卷）之中，此品依序陳述「功德林菩薩」、「慧林菩薩」、「勝林菩薩」、「無畏林菩薩」、「慚愧林菩薩」、「精進林菩薩」、「力成就林菩薩」、「堅固林菩薩」、「如來林菩薩」，以及「智林菩薩」至偈頌。（《大方廣佛華嚴經》，T9，No. 278，頁463b～466a）

「精進林菩薩」之偈頌作：「諸法無差別，唯佛分別知，一切無不達，智慧到彼岸，如金及金色，其性無差別，如是法非法，其性無有異，眾生非眾生，二俱無真實，如法非法，其性無所有，譬如未來世，無有過去相，一切法如是，無有真實相，譬如過去法，無有生起相，諸法亦如是，皆悉無有相，涅槃不可取，說時有二種，諸法亦如是，無有差別相，譬如種種數，皆悉是數法，諸法亦如是，其性無別異，譬如數法十，增一至無量，皆悉是本數，智慧故差別，譬如諸世界，劫燒有終敗，虛空無損減，無師智亦然，十方空無異，眾生起分別，如是取如來，虛妄不見佛。」（同上，頁465a）

法藏以「理事而無分別」為此精進林菩薩偈語的總綱。其後,則以「性相無差別」為總說,又區別九項比喻來說明此理事無分別與性相無差別的意義。在這之中,法藏首先便標明「真妄交徹」之義。於此「真妄交徹」之中,法藏對「一切無不達,智慧到彼岸;如金及金色,其性無差別。」等文方面,以「依真起妄,如金現色。非法是妄,喻以金色;無體即真,故性無別。又真心隨緣,為法非法,心體不殊,故性無別。」來做出說明。此以「金」為本體,以「色」為相用的比喻,法藏在其晚年著述的《華嚴金師子章》之中,也大量的使用。而在這個部分,法藏不但帶入真如「不變隨緣、隨緣不變」的意義於其中,也將「真妄」置諸其間以為說明。

其次,在《華嚴經義海百門》的〈緣生會寂門〉之中,法藏明確的將性相與「理法界」與「事法界」結合而並論,而且在此理事二法界之外,也標明了無礙的意義。〔註51〕法藏於此,以諸法差別之性相若不存,則是理法界;以其性體不礙事相之緣起等義,則為「事法界」;又上述二者之「理法界」與「事法界」之間彼此無礙,而且「二而無二」、「無二即二」的非一非異,則是一包含事法界與理法界的一整體法界。法藏如此之解說,即是將性相之存與不存、融與不融等等,置入此事法界、理法界,以及理事無礙的論述架構之中。

就此而觀之,法藏所論「性相融通」的意義,與「真妄交徹」、「事法界」、「理法界」、「理事無礙觀」等等,都進行了結合的論述,並且在其中展現了性相在其中存與不存,以及融與不融的結合之後的層次關係。但是,問題在於此「性相融通」的意義,吾人雖然可以將其與三觀之「理事無礙觀」,以及

法藏於此,則依據「真妄交徹喻」、「兩俱無實喻」、「生無滅相喻」、「滅無生相喻」、「法體離取喻」、「性無差別喻」、「隨緣成異喻」、「體堅無壞喻」、「執異乖同喻」此九項比喻,來說明此「精進林菩薩」偈語的意義。(法藏:《華嚴經探玄記》,T35,No. 1733,頁241c)

〔註51〕關於「四法界」的說法,實際上是在法藏之後的四祖清涼澄觀,將其組織完備;如此而有「理法界」、「事法界」、「理事無礙法界」、「事事無礙法界」的架構。但是此清涼澄觀「四法界」的立論架構,實際上在三祖法藏之處,已經有了初步的論述。前中引文所述「若性相不存,則為理法界;不礙事相宛然,是事法界;合理事無礙,二而無二,無二即二,是為法界也。」(法藏:《華嚴經義海百門》,T45,No. 1875,頁627b)即已經提出了「理法界」與「事法界」的論述,並且有了「理事無礙」的意義的解說。相關論述,請參見〔日〕木村清孝 著、李惠英 譯:《華嚴思想史》(臺北:東大圖書股份有限公司,民國85年2月初版,頁199~203)

「事法界」、「理法界」、「理事無礙」並論；卻無法通過這些論述，而證明此「性相融通」與「周遍含融觀」、「事事無礙法界」等關係。

於此問題，法藏嘗於《修華嚴奧旨妄盡還源觀》的序文之中，說到：

> 夫滿教難思，窺一塵而頓現；圓宗巨測，睹纖毫以齊彰。然用就體分，非無差別之勢；事依理顯，自有一際之形。……消能所以入玄宗，泯性相而歸法界。竊見玄綱浩瀚，妙旨希微。……言華嚴者，華有結實之用，行有感果之能。令則託事表彰，所以舉華爲喻；嚴者，行成果滿，契理稱眞。性相兩亡，能所俱絕，故名嚴也。〔註52〕

就法藏此所論而觀之，似乎在華嚴此「滿教」、「圓宗」之中，欲入此華嚴無盡之法界，則需「泯性相」而達至「性相兩亡」。如此，則體性、相狀皆須泯除而不存。可是，法藏所論「性相融通」的意義，實際上是以「無障無礙」爲基礎來進行論述，而此「無障無礙」的「無礙」思想，又爲華嚴思想之基調。又此所論泯除之性相，對比文脈上能、所之消除一義，則此「泯性相」非是泯除融通之性相，而是泯除二分性相之分別性，以達至非一非異的「無障無礙」。是此吾人雖有此《修華嚴奧旨妄盡還源觀》的「泯性相」之論說，實際上卻無法通過這樣的說明，而將法藏三性思想架構之下的「性相融通」的意義，限定在華嚴圓教此「滿教」、「圓宗」之外。

所以，吾人將此法藏三性思想脈絡下的「性相融通」一義，進一步與法藏所承以及所立的四宗判以及五教判爲對比之對象。由此對比研究之進行，而釐清此和會空有的「性相融通」的層次。

法藏曰：

> 第二、隨教辨宗者。現今東流一切經論，通大小乘。宗途有四：
>
> 一、隨相法執宗。即小乘諸部是也。
>
> 二、眞空無相宗。即《般若》等經、《中觀》等論所說是也。
>
> 三、唯識法相宗。即《解深密》等經、《瑜伽》等論所說是也。
>
> 四、如來藏緣起宗。即《楞伽》、《密嚴》等經，《起信》、《寶性》等論所說是也。
>
> 此四之中。初、則隨事執相說；二、則會事顯理說；三、則依理起事差別說；四、則理事融通無礙說。以此宗中，許如來藏隨緣成阿賴耶識，此則理徹於事也；亦許依他緣起無性同如，此則事徹於理

〔註52〕法藏：《修華嚴奧旨妄盡還源觀・序》，T45，No. 1876，頁637a。

也。

又此四宗：初、則小乘諸師所立；二、則龍樹、提婆所立；三、是
無著、世親所立；四、是馬鳴、堅慧所立。然此四宗，亦無前後時
限差別；於諸經論，亦有交參之處。宜可准知。〔註53〕

又曰：

自佛法東流，此方諸德分教開宗，差別紛糾難備說；及西方諸師所說
差別並如《華嚴》記中說，若依此經宗及通諸教種類相收，或四或五。
今且辨四：一、有相宗；二、無相宗；三、法相宗；四、實相宗。
釋此四宗略以六義：

一、就法數。初宗立七十五法・有爲・無爲・執實之法。如小乘
　　說。二、破彼前宗所立法相。蕩盡歸空，性無所有，二空眞
　　理，相想俱絕。如《般若》等經、《中觀》等論。三、法相宗
　　中。立三性、三無性有爲無爲色心等百法。皆依識心之所建
　　立。如《深密》經、《瑜伽》等論說。四、實相宗。會前教中
　　所立法相。莫不皆依如來藏緣起稱實顯現。如金作嚴具。如
　　此《楞伽》及《密嚴》等經，《起信》、《寶性》等論說。

二、就心識者。初宗但說六識。二、無相宗。明六識空，更無別
　　立。（三）法相宗立八識，然皆生滅不同眞性。四、實相宗，
　　明前八識皆是如來藏隨緣所成，亦生滅亦不生滅，性相交徹、
　　鎔融無礙，各如本部經論所明。

三、約緣起法。初宗說有。二、說爲空。三、亦空亦有，謂遍計
　　空、依他有。四、非空非有，謂相無不盡故非有，性不礙緣
　　故非空。理事俱融，二邊雙寂，不妨一味，二諦宛然。

四、就迴小者。初宗一切二乘，總不成佛。二宗中定性二乘，亦
　　不成佛；不定性中，已入見道，則不迴心。自下位中，可有
　　迴心，入菩薩道。三宗中定性不迴。不定種性乃至羅漢，並
　　許迴心入大。四宗中定與不定一切俱迴。謂定者，要入涅槃，
　　然後方迴；不定者，即身迴也。

五、就乘者。初宗、唯三無一。二宗、亦三亦一。（三宗、）謂三
　　顯一密也。四宗、唯一無三。謂一乘究竟悉成佛故。

<hr>

〔註53〕法藏：《大乘起信論義記》，T44，No. 1846，頁243b～243c。

六、就持法人。其初宗是達摩多羅等論師所持。二、龍樹、提婆
　　等所持。三、無著、世親等所持。四、馬鳴堅意等所持。更
　　有餘宗餘義。廣如《華嚴》記中說。〔註54〕

此《入楞伽心玄義》以及《大乘起信論義記》所述四宗之判，即是法藏接受
的四宗判架構之代表。這之中，《大乘起信論義記》所述之四宗「隨相法執宗」、
「眞空無相宗」、「唯識法相宗」、「如來藏緣起宗」，即分別等同於《入楞伽心
玄義》所述之「有相宗」、「無相宗」、「法相宗」、「實相宗」四宗。此外，此
四宗吾人若對比於法藏五教判的架構，則可即爲確切的在「頓教」以及「圓
教」之外，將其等同於「小乘教」、「空始教」、「相始教」、「終教」四者。

由此，吾人可將此二文之所述者，製爲一表，以明其間意義。表〔註55〕：

	小乘教	大乘始教：空始教	大乘始教：相始教	大乘終教
	隨相法執宗	眞空無相宗	唯識法相宗	如來藏緣起宗
	有相宗	無相宗	法相宗	實相宗
1 法數、理事關係	立七十五法·有爲·無爲·執實之法。如小乘說。	破彼前宗所立法相。蕩盡歸空，性所有，二空眞理，相想俱絕。如《般若》等經、《中觀》等論。	立三性、三無性有爲無爲色心等百法。皆依識心之所建立。如《深密》經、《瑜伽》等論說。	會前教中所立法相。莫不皆依如來藏緣起稱實顯現。如金作嚴具。如此《楞伽》及《密嚴》等經，《起信》、《寶性》等論說。
	隨事執相說	會事顯理說	依理起事差別說	理事融通無礙 此宗中，許如來藏隨緣成阿賴耶識，此則理徹於事也；亦許依他緣起無性同如，此則事徹於理也。
2 心識	但說六識	明六識空，更無別立。	立八識，然皆生滅不同眞性。	明前八識，皆是如來藏隨緣所成，亦生滅亦不生滅，性相交徹、鎔融無礙，各如本部經論所明。

〔註54〕法藏：《入楞伽心玄義》，T39，No. 1790，頁 426b～427a。
〔註55〕此表以〈入楞伽心玄義〉一文架構明確、析論詳密之故，乃據此爲基本架構，
　　　　而另行補入載於〈大乘起信論義記〉一文者。

3 緣起法	說有	二說爲空	亦空亦有，謂遍計空、依他有。	非空非有，謂相無不盡故非有，性不礙緣故非空；理事俱融，二邊雙寂，不妨一味，二諦宛然。
4 迴小	初宗一切二乘總不成佛。	二宗中定性二乘亦不成佛，不定性中已入見道則不迴心，自下位中可有迴心入菩薩道。	三宗中定性不迴，不定種性乃至羅漢，並許迴心入大。	四宗中定與不定，一切俱迴。謂定者，要入涅槃，然後方迴；不定者，即身迴也。
5 乘	唯三無一	二宗亦三亦一	三顯一密	唯一無三，謂一乘究竟悉成佛故
6 持法人	達摩多羅等論師	龍樹、提婆	無著、世親等	馬鳴、堅意

　　由此表及上文之所述者而觀之，法藏在此四宗判的架構之中，所特別著重與提出討論的，其實就是《入楞伽心玄義》之中的「實相宗」、《大乘起信論義記》之中的「如來藏緣起宗」，也就是《華嚴一乘教義分齊章》與《華嚴經探玄記》所提出的五教判之中的「大乘終教」的位階。而法藏在此位階之所論，有數個要點可爲吾人注意：

1. 在「大乘終教」（「如來藏緣起宗」、「無相宗」）的位階，提出「性相交徹、鎔融無礙」的論述。

2. 此「性相交徹、鎔融無礙」之論述，以「亦生滅亦不生滅」爲論。此文即是「大乘終教」之《大乘起信論》所論「不生不滅與生滅和合，非一非異，名爲阿黎耶識。」的義涵。

3. 此「性相交徹、鎔融無礙」之論述，又與二諦結合而論。

4. 此「性相交徹、鎔融無礙」之論述，更與「理事俱融」並論，且《大乘起信論義記》進而補述爲「理事融通無礙」的意義，更以「如來藏隨緣成阿賴耶識，此則理徹於事也；亦許依他緣起無性同如，此則事徹於理也。」解說之，而此文「如來藏隨緣成阿賴耶識」以及「依他緣起無性」，即是法藏三性思想的展示。此即是由圓成實性隨緣不變之義，而言則理徹於事；由此依他起性的緣起、無性二義，而言事徹於理。

就此四要點而言，吾人若進一步將前文所述「性相不存，則爲理法界；不礙事相宛然，則爲事法界；合理事無礙，二而無二、無二即二，是爲法界也。」等論述「理事無礙」的脈絡。則此所謂「理事無礙」的意義，即是此第四點所論之大乘終教的「理事融通無礙」也。

由此而吾人可知，雖然有著法藏三性思想義理脈絡之下，所達至的「性相融通」的層次，存在著前文所述主張在「圓教」以及「終教」的兩大類分歧的主張。可是，實際上我們通過此三性於理事、眞妄等等脈絡的討論，並且進一步對比於「理事無礙觀」、「理事無礙法界」，《入楞伽心玄義》、《大乘起信論義記》的「四宗判」，《華嚴一乘教義分齊章》、《華嚴經探玄記》的五教判等等之後，實在無法找出此「性相融通」在華嚴圓教之下的使用例證，以及文獻或是文脈中可供解讀的相關證據。唯一得以關連者，只能在順《華嚴經》以來，所得至的「無障無礙」的精神上，得出「性相融通」與「圓教」之間的聯繫。這樣的聯繫，倒不如說是以源自於《華嚴經》的「無礙」的精神爲基礎，通過辯證上的輾轉互相、相即相入、相奪相成等等，由此非一、非異的同一、差異，而達至「由極相破而極相成」的統一同一與差異的「具體的同一性」爲根本，進而展現在性相的關係。當然，安插於其中的「頓教」，更是完全爲涉及此「性相融通」用例的意義之中。

所以，吾人通過上文的論述之後，可以得出的是，法藏所論三性思想脈絡中的「性相融通」的意義，實際上是以「無障無礙」的精神爲基礎，而在五教判之中的「大乘終教」（如來藏緣起宗、實相宗、理事無礙法界）此位階，而完成此「性相融通」的意義。

因此，吾人可進一步將前文所述「性相融通」意義的規定，由當初的「以『法性宗』此基礎爲義理支撐點，而將『法相宗』融攝於其中，並且達至『法性宗』與『法相宗』義理之和會而不二。」將此源自法藏之後的四祖清涼澄觀、五祖圭峰宗密，而含混於五教判之中的「終教」、「頓教」、「圓教」的「法性宗」的用例與意義，明確的在刪除「頓教」、「圓教」，以及與「終教」有關的論述之後，將其階位與層次限定在「大乘終教」。

所以，吾人於此，可更爲詳細的進一步規定，此法藏三性思想脈絡意義之下的「性相融通」，其意義爲：

以源自《華嚴經》的「無礙」的精神爲基礎，通過相即相入、相奪相成的「具體的同一性」的辯證而呈顯此意義，並且於「大乘終教」此位階爲義

理之支撐點，而在「眞妄交徹」、「空有不二」的意義之下，將般若中觀與瑜伽行派二宗和會而融通之。

第四節　小　結

　　本章在前章提出法藏三性思想意義之下的眞妄交徹、性相融通等義蘊方面，在溯源至印度空有之諍的論爭，並且由此開展其通過三性思想對於二諦的融攝之後，此處則順遂而下進行探論。

　　首先，本文就此歷史溯源後而導出的思想脈絡而論之，法藏所論三性思想的意義之中，其實即是經由三性之各自具足二義切入，由此進而將眞妄、眞俗、空有等意義收攝於其中。而在這樣內容的規定之下，進一步開展的即是「性相融通」一義的呈顯。

　　其次，就此「性相融通」之意義論之，承續前章與本章的第二序處理之後，並不侷限於字典意義的探論，進而通過法藏五教十宗與四宗判等既有之架構，深入而釐清其含蘊義理的脈絡意義的深度義蘊。由此，將其意義規定爲：「以源自《華嚴經》的『無礙』的精神爲基礎，通過相即相入、相奪相成的『具體的同一性』的辯證而呈顯此意義，並且於『大乘終教』此位階爲義理之支撐點，而在『眞妄交徹』、『空有不二』的意義之下，將般若中觀與瑜伽行派二宗和會而融通之。」

第六章　結　論

第一節　本論文重點的回顧與總結

　　本論文所關注而處理的對象，即是針對法藏的三性思想進行研究。至於何以要處理這個題目，則是在學術知識的研究脈絡以及層次來進行討論；而這些知識性的討論，也是基於目前研究成果的紛雜與爭議而來。是以筆者乃通過既有研究成果的檢討，由此發現環繞著法藏三性思想的問題甚為眾多。這些問題或是觸及瑜伽行派，或是觸及《大乘起信論》，又或是涉及真俗二諦、「真妄交徹」、「性相融通」以及「法界緣起」等問題。就此問題觀之，可謂龐雜且難有頭緒處理之。

　　是以在處理本論題的進路，於第一章「導論」的部分，便直接的申明採用文獻解讀的脈絡分析、結構分析，以及歷史溯源法（historical retroduction）來進行研究。希望通過文獻資料上全面而重新的解讀與爬梳，得出法藏三性思想與環繞此三性思想之眾多概念的意義；通過歷史溯源的研究方法，能逐步溯源瑜伽行派三性思想、《大乘起信論》「一心二門」、真諦譯《攝大乘論釋》、般若中觀真俗二諦義、大乘佛教空有二宗的「真妄交徹」與「空有不二」，以及「性相融通」的意義。當然，這之中也包含了對比的研究方法，以釐清相關的問題。雖然所有的研究以及再次的敘述，都是可以某種程度的再詮釋，或是再創造；可是，此文獻解讀的方法、歷史溯源的方法、對比研究的方法，當可提綱挈領的釐清此環繞三性思想而來的眾多問題。

　　在第二章的討論之中，筆者討論此法藏三性思想的來源問題——瑜伽行

派三性思想，而此亦爲法藏所意欲對治之對象。在此通過對比的研究方法之後，突顯出法藏對於瑜伽行派思想的不滿以及批評。這之中，以法藏五教十宗的判教架構爲論述的標準，將瑜伽行派置入此判教的架構之中進行考察。在這五教判的架構之中，通過「所依心識」、「明佛種性」、「行位分齊」、「修行時分」、「修行依身」、「斷惑分齊」、「二乘迴心」、「佛果義相」、「攝化境界」以及「佛身開合」此十個角度的考察之後，其相始教的定位與批評已然爲吾人所明晰。其後，進一步將論述集中到三性思想的部分，通過文獻上的語意分析以及脈絡分析，將法藏對瑜伽行派三性思想的批評與不滿論述得出，實爲圓成實性「凝然不具諸法」此不具活動義、不具隨緣義，但爲一「凝然」不變的「只是理」的「空如理」。

　　第三章則順此法藏對瑜伽行派的不滿與批評而下，即將導生而出的問題在於：法藏既然對此瑜伽行派三性思想有所不滿，則其必思有以對之。以此之故，《大乘起信論》「一心二門」的架構乃被法藏援引而涉入其中，此眞常系系統義理架構的引入，導致瑜伽行派三性思想義理性格上根本的翻轉。

　　是以，此文在文獻的依據上，通過法藏《大乘起信論義記》以及《大乘起信論義記別記》等文獻之相關論說，以給出其「一心二門」思想架構的詮釋；再由此詮釋進而結合三性思想，以理解此三性思想義理性格轉換的理論支撐點的義涵。形成義理性格上的翻轉，由法相的性格轉爲法性的性格；而且造成了圓成實性，由原本不具活動義但有不變義的「凝然」的「空如理」，轉換爲同時具足「不變」與「隨緣」二義的性格，由此不變言體性不變，由此隨緣言諸法安立。由此《大乘起信論》不染而染、染而不染，言其不變隨緣、隨緣不變之義。即是由此《大乘起信論》義理之爲支撐點，乃轉換其義理性格。

　　然此《大乘起信論》「一心二門」架構的引入，實際上是義理內容上的引入，而吾人以文獻爲準之解讀，亦僅止於圓成實性一者。至於依他起性方面，其所具之似有與無性二義，當可追溯至眞諦譯《攝大乘論釋》的依他起性染淨二分之說。由此染淨二分之義，影響法藏對於三性思想的相關論述。所以，法藏三性思想雖然看似吸收自瑜伽行派，而以《大乘起信論》改造其內容；但是，實際的論述中，法藏仍然不免時時顯露出眞諦譯《攝大乘論釋》以染淨二分依他起性爲中心的說法影響。正因法藏在此三性「升位」的動作之中，不免經常流露出眞諦譯《攝大乘論釋》的影響，所以看似以圓成實性爲中心

重新詮釋三性之說，依他起性卻在論述的篇幅上超越於圓成實性之上；甚至，在論述內容的重要性部分，依他起性也毫不遜於圓成實性。

因此，才產生了眾多學者對於三性理解的歧異。而此歧異之所以產生，正是以圓成實性爲中心討論三性，或是以依他起性爲中心討論三性，又或是混雜圓成實性與依他起性二者共同討論三性等情況，所導致的眾多紛雜意見。若以依他起性爲中心論述法藏三性思想者，自然不免以「緣起性空一義之輾轉引伸」而解讀法藏三性思想。若以圓成實性爲中心討論法藏三性思想，自然不免面對眾多依他起性文獻的難以處理而規避不談。又若混雜此二者而討論法藏三性思想，則又不免導致論述上脈絡的不一，以及解讀上困難等問題。

此外，在依他起性與圓成實性的問題，又加上人爲文獻使用上侷限性的問題。此問題，實際上就是解讀文獻的缺漏問題。蓋法藏論述三性思想，有兩份最爲核心的文獻：其一、《華嚴一乘教義分齊章・義理分齊第十》之中的〈三性同異義〉一文。其二、《十二門論宗致義記・所詮宗趣第六》此段文獻。可是在實際的研究成果方面，卻有甚多學者對於後者棄之不顧，而完全沒有給出理由。

是以對於這樣眾多的問題，於第四章的論述，首先溯源至印度清辨、護法，乃至戒賢、智光的空有之諍問題，於法藏論述的文獻之中，梳理其中的內容、意義，以及蘊含的義蘊。重新通過上述兩段文獻的逐步疏理，在橫向義理的抽離與討論之中，通過縱向的議題彰顯其中所蘊含的意義。大抵通過「有」、「無」、「亦有亦無」、「非有非無」此四句分別的層層論述，以及八不偈之中「不生、不滅」（有、無）、「不常、不斷」以及「不一、不異」；在橫向的抽離而作概念的探討與對比之後，再做出縱向的文脈釐清。由此突顯出法藏透過瑜伽行派三性思想，與般若中觀眞俗二諦的結合，乃使三性思想由此而涵攝了眞俗、眞妄、空有等諸多義涵。

易言之，本文於此，即是著重通過既有研究上忽略文獻的提出，進而給出法藏三性思想所含蘊的眞俗二諦、眞妄、八不中道等等深度義蘊的揭露。

第五章之中，則就此法藏三性思想與般若眞俗二諦結合之後，並且與其涵攝的眞妄、眞俗、空有等深度義蘊進行討論，而論述此清辨與護法、戒賢與智光的空有之諍（般若中觀、瑜伽行派）的脈絡之下，通過三性思想以和會空有的「眞妄交徹」、「空有不二」等意義。並且在此「和會」空有的論述之後，進一步論述其「相即、相入」、「相奪、相成」等「同體、異體」此同

一性與差別性的論述，並且通過「具體的同一性」的包容同一、差異，以及非一、非異於內辯證的開展。

又在此法藏三性思想的脈絡之下，通過和會空有兩系的論爭之後，進而討論此「性相融通」的確切定義以及位階等問題。在此問題的論述與釐清方面，除了基本的文獻解讀之外，此解讀上脈絡的分析以及結構的分析，皆一一展開。並且在此論述之中，逐步探論既有研究之紛爭，而給出廓清之動作。然此研究所得的意義規定，尚不明確而具有決定性的意義。是以通過對比的研究，在「理事無礙」此脈絡的論述之下，結合《大乘起信論義記》、《入楞伽心玄義》的四宗判，與《華嚴一乘教義分齊章》、《華嚴經探玄記》的五教判等對比研究之後，吾人乃確切的在既有研究成果的融會空有的解讀脈絡，進一步將「性相融通」的深度義蘊揭露，並且將其意義界義為：

以源自《華嚴經》的「無礙」的精神為基礎，通過相即相入、相奪相成的「具體的同一性」的辯證而呈顯此意義，並且於「大乘終教」此位階為義理之支撐點，而在「真妄交徹」、「空有不二」的意義之下，將般若中觀與瑜伽行派二宗和會而融通之。

又在此「性相融通」深度義蘊的揭露，以及意義的界定之後，吾人可更加明瞭法藏三性思想的確切義蘊等問題。

第二節　本論文未來研究之展望

本論文著力之所在，即是釐清環繞著法藏三性思想及其周邊概念的諸多迷霧，並且給出其確切的意義。在這逐步論述、層層釐清的過程之中，本文也將發展的方向指向華嚴圓融無礙、相即相入思想的理解，透過法藏三性思想此角度而切入華嚴思想。

至於本論文在未來研究的展望方面，也是順著此學術研究的脈絡而進行。其下，則分為內部的研究展望與外部的研究展望二點為論。

一、就內部的研究展望為論

1. 在法藏三性思想與瑜伽行派三性思想的對比研究，以及思想史上發展的關連性方面。其後更可進一步處理的，即是此研究在三性之外的進一步發展；例如十重唯識觀的問題，新古唯識學與法藏思想的交涉的問題，法藏對於玄奘的批評等等。

2. 在法藏三性與二諦結合，達至「真妄交徹」、「空有不二」的和會空有之諍方面。可進一步將此三性部分的論述，結合法藏其他眾多之義理，而使法藏思想之中，此條和會空有的脈絡，得以更加清晰。

3. 就法藏融會空有、真妄、真俗等等，在辯證方式上面的「具體的同一性」此點而言。亦可將其進一步緊密結合「相即相入」、「緣起因門六義法」等辯證方式，全面性的研究法藏在辯證上邏輯方法的使用，而在中國邏輯思想史之中，得出龐大的研究成果。

4. 在筆者得出法藏三性脈絡之下「性相融通」的確切定義之後，吾人當可就此定義，逐步檢索此「性相融通」之脈絡，在經論合論的研究架構之下，可得出何等意義。又此法藏三性思想，進一步置入法界緣起思想之中，其意義為何等論題。

二、就外部的研究展望為論

1. 在法藏三性思想與瑜伽行派三性思想的對比研究，以及思想史上發展的關連性方面。筆者已然通過以法藏為中心的文獻的解讀，以及對比的研究，將此思想史上三性發展的脈絡，做出了發展到華嚴法藏的研究。其後可進一步研究者，即是法藏之外的眾多瑜伽行派三性思想的發展，以及彼此之間的交涉等問題。如華嚴四祖清涼澄觀在《大方廣佛華嚴經疏》與《華嚴經隨疏演義鈔》等文獻之中，大量將三性結合於《華嚴經》義理的論述；〔註 1〕如淨影寺慧遠《大乘義章》以如來藏心識思想為本位的論述；〔註 2〕如法藏與南嶽慧思《大乘止觀法門》所論以如來藏為中心的三性說；〔註 3〕法藏與玄奘在安慧系或是護法

〔註 1〕 澄觀《大方廣佛華嚴經疏》：「第二時中，雖依遍計所執，而說諸法自性皆空，翻彼小乘，然於依他、圓成猶未說有，即諸部《般若》等經。第三時中，就大乘正理，具說三性、三無性等，方為盡理，即《解深密經》等。」（T35，No. 1735，頁 510c）

　　　　　又曰：「謂圓成是依他體性，遍計但橫執依他，又迷真似現故，即依三性說三無性，三性尚一，豈有三無；三無但是即有之無。三性但是即無之有，有無不二為一實性。」（同上，頁 655c）

　　　　　又曰：「言說異者，化身說施戒等因緣法，報佛說三性法。」（《大方廣佛華嚴經隨疏演義鈔》T36，No. 1736，頁 143b）

〔註 2〕 相關論述，請參見廖明活：《淨影慧遠思想述要》（臺北：臺灣學生書局，民國 88 年 9 月初版），頁 76～82。

〔註 3〕 相關論述，請參見釋聖嚴：《大乘止觀法門之研究》（臺北：東初出版社，民

系的承繼的關係，法藏三性思想與地論宗以及攝論宗之間的承繼與發展等等。

2. 就法藏三性思想與二諦的結合問題。此三性與二諦結合以趨於中道，其實早自瑜伽行派等印度之論師，便已經開始了這樣的研究。今後則可由本論文論述所及者爲基礎，進一步以對比研究爲方法，通過歷史溯源的研究，以釐清此中道義的思想史上的發展脈絡，以及個個宗派之間的異同問題。

3. 就法藏融會空有、眞妄、眞俗等等，在辯證方式上面的「具體的同一性」此點而言。其於二諦的層層辯破上，於最初的眞俗二諦便已經給出無礙的意義。此點可與吉藏以及智顗的空假中三觀等，做出對比性的研究。亦可就是邏輯辯證上的方法，與黑格爾以及懷海德等人的論述，進行對比式的研究。

4. 就法藏三性思想通過層層論述，以釐清此脈絡之下「性相融通」一點而論之。此與清涼澄觀「性相決判」的強烈分別性，有著極大的差異，可於華嚴思想史的發展，結合慧苑而進行對比的研究，就此脈絡的發展，而釐清華嚴思想的轉向等思想史的問題。亦可進一步置入中國佛學思想史之中，將其與晚明之憨山德清、紫柏眞可、乃至智旭等對於「性相融通」的觀點，做思想史上脈絡發展以及對比研究的開展。

　此之所論，即是分別就著本論文在內部以及外部的研究展望，而略述其要者。希望能夠在學術研究的意義之下，提供他人研究所需以及相關的意義。

國 81 年 1 月四版），頁 167～176。

參考書目

壹、原文文獻

一、經

1. 〔東晉〕佛馱跋陀羅譯：《大方廣佛華嚴經》（六十卷）（大正藏 09，No. 278）。
2. 〔唐〕實叉難陀譯：《大方廣佛華嚴經》（八十卷）（大正藏 10，No. 279）。
3. 〔唐〕般若譯：《大方廣佛華嚴經》（四十卷）（大正藏 10，No. 293）。
4. 〔唐〕玄奘譯：《解深密經》（五卷）（大正藏 16，No. 676）。

二、疏、論

（一）杜順著作

1. 杜順：《華嚴五教止觀》（一卷）（大正藏 45，No. 1867）。

（二）智儼著作

1. 智儼：《大方廣佛華嚴經搜玄分齊通智方軌》（十卷）（大正藏 35，No. 1732）。
2. 智儼：《華嚴一乘十玄門》（一卷）（大正藏 45，No. 1868）。
3. 智儼：《華嚴五十要問答》（二卷）（大正藏 45，No. 1869）。
4. 智儼：《華嚴經內章門等離孔目章》（四卷）（大正藏 45，No. 1870）。

（三）法藏著作

1. 法藏：《般若波羅密多心經略疏》（一卷）（大正藏 33，No. 1712）。
2. 法藏：《華嚴經探玄記》（二十卷）（大正藏 35，No. 1733）。
3. 法藏：《華嚴經文義綱目》（一卷）（大正藏 35，No. 1734）。
4. 法藏：《入楞伽心玄義》（一卷）（大正藏 39，No. 1790）。

5. 法藏：《十二門論宗致義記》（二卷）（大正藏 42，No. 1826）。

6. 法藏：《大乘法界無差別論疏并序》（一卷）（大正藏 44，No. 1838）。

7. 法藏：《大乘起信論義記》（五卷）（大正藏 44，No. 1846）。

8. 法藏：《大乘起信論義記別記》（五卷）（大正藏 44，No. 1847）。

9. 法藏：《華嚴一乘教義分齊章》（四卷）（大正藏 45，No. 1866）。

10. 法藏：《華嚴經旨歸》（一卷）（大正藏 45，No. 1871）。

11. 法藏：《華嚴策林》（一卷）（大正藏 45，No. 1872）。

12. 法藏：《華嚴經問答》（二卷）（大正藏 45，No. 1873）。

13. 法藏：《華嚴經明法品內立三寶章》（二卷）（大正藏 45，No. 1874）。

14. 法藏：《華嚴經義海百門》（一卷）（大正藏 45，No. 1875）。

15. 法藏：《修華嚴奧旨妄盡還源觀》（一卷）（大正藏 45，No. 1876）。

16. 法藏：《華嚴遊心法界記》（一卷）（大正藏 45，No. 1877）。

17. 法藏：《華嚴發菩提心章》（一卷）（大正藏 45，No. 1878）。

18. 法藏：《華嚴經關脈義記》（一卷）（大正藏 45，No. 1879）。

19. 法藏：《華嚴關脈義記》（一卷）（大正藏 45，No. 1880）。

20. 法藏：《華嚴經傳記》（五卷）（大正藏 51，No. 2073）。

21. 法藏：《十二門論宗致義記》（四卷）（臺北：佛教出版社，民國 66 年初版）。

（四）《華嚴一乘教義分齊章》相關註釋

1. 方立天：《華嚴金師子章校釋》（北京：中華書局，民國 85 年 11 月初版五刷）。

2. 〔日〕佛教大系刊行會：《景印佛教大系（七）·五教章（一）》（臺北：新文豐出版股份有限公司，民國 81 年 1 月初版初刷）。

3. 〔日〕佛教大系刊行會：《景印佛教大系（八）·五教章（二）》（臺北：新文豐出版股份有限公司，民國 81 年 1 月初版初刷）。

4. 徐紹強：《華嚴五教章》（高雄：佛光文化事業股份有限公司，民國 86 年 9 月初版初刷）。

5. 〔宋〕釋希迪：《五教章集成記》（臺北：白馬印經會，《大正新纂卍續藏經（第五十八卷）》）。

6. 〔宋〕釋希迪：《評復古記》（臺北：白馬印經會，《大正新纂卍續藏經（第五十八卷）》）。

7. 〔宋〕釋師會：《華嚴一乘教義分齊章焚薪》（臺北：白馬印經會，《大正新纂卍續藏經（第五十八卷）》）。

8. 〔宋〕釋師會：《華嚴一乘教義分齊章科》（臺北：白馬印經會，《大正新纂

卍續藏經（第五十八卷）》）。

9. 〔宋〕釋道亭：《華嚴一乘分齊章義苑疏》（臺北：新文豐出版公司，民國
   62 年 12 月，出版初刷）。

10. 〔日〕鐮田茂雄：《華嚴五教章》（東京：大藏出版株式會社，西元 1989 年
    2 月 25 日三版初刷）。

（五）澄觀著作

1. 澄觀：《大方廣佛華嚴經疏》（六十卷）（大正藏 35，No. 1735）。

2. 澄觀：《大方廣佛華嚴經隨疏演義鈔》（九十卷）（大正藏 35，No. 1736）。

3. 澄觀：《大華嚴經略策》（一卷）（大正藏 36，No. 1737）。

4. 澄觀：《新譯華嚴經七處九動頌釋章》（一卷）（大正藏 36，No. 1738）。

5. 澄觀：《三聖圓融觀門》（一卷）（大正藏 45，No. 1882）。

6. 澄觀：《華嚴法界玄鏡》（二卷）（大正藏 45，No. 1883）。

（六）宗密著作

1. 宗密：《註華嚴法界觀門》（一卷）（大正藏 45，No. 1884）。

2. 宗密：《原人論》（一卷）（大正藏 45，No. 1886）。

（七）《大乘起信論》類相關著作

1. 馬鳴菩薩造、梁　眞諦譯：《大乘起信論》（卷）（大正藏 32，No. 1666）。

2. 馬鳴菩薩造、〔唐〕實叉難陀譯：《大乘起信論》（卷）（大正藏 32，No.
   1667）。

3. 新羅　元曉：《起信論疏》（卷）（大正藏 44，No. 1844）。

4. 新羅　元曉：《大乘起信論別記》（卷）（大正藏 44，No. 1844）。

（八）瑜伽行派相關著作

1. 彌勒菩薩說、〔唐〕玄奘譯：《瑜伽師地論》（一百卷）（大正藏 30，No.
   1579）。

2. 護法等菩薩造、〔唐〕玄奘譯：《成唯識論》（十卷）（大正藏 31，No.
   1585）。

3. 世親菩薩造、〔唐〕玄奘譯：《唯識三十論頌》（一卷）（大正藏 31，No.
   1586）。

4. 阿僧伽作、〔後魏〕佛陀扇多譯：《攝大乘論》（二卷）（大正藏 31，No.
   1592）。

5. 無著菩薩造、〔陳〕眞諦譯：《攝大乘論》（三卷）（大正藏 31，No. 1593）。

6. 無著菩薩造、〔唐〕玄奘譯：《攝大乘論本》（三卷）（大正藏 31，No.
   1594）。

7. 世親菩薩釋、〔陳〕眞諦譯:《攝大乘論釋》（十五卷）（大正藏 31，No. 1595）。

8. 世親菩薩造、〔隋〕笈多共行矩等譯:《攝大乘論釋本》（十卷）（大正藏 31，No. 1596）。

9. 世親菩薩造、〔唐〕玄奘譯:《攝大乘論釋》（十卷）（大正藏 31，No. 1597）。

10. 無性菩薩造、〔唐〕玄奘譯:《攝大乘論釋》（十卷）（大正藏 31，No. 1598）。

11. 天親菩薩造、〔陳〕眞諦譯:《中邊分別論》（二卷）（大正藏 31，No. 1599）。

12. 世親菩薩造、〔唐〕玄奘譯:《辯中邊論》（三卷）（大正藏 31，No. 1600）。

貳、學術專著類

一、本國學者學術專著類（依作者姓氏筆畫排列）

1. 于凌波:《唯識學綱要》（臺北：東大圖書股份有限公司，民國 81 年 1 月初版初刷）。

2. 方立天:《法藏》（臺北：東大圖書股份有限公司，民國 80 年 7 月，扁初刷）。

3. 方立天:《法藏評傳》（北京：京華出版社，民國 84 年 9 月初版初刷）。

4. 方立天:《佛教哲學（增訂本）》（北京：中國人民大學出版社，民國 86 年 2 月二版三刷）

5. 方立天:《中國佛教與傳統文化》（上海：人民出版社，民國 87 年 5 月初版三刷）。

6. 王仲堯:《隋唐佛教判教思想研究》（成都：巴蜀書社，民國 89 年 9 月初版初刷）。

7. 方東美:《華嚴宗哲學（上）、（下）》（臺北：黎明文化事業有限公司，民國 82 年 10 月初版五刷）。

8. 方東美:《中國大乘佛學》（臺北：黎明文化事業有限公司，民國 73 年 7 月初版初刷）。

9. 王居恭:《華嚴經及華嚴宗漫談》（北京：中國書店，民國 86 年 11 月初版初刷）。

10. 冉雲華:《宗密》（臺北：東大圖書股份有限公司，民國 77 年 5 月初版初刷）。

11. 牟宗三:《中國哲學十九講：中國哲學之簡述及其所涵蘊之問題》（臺北：臺灣學生書局，民國 86 年 1 月初版七刷）。

12. 牟宗三：《佛性與般若（上）》（臺北：臺灣學生書局，民國86年5月修訂版六刷。

13. 任繼愈：《漢唐佛教思想論集》（北京：人民出版社，民國87年5月三版三刷）。

14. 李世傑：《華嚴哲學要義》（臺北：佛教出版社，出版年不詳）。

15. 李志夫：《中印佛學之比較研究》（臺北：中華文化復興運動推行委員會，民國75年11月初版初刷）。

16. 呂　澂：《中國佛學思想概論》（臺北：天華出版事業股份有限公司，民國82年8月初版五刷）。

17. 呂　澂：《印度佛學思想概論》（臺北：天華出版事業股份有限公司，民國82年10月初版四刷）。

18. 吳汝鈞：《中國佛學的現代詮釋》（臺北：文津出版社有限公司，民國84年6月初版初刷）。

19. 吳汝鈞：《印度佛學思想的現代詮釋》（臺北：文津出版社有限公司，民國84年6月初版二刷）。

20. 吳汝鈞：《佛學研究方法論》（臺北：臺灣學生書局，民國72年3月初版初刷）。

21. 邱高興：《華嚴宗祖法藏及其思想》（高雄：佛光文化事業股份有限公司，民國90年3月初版初刷）。

22. 胡民眾：《澄觀及其佛學思想》（高雄：佛光文化事業股份有限公司，民國90年3月初版初刷）。

23. 胡民眾：《澄觀佛學思想研究》（高雄：佛光文化事業股份有限公司，民國90年3月初版初刷）。

24. 周叔迦：《唯識研究》（臺北：天華出版事業股份有限公司，民國76年8月1日三版初刷）。

25. 候外廬 編：《中國思想通史（第四卷　上冊)》（北京：人民出版社，民國81年9月初版四刷）。

26. 唐君毅：《唐君毅全集　卷十三‧中國哲學原論‧原性篇》（臺北：臺灣學生書局，民國80年6月，全集校訂版）。

27. 唐君毅：《唐君毅全集　卷十六‧中國哲學原論‧原道篇（卷三）》（臺北：臺灣學生書局，民國75年10月，全集校訂版）。

28. 唐君毅：《唐君毅全集　卷十八‧哲學論集》（臺北：臺灣學生書局，民國80年9月，全集校訂版）。

29. 高振農 釋譯：《華嚴經》（高雄：佛光文化事業有限公司，民國88年3月初版四刷）。

30. 徐紹強：《《華嚴五教章》哲學思想述評》（高雄：佛光文化事業股份有限公司，民國 90 年 3 月初版初刷）。

31. 郭　朋：《中國佛教思想史（中卷）·隋唐佛教思想》（福建：福建人民出版社，民國 83 年 12 月初版初刷）。

32. 陳英善：《華嚴無盡法界緣起論》（臺北：財團法人華嚴蓮社，民國 85 年 9 月 26 日初版初刷）。

33. 黃　磊：《宗密禪教一致與三教一致論探析》（高雄：佛光文化事業股份有限公司，民國 90 年 3 月初版初刷）。

34. 黃懺華：《中國佛教教理詮釋》（臺北：文津初版社有限公司，民國 79 年 7 月初版初刷）。

35. 馮友蘭：《中國哲學史（下冊）》（臺北：商務印書館有限公司，民國 83 年 5 月增訂臺一版二刷）。

36. 馮友蘭：《中國哲學史新編（第四冊）》（臺北：藍燈文化事業股份有限公司，民國 80 年 12 月初版初刷）。

37. 湯一介：《佛教與中國文化》（北京：密教文化出版社，民國 88 年 9 月初版初刷）。

38. 湯用彤：《理學·佛學·玄學》（北京：北京大學出版社，民國 80 年 2 月初版初刷）。

39. 湯用彤：《往日雜稿》（臺北：彙文堂出版社，民國 76 年 6 月臺一版）。

40. 勞思光：《中國哲學史（二）》（臺北：三民書局股份有限公司，民國 85 年 3 月，增訂八版）。

41. 張曼濤 編：《現代佛教學術叢刊二十一·佛教邏輯與辯證法（佛教邏輯專集之一）》（臺北：大乘文化出版社，民國 67 年 2 月初版初刷）。

42. 張曼濤 編：《現代佛教學術叢刊三十二·華嚴學概論（華嚴學專集之一）》（臺北：大乘文化出版社，民國 67 年 1 月初版初刷）。

43. 張曼濤：《現代佛教學術叢刊三十三·華嚴思想論集（華嚴學專集之二）》（臺北：大乘文化出版社，民國 67 年 1 月初版初刷）。

44. 張曼濤 編：《現代佛教學術叢刊三十四·華嚴宗之判教及其發展（華嚴學專集之三）》（臺北：大乘文化出版社，民國 67 年 1 月初版初刷）。

45. 張曼濤 編：《現代佛教學術叢刊三十五·大乘起信論與楞嚴經考辯》（臺北：大乘文化出版社，民國 67 年初版初刷）。

46. 張曼濤 編：《現代佛教學術叢刊四十四·華嚴典籍研究（華嚴學專集之四）》（臺北：大乘文化出版社，民國 67 年 1 月初版初刷）。

47. 張曼濤 編：《現代佛教學術叢刊七十·佛教各宗比較研究》（臺北：大乘文化出版社，民國 68 年 5 月初版初刷）。

48. 張曼濤 編:《現代佛教學術叢刊九十六・唯識學的論師與論典（唯識學專集之十)》（臺北：大乘文化出版社，民國 68 年 3 月初版初刷)。

49. 董 群:《宗密的華嚴禪》（高雄：佛光文化事業股份有限公司，民國 90 年 3 月初版初刷)。

50. 董 群:《融合的佛教：圭峰宗密的佛學思想研究》（北京：密教文化出版社，民國 89 年 6 月初版初刷)。

51. 傅偉勳:《從西方哲學到禪佛教——「哲學與宗教」一集》（臺北：東大圖書股份有限公司，民國 80 年 2 月二版初刷)。

52. 傅偉勳:《批判的繼承與創造的發展——「哲學與宗教」二集》（臺北：東大圖書股份有限公司，民國 75 年 6 月初版初刷)。

53. 傅偉勳:《從創造的詮釋學到大乘佛學——「哲學與宗教」四集》（臺北：東大圖書股份有限公司，民國 79 年 7 月初版初刷)。

54. 傅偉勳:《佛教思想的現代探索——「哲學與宗教」五集》（臺北：東大圖書股份有限公司，民國 84 年 3 月初版初刷)。

55. 楊白衣:《唯識要義》（臺北：文津出版社，民國 77 年 10 月初版初刷)。

56. 萬金川:《中觀思想講錄》（嘉義：財團法人安慧學苑文教基金會附設香光書鄉出版社，民國 87 年 4 月初版)。

57. 楊政河:《華嚴哲學研究》（臺北：財團法人臺北市慧炬出版社，民國 86 年 12 月二版二刷)。

58. 楊惠南:《佛教思想新論》（臺北：東大圖書股份有限公司，民國 79 年 10 月三版初刷)。

59. 楊惠南:《佛教思想發展史論》（臺北：東大圖書股份有限公司，民國 82 年 6 月初版初刷)。

60. 楊惠南:《當代佛教思想展望》（臺北：東大圖書股份有限公司，民國 80 年 9 月初版初刷)。

61. 楊維中:《心性與佛性》（高雄：佛光文化事業股份有限公司，民國 90 年 3 月初版初刷)。

62. 裴 勇:《宗密判宗說研究》（高雄：佛光文化事業股份有限公司，民國 90 年 3 月初版初刷)。

63. 葛兆光:《中國思想史（第二卷)・七世紀至十九世紀中國的知識、思想與信仰》（上海：復旦大學出版社，民國 89 年 12 月初版初刷)。

64. 葛兆光:《中國宗教與文學論集》（北京：清華大學出版社，民國 87 年 8 月初版初刷)。

65. 鄧克銘:《華嚴思想之心與法界》（臺北：文津出版社有限公司，民國 86 年 7 月初版初刷)。

66. 蔡瑞霖：《宗教哲學與生死學》（嘉義：南華管理學院，民國 88 年 4 月初版初刷）。

67. 蔣維喬：《中國佛教史》（臺北：史學出版社，民國 63 年 1 月臺景印二版）。

68. 賴永海：《中國佛性論》（高雄：佛光出版社，民國 79 年 12 月初版初刷）。

69. 賴永海：《佛學與儒學》（杭州：浙江人民出版社，民國 81 年 9 月初版初刷）。

70. 謝無量：《佛學大綱》（楊州：江蘇廣陵古籍刻印社，民國 86 年 3 月初版二刷）。

71. 霍韜晦：《絕對與圓融：佛教思想論集》（臺北：東大圖書股份有限公司，民國 75 年 4 月初版初刷）。

72. 蕭　父 釋譯：《大乘起信論》（高雄：佛光文化事業有限公司，民國 87 年 5 月初版四刷）。

73. 韓廷傑：《唯識學概論》（臺北：文津出版社有限公司，民國 82 年 8 月初版初刷）。

74. 魏道儒：《中國華嚴宗通史》（南京：江蘇古籍出版社，民國 87 年 7 月初版初刷）。

75. 釋印順：《妙雲集上編之六・攝大乘論講記》（臺北：正聞出版社，民國 79 年 3 月十一版）。

76. 釋印順：《妙雲集上編之七・大乘起信論講記》（臺北：正聞出版社，民國 79 年 3 月十一版）。

77. 釋印順：《妙雲集中編之二・中觀今論》（臺北：正聞出版社，民國 89 年 10 月新版一刷）。

78. 釋印順：《妙雲集中編之三・唯識學探源》（臺北：正聞出版社，民國 81 年 3 月修訂二版）。

79. 釋印順：《空之探究》（臺北：正聞出版社，民國 81 年 10 月六版）。

80. 釋印順：《如來藏之研究》（臺北：正聞出版社，民國 81 年 5 月修訂一版）。

81. 〔宋〕釋戒環：《大方廣佛華嚴經要解》（臺北：大乘精舍印經會，民國 78 年 9 月初版初刷）。

82. 釋依昱：《談心說識》（高雄：佛光文化事業有限公司，民國 89 年 10 月初版六刷）。

83. 釋法舫：《唯識史觀及其哲學》（臺北：正聞出版社，民國 82 年 5 月二版初刷）。

84. 釋恆清：《佛性思想》（臺北：東大圖書有限公司，民國 86 年 2 月初版初刷）。

85. 釋常惺：《佛學概論・賢首概論》（臺北：新文豐初版公司，民國 89 年 10

月初版初刷）。

86. 釋智諭：《普賢行願品述義》（臺北：西蓮淨苑出版社，民國 87 年 1 月初版三刷）。

87. 釋智諭：《華嚴五教止觀淺導》（臺北：西蓮淨苑出版社，民國 87 年 6 月初版四刷）。

88. 釋智諭：《華嚴一乘十玄門探玄》（臺北：西蓮淨苑出版社，民國 83 年 7 月二版初刷）。

89. 釋智諭：《華嚴經義海百門述義》（臺北：西蓮淨苑出版社，民國 89 年 7 月初版三刷）。

90. 釋慈航：《相宗十講》（臺北：天華出版事業股份有限公司，民國 68 年 12 月 1 日初版初刷）。

91. 釋演培：《唯識法相及其思想演變》（臺北：天華出版事業股份有限公司，民國 79 年 2 月，天華初版初刷）。

92. 釋賢度：《華嚴學講義》（臺北：財團法人華嚴蓮社，民國 89 年 7 月 15 日七版二刷）。

93. 釋慧嚴 等：《華嚴的世界》（臺北：世界佛教出版社，民國 85 年 6 月初版初刷）。

94. 釋繼夢：《華嚴宗哲學概要》（臺北：圓明出版社，民國 82 年 4 月初版初刷）。

95. 釋繼夢：《如來心地法門修持法要（上）、（下）：華嚴經世主妙嚴品講記》（臺北：圓明出版社，民國 85 年 9 月初版初刷）。

96. 釋繼夢：《開展如來自性修持法要：華嚴經如來出現品講記》（臺北：圓明出版社，民國 84 年 1 月初版初刷）。

97. 釋繼夢：《華嚴經淨行品剖裂玄義疏》（臺北：圓明出版社，民國 82 年 1 月初版初刷）。

98. 釋繼夢：《普賢十大願王修持法要：華嚴經普賢行願品講記》（臺北：圓明出版社，民國 83 年 1 月初版初刷）。

99. 釋繼夢：《慈悲圓滿修持法要：善財童子五十三參第七參》（臺北：圓明出版社，民國 83 年 9 月初版初刷）。

100. 釋靄亭：《華嚴一乘教義章集解》（臺北：財團法人華嚴蓮社，民國 85 年 11 月 5 日初版初刷）。

101. 龔雋：《《大乘起信論》與佛學中國化》（臺北：文津出版社，民國 84 年 11 月初版初刷）。

二、碩博論文類（依作者姓氏筆畫排列）

1. 王秋桃（釋法壽）：《法藏對唯識三性思想的融攝與超越》（臺北：華嚴專

宗佛學研究所碩士論文，民國 87 年 5 月）。

2. 黃俊威：《華嚴「法界緣起觀」的思想探源——以杜順、法藏的法界觀為中心》（臺北：國立臺灣大學哲學研究所博士論文，民國 82 年 5 月）。

3. 黃連忠：《宗密禪教一致與和會儒道思想之研究》（臺北：私立淡江大學中國文學研究所碩士論文，民國 83 年 5 月）。

4. 郭朝順：《智者與法藏圓頓思想之研究》（臺北：私立中國文化大學哲學研究所碩士論文，民國 79 年 6 月）。

5. 陳一標：《賴耶緣起與三性思想之研究》（臺北：私立中國文化大學哲學研究所博士論文，民國 89 年 6 月）。

6. 陳英善：《華嚴清淨心之研究》（臺北：私立中國文化大學哲學研究所碩士論文，民國 72 年 6 月）。

7. 陳英善：《從心論中國哲學基本型態之開展》（臺北：私立中國文化大學哲學研究所博士論文，民國 76 年 1 月）。

8. 邱獻志：《華嚴宗事事無礙思想研究——以《法界觀門》與「十玄門」義理為中心》（台中：私立東海大學哲學研究所碩士論文，民國 79 年 5 月）。

9. 劉玉榮：〈《大乘起信論》「一心」概念之研究——以元曉《海東疏》之詮釋為中心〉（臺北：國立臺灣大學哲學研究所碩士論文，民國 82 年 6 月）。

10. 蔡伯郎：《唯識的三性與二諦》（臺北：私立中國文化大學哲學研究所博士論文，民國 89 年 6 月）。

11. 賴光朋：《華嚴宗法界緣起思想之研究》（香港：新亞研究所哲學組碩士論文，七十八學年度第二學期）。

12. 賴光朋：《華嚴圓教與天臺圓教之比較研究》（香港：新亞研究所哲學組博士論文，民國 85 年 7 月）。

13. 羅鈿妹：《華嚴心義研究》（香港：私立香港能仁學院哲學研究所碩士論文，民國 86 年 7 月）。

14. 釋會清：《法藏大師的教學——華嚴一乘教義分齊章之探究》（臺北：中華佛學研究所碩士論文，民國 75 年 3 月）。

三、外國學者專著類（依作者姓氏筆畫排列）

1. 〔日〕川田熊太郎、中村元 等著、李世傑譯：《華嚴思想》（臺北：法爾出版社，民國 78 年 6 月 1 日初版初刷）。

2. 〔日〕水野弘元著、釋惠敏譯：《佛教教理研究：水野弘元著作選集・二》（臺北：法鼓文化事業股份有限公司，民國 89 年 7 月初版初刷）。

3. 〔日〕水野弘元著、劉欣如譯：《佛典成立史》（臺北：東大圖書股份有限公司，民國 85 年 11 月初版初刷）。

4. 〔日〕中村元等著：《中國佛教發展史（上）》（臺北：天華出版事業股份有

限公司，民國 73 年 5 月 1 日初版初刷）。

5.〔日〕木村清孝著、李惠英譯：《中國華嚴思想史》（臺北：東大圖書股份有限公司，民國 85 年 2 月初版初刷）。

6.〔日〕宇井伯壽 等：《世界佛學名著譯叢六十一‧禪宗論集‧華嚴學論集》（臺北：華宇出版社，民國 77 年 6 月初版初刷）。

7.〔日〕坂本幸男著、釋慧嶽譯：《華嚴教學之研究（第一部）：特以慧苑大師教判論為中心》（臺北：中華佛教文獻編撰社，民國 60 年 9 月初版初刷）。

8.〔日〕高峰了州著、釋慧嶽譯：《華嚴思想史》（臺北：中華佛教文獻編撰社，民國 68 年 12 月 8 日初版初刷）。

9.〔日〕高崎直道 等：《世界佛學名著譯叢六十八‧如來藏思想》（臺北：華宇出版社，民國 75 年 12 月初版初刷）。

10.〔日〕梶山雄一 等著、李世傑譯：《世界佛學名著譯叢六十三‧中觀思想》（臺北：華宇出版社，民國 74 年 12 月初版初刷）。

11.〔日〕龜川教信著、印海譯：《華嚴學》（高雄：佛光事業有限公司，民國 86 年 9 月初版初刷）。

12.〔日〕鎌田茂雄著、釋慈怡譯：《華嚴經講話》（高雄：佛光出版社，民國 83 年 1 月初版二刷）。

參、期刊論文

一、本國學者期刊論文類（依作者姓氏筆畫排列）

1. 王　頌：〈關於杜順初祖說的考察〉（《世界宗教研究》，北京：中國社會科學出版社，西元 2001，第一期）。

2. 向世山：〈中國佛教教義時代的殿軍──圭峰宗密述評〉（《中華文化論壇》，四川：社會科學院哲學文化所，西元 1996 年，第四期）。

3. 向世陵：〈見理見性與窮理盡性──傳統儒學、佛學（華嚴禪）與理學〉（《中國哲學史》，北京：中國人民大學哲學系，西元 2000 年，第二期）。

4. 江日新：〈《「牟宗三哲學」與「唐君毅哲學」論》導言（上）〉（《鵝湖月刊》，臺北：鵝湖出版社，第二十三卷，第十期，總號第二七四，民國 87 年 5 月）。

5. 江日新：〈《「牟宗三哲學」與「唐君毅哲學」論》導言（下）〉（《鵝湖月刊》，臺北：鵝湖出版社，第二十三卷，第十一期，總號第二七五，民國 87 年 6 月）。

6. 李文霖：〈賢首五教思想研究〉（《中國佛教》，臺北：中國佛教月刊雜誌社，第三十三卷，第一期，民國 78 年 1 月）。

7. 阮印長：〈從唯心與唯識看法藏的十重唯識觀〉（《中國佛教》，臺北：中國

佛教月刊雜誌社，第三十三卷，第二期，民國 78 年 2 月）。

8. 余治平：〈大乘佛教「三性說」與反形而上學哲學轉向〉（《淄博學院學報（社會科學版）》，上海：復旦大學，西元 1999 年，第四期，總第五十三期）。

9. 吳　洲：〈智顗圓頓止觀的般若學特色及其逆覺義——兼論與《起信》、華嚴、知禮諸家的差別〉（《鵝湖月刊》，臺北：鵝湖出版社，第二十三卷，第十二期，總號第二七六，民國 87 年 6 月）。

10. 吳言生：〈華嚴帝網印禪心——論《華嚴經》、華嚴宗對禪思禪詩的影響〉（《人文雜誌》，陝西：陝西師範大學文學研究所，西元 2000 年，第二期）。

11. 邱高興：〈華嚴宗祖法藏的生平及其思想〉（《世界宗教研究》，北京：中國社會科學出版社，西元 1992 年，第三期）。

12. 韋漢傑：〈從《佛性與般若》看華嚴宗哲學〉（《鵝湖月刊》，臺北：鵝湖出版社，第二十六卷，第一期，總號第三〇一，民國 87 年 7 月）。

13. 韋漢傑：〈從分別說與非分別說再看華嚴與天台圓教〉（《鵝湖月刊》，臺北：鵝湖出版社，第二十六卷，第七期，總號第三〇七，民國 90 年 1 月）。

14. 曹志成：〈有關法藏對瑜伽行派三性思想批判之探討〉（《大專學生佛學論文集（五）》，臺北：財團法人華嚴蓮社，民國 84 年 10 月初版初刷）。

15. 曹志成：〈《金師子章》的判教思想之探討——試以淨源《金師子章雲間類解》及高辨《金師子章光顯鈔》為解釋線索〉（《大專學生佛學論文集（六）》，臺北：財團法人華嚴蓮社，民國 85 年 10 月 16 日初版初刷）。

16. 陳沛然：〈唐君毅論華嚴宗與天台宗之圓教義〉（《鵝湖月刊》，臺北：鵝湖出版社，第二十三卷，第六期，總號第二七〇，民國 86 年 12 月）。

17. 莊崑木：〈略論華嚴別教一乘與同教一乘之異同〉（《法光學壇》，臺北：法光雜誌社，第一卷，民國 86 年）。

18. 郭朝順：〈智者與法藏教相判釋略論（上）〉（《鵝湖月刊》，臺北：鵝湖出版社，第十六卷，第十二期，總第一九二號，民國 80 年 8 月）。

19. 郭朝順：〈智者與法藏教相判釋略論（下）〉（《鵝湖月刊》，臺北：鵝湖出版社，第十七卷，第二期，總第一九四號，民國 80 年 6 月）。

20. 郭朝順：〈賢首法藏的「頓教概念」之研究〉（《哲學與文化》，臺北：哲學與文化月刊雜誌社，第十九卷，第七期，民國 81 年 7 月）。

21. 陳榮灼：〈論唯識學與華嚴宗之「本性」——對《佛性與般若》之兩點反思〉（《鵝湖學誌》，臺北：文津出版社，第四期，民國 79 年 6 月）。

22. 陳榮灼：〈唯識哲學之「真」「妄」問題〉（《鵝湖學誌》，臺北：文津出版社，第八期，民國 81 年 6 月）。

23. 陳榮灼：〈「即」之分析——簡別佛教「同一性」哲學諸型態〉（《國際佛學研究》臺北：國際佛學研究中心，創刊號，民國 80 年 12 月）。

24. 陳聖元：《華嚴五教止觀研究》（《中國佛教》，臺北：中國佛教月刊雜誌社，第三十三卷，第八期，民國 78 年 8 月）。

25. 黃麗華：〈試論華嚴宗哲學的無礙精神〉（《中國佛教》，臺北：中國佛教月刊雜誌社，第三十二卷，第十一期，民國 77 年 11 月）。

26. 游祥洲：〈龍樹論「即空即如」思想的理論面──兼及唐君毅論空與如〉（《唐君毅思想國際會議論文集Ⅱ·宗教與道德》，香港：法住出版社，民國 79 年 12 月初版初刷）。

27. 景海峰：〈唐君毅對華嚴思想的闡釋〉（《唐君毅思想國際會議論文集Ⅱ·宗教與道德》，香港：法住出版社，民國 79 年 12 月初版初刷）。

28. 傅偉勳：〈從中觀的二諦到後中觀的台賢二宗思想對立──兼論中國天台的特質與思維限制〉（《中華佛學學報》，臺北：中華佛學研究所，第十期，民國 86 年 6 月）。

29. 董　平：〈論澄觀對華嚴宗思想的發展〉（《浙江學刊》，浙江：浙江省社會科學院研究所，西元 1995 年，第一期，總第九十期）。

30. 董　群：〈宗密禪學思想的歷史地位淺析〉（《世界宗教研究》，北京：中國社會科學出版社，西元 1995 年，第一期）。

31. 楊真濟：〈論華嚴法界圓融無礙的理論根據〉（《佛光學報》，高雄：佛光出版社，第四期，民國 68 年）。

32. 楊維中：〈論華嚴宗的染淨善惡觀與妄盡還源的修行路徑〉（《妙林》，高雄：妙林雜誌社，第十二卷，第四期，民國 89 年 4 月 30 日）。

33. 廖明活：〈華嚴宗性起思想的形成〉（《中國哲學研究集刊》，臺北：中央研究院中國文哲研究所，第六期，民國 84 年 3 月）。

34. 蔡惠明：〈法藏大師與華嚴宗〉（《內明》，香港：內明雜誌社，第二二二期，民國 79 年 9 月）。

35. 謝大寧：〈試析華嚴宗「法界緣起」義〉（《國立中正大學學報（人文分冊）》，嘉義：國立中正大學，第一卷，第一期，民國 79 年 9 月）。

36. 賴賢宗：〈法藏《大乘起信論》及元曉與見登的相關述記關於一心開二門的闡釋〉（《中華佛學學報》，臺北：中華佛學研究所，第十四期，民國 90 年 9 月）。

37. 簡秀娥：《《大乘起信論》與天台、華嚴兩宗之關涉》（《大專學生佛學論文集（七）》，臺北：財團法人華嚴蓮社，民國 86 年 10 月 16 日初版初刷）。

38. 蕭振邦：〈佛教言說系統之探究──以《大乘起信論》爲例〉（《一九九五年佛學研究論文集──佛教現代化》，台北：佛光出版社，民國 85 年初版初刷）。

39. 韓煥忠：〈《華嚴原人論》對儒家人性論的批判〉（《理論學刊》，山東：曲阜師範大學，第五期，總第九十三期，西元 1999 年 9 月）。

40. 魏道儒：〈華嚴宗與中國文化〉（《宗教哲學季刊》，臺北：中華民國宗教哲學研究社，第三卷，第一期，民國 86 年 1 月 1 日）。

41. 釋印順：〈論三諦三智與賴耶通真妄——讀『佛性與般若』〉（《鵝湖月刊》，臺北：鵝湖出版社，第七卷，第四期，民國 70 年 10 月）。

42. 釋如釋：〈賢首五教的心識觀（一）〉（《內明》，香港：內明雜誌社，第二期，民國 61 年 5 月）。

43. 釋如釋：〈賢首五教的心識觀（二）〉（《內明》，香港：內明雜誌社，第三期，民國 61 年 6 月）。

44. 釋如釋：〈賢首五教的心識觀（三）〉（《內明》，香港：內明雜誌社，第四期，民國 61 年 7 月）。

45. 釋如釋：〈賢首五教的心識觀（四）〉（《內明》，香港：內明雜誌社，第五期，民國 61 年 8 月）。

46. 釋洞儀：〈「性起」與「緣起」關係之略探——以華嚴宗思想爲主〉（《大專學生佛學論文集（七）》，臺北：財團法人華嚴蓮社，民國 86 年 10 月 16 日初版初刷）。

47. 釋修德：〈法藏大師的五教論〉（《華嚴專宗學院佛學研究所論文集（二）》，臺北：財團法人華嚴蓮社，民國 83 年 12 月初版初刷）。

48. 釋傳智：〈別教一乘與同教一乘之比較研究〉（《華嚴專宗學院佛學研究所論文集（一）》，臺北：財團法人華嚴蓮社，民國 83 年 11 月初版初刷）。

49. 釋圓照：〈華嚴法界圓融之探討〉（《華嚴專宗學院佛學研究所論文集（二）》，臺北：財團法人華嚴蓮社，民國 83 年 12 月初版初刷）。

50. 釋聖嚴：〈華嚴宗的性起思想〉（《內明》，香港：內明雜誌社，第一期，民國 61 年 4 月）。

51. 釋慧潤：〈華嚴法界觀的構造及其特質〉（《佛光學報》，高雄：佛光出版社，創刊號，民國六十五年）。

52. 釋慧學：〈華嚴三祖法藏「十門唯識說」的研究〉（《華嚴專宗學院佛學研究所論文集（二）》，臺北：財團法人華嚴蓮社，民國 83 年 12 月初版初刷）。

二、外國學者期刊論文類（依作者姓氏筆畫排列）

1. 〔日〕一色順心著、梁國真譯：〈華嚴的真妄說與《起信論》〉（《國際佛學譯粹（第二輯）》，臺北：國際佛學研究中心，民國 81 年 5 月初版初刷）。

2. 〔日〕山田亮賢：〈華嚴三性說の立場〉（《大谷學報》，日本京都：大谷大學大谷學會，第三十五卷，第四期，西元 1956 年 3 月 20 日）。

3. 〔日〕山田亮賢：〈華嚴法藏の三性說について〉（《印度學佛教學研究：佛教大學にすでる第六回學術大會紀要（二）》，日本東京：日本印度學佛教

學會，第四卷，第二號，西元 1956 年 3 月二十日）。

4.〔日〕小林實玄：〈法藏の三性說について——華嚴に於ける如來藏解釋の問題〉（《印度學佛教學研究、早稻田大學にすける第十一回學術大會紀要（一）》，日本東京：日本印度學佛教學會，第九卷，第一號，1961 年 1月 25 日）。

5.〔日〕石橋眞誠著、梁國眞譯：〈法藏對唯識說的對應〉（《國際佛學譯粹（第二輯）》，臺北：國際佛學研究中心，民國 81 年 5 月初版初刷）。

6.〔日〕田中順照：〈賢首大師に於でる三性の理解〉（《密教文化》，日本高野山：高野山出版社，卷二時，西元 1952 年 12 月 15 日）。

7.〔日〕田中順照：〈賢首大師法藏の三性說〉（《印度學佛教學研究、高野山大學にすける第八回學術大會紀要（二）》，日本東京：日本印度學佛教學會，第六卷，第二號，西元 1958 年 3 月 30 日）。

8.〔日〕吉津宜英著、梁國眞譯：〈關於法藏的大乘起信論義記〉（《國際佛學譯粹（第二輯）》，臺北：國際佛學研究中心，民國 81 年 5 月初版初刷）。

9.〔日〕吉津宜英著、余崇生譯：〈關於「性相融會」〉（《國際佛學譯粹（第二輯）》，臺北：國際佛學研究中心，民國 81 年 5 月初版初刷）。

10.〔日〕吉津宜英著、許明銀譯：〈華嚴禪的思想史研究〉（《中國佛教》，臺北：中國佛教月刊雜誌社，第三十三卷，第四期，民國 78 年 4 月）。

11.〔日〕赤尾榮慶：〈法藏の華嚴三性說について〉（《印度學佛教學研究立正大學にすける第三十回學術大會紀要（二）》，日本東京：日本印度學佛教學會，第二十八卷，第二期，西元 1980 年 3 月 31 日）。

12.〔日〕長尾雅人：〈對於法藏的三性說的若干的疑問〉（《中觀與唯識》，東京：岩波書店，西元 1978 年 3 月）。

13.〔日〕根無一力：〈華嚴教學に及ばせる唯識思想の影響〉（《龍谷大學大學院紀要文學研究科》，日本京都：龍谷大學大學院紀要編集委員會，第三卷，西元 1981 年 3 月 5 日）。

14.〔日〕高峰了州：〈法藏大師及其華嚴教學之成立〉（《佛光學報》，高雄：佛光文化事業，第四期，民國 68 年）。

15.〔日〕藤谷厚生：〈華嚴三性說筆記（序說）〉（《龍谷大學佛教學研究室年報》，日本京都：龍谷大學大學院紀要編集委員會，第 5 號，西元 19992年 3 月）。

16.〔日〕鐮田茂雄：〈宗密的三教觀——以《原人論》爲中心〉（《世界宗教研究》，北京：中國社會科學出版社，西元 1995 年，第二期）。

17.〔日〕鐮田茂雄：〈華嚴思想の受容と變容——中國華嚴するみたた日本華嚴特質〉（《1991 年佛學研究論文集》，高雄：佛光出版社，民國 81 年 9 月初版初刷）。

三、電子期刊與網路資料類（依作者姓氏筆畫排列）

1. 杜保瑞：〈華嚴宗法界緣起之成立條件〉（臺北：中國哲學教室，網路版：http//huafan. hfu. edu. tw/~bauruei/，民國 90 年 6 月九日下載）。

2. 杜保瑞：〈論牟宗三哲學的儒佛會通〉（臺北：中國哲學教室，網路版：http//huafan. hfu. edu. tw/~bauruei/，民國 90 年 6 月 9 日下載）。

3. 劉立夫：〈法藏《華嚴金師子章》簡析〉（《世界弘明哲學季刊》，西元 2000 年 3 月，網路版：http://www. whpq. org/whpq/200003/200003/006. htm，民國 91 年 3 月 25 日下載）。